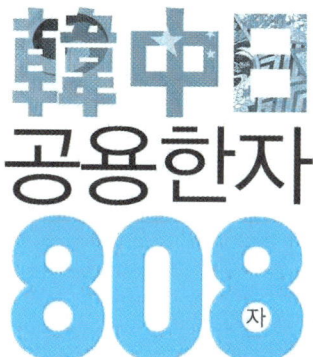

**편저자** 남기탁(南基卓)
**약력** 강원대학교 인문대학 국어국문학과 교수
한국어문교육연구회 편찬위원장
사단법인 한국어문회 이사
한국한자능력검정회 회장

## 韓中日 공용한자 808자

| | |
|---|---|
| 초판 인쇄 | 2015年 08月 20日 |
| 초판 발행 | 2015年 09月 01日 |
| 발행인 | 한국어문교육연구회 |
| 발행처 | 한국어문교육연구회 |
| 주소 | 서울시 서초구 사임당로 64, 501호 (서초동, 한국어문회관) |
| 전화 | 1566-1400 |
| 등록번호 | 제22-1555호 |
| ISBN | 978-89-93032-60-4  13700 |

이 책의 무단전재 또는 복제 행위는 저작권법 제136조 제1항에 의거 5년 이하의 징역 또는 5000만원 이하의 벌금에 처하거나 이를 병과할 수 있습니다.

### 정가 20,000원

공급처  전화 02)332-1275,1276 팩스 02)332-1274
www.skymiru.co.kr

깨어있는 자에게 기회가 온다
# 한중일 공용한자 808자

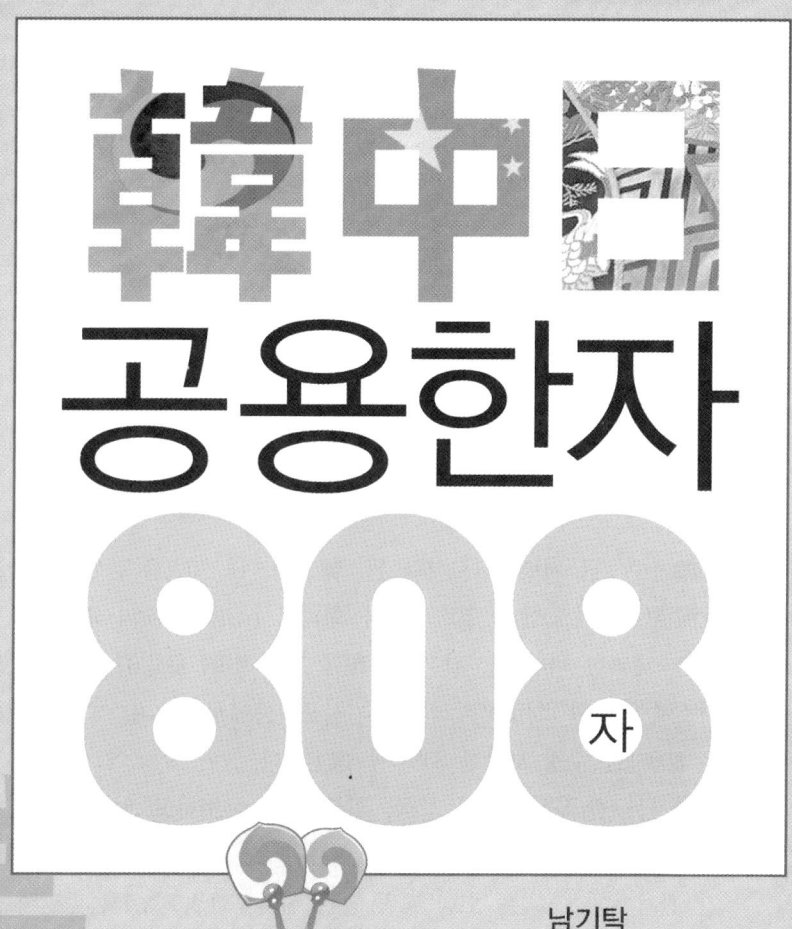

남기탁

한국어문교육연구회
www.hanja.re.kr

## 머리말

    韓·中·日 저명인사로 構成된 '韓·中·日 30人會'는 2013년 7월 일본 北海道(홋카이도)에서 열린 제8차 회의에서 3國 共通의 常用漢字 800字를 選定, 發表한 바 있다. 같은 해 10월 23日 中國 蘇州(쑤저우) 人民大學 캠퍼스에서 열린 共用漢字 국제학술 심포지움에서 韓·中·日 漢字 專門家들은 800자를 수정 보완한 808字를 選定했다.

    한자는 한국만이 아닌 중국, 일본 등이 常用하고 있는 文字이다. 말은 나중 문제이고, 문자만 가지고도 어느 정도 의사소통이 可能한 것이 삼국 간 관계이다. 三國은 오랜 세월 같은 한자문화권 속에서 生活해 왔고, 아직까지 漢字文化圈을 유지하고 있다.

    중국에서는 간체자가, 일본에서는 상용약자가 자리 잡아 한국의 正字 生活과는 일정한 차이를 보이고 있지만 簡體字, 略字라는 것이 正字를 알고 있는 사람에게는 익히기에 어려운 文字가 아니다. 오히려 中日에서 正字를 되돌려 익혀 使用하는 일이 훨씬 어려운 일에 속할 것이다.

    언론에 최근 공개된 2005년 '중국 언어생활 상황보고서'에서는 한자 934자와 단어 1만1천개 정도만 알면 중국어 출판물의 90%를 읽을 수 있다고 밝혔다. 그 중 가장 많이 쓰인 581개 한자의 사용빈도 비율은 전체의 80%를

　차지했으며, 모두 2천315개 한자가 전체의 99%를 占有하고 있는 것으로 드러났다.

　韓國語文教育研究會에서는 오랜 세월 삼국 공통한자 제정 작업을 추진하여 왔다. 字體의 統一을 기도하여 온 것이다. 비록 아직까지 成果는 거두지 못하고 있으나 이번 共通漢字 808字 選定도 단순한 共通漢字에 그칠 것은 아니고, 상호간 차이가 있는 부분을 하나로 만들어 가는 작업의 일환이리라 보고, 기대하는 바가 있다.

　우선 이 책을 쓴 까닭은 비록 808字 범위에 한정시켰지만 共通漢字라는 것이 三國間 字體가 어떻게 다르고, 뜻이 어떻게 다르며, 相互間 使用하는 漢字語에서 어느 程度의 差異가 있는 지, 살펴보는 것도 의미가 있다고 생각했기 때문이다. 공통한자의 선정에서 한 발 더 나아가 어떤 점을 극복하여야 하고, 논의를 더 진행시키기 위한 과제는 어떤 것이 있을 것인지를 참고할 수 있을 것이라 생각한다.

江原大學校 人文大學 國語國文學科　南 基 卓

## 차례

일러두기 ---------- 5
음으로 찾기 ---------- 10
1. 숫자 ---------- 24
2. 시간 ---------- 38
3. 위치 ---------- 50
4. 자연 ---------- 58
5. 장소 ---------- 74
6. 가족 ---------- 92
7. 신체 ---------- 108
8. 교육 ---------- 118
9. 음식과 색깔 ---------- 134
10. 사회 ---------- 146
11. 생활 ---------- 168
12. 경제 ---------- 200
13. 평가 ---------- 218
14. 상태 ---------- 238
15. 감정 ---------- 256
16. 판단 ---------- 268
17. 이동 ---------- 286
18. 현상 ---------- 302
19. 지각·존재 ---------- 312
20. 수식 ---------- 322

### 부록

중요 四字成語 ---------- 334
형태가 구별되는 한국과 중국 한자어 ---------- 363
의미가 구별되는 한국과 중국 한자어 ---------- 372
중국 한자 어휘 ---------- 380
일본 한자 어휘 ---------- 389
출제 예상 문제 ---------- 395

## 일러두기

**이 책의 특징**

1. 중국어시험 신HSK 단어 중에서 중국 한자의 용례 제시
2. 일본어시험 JLPT 단어 중에서 일본 한자의 용례제시
3. 영어로 한자의 다양한 의미 제시
4. 808자의 한자를 의미상 분류하여 연상학습이 가능하도록 구성

**내용 설명**

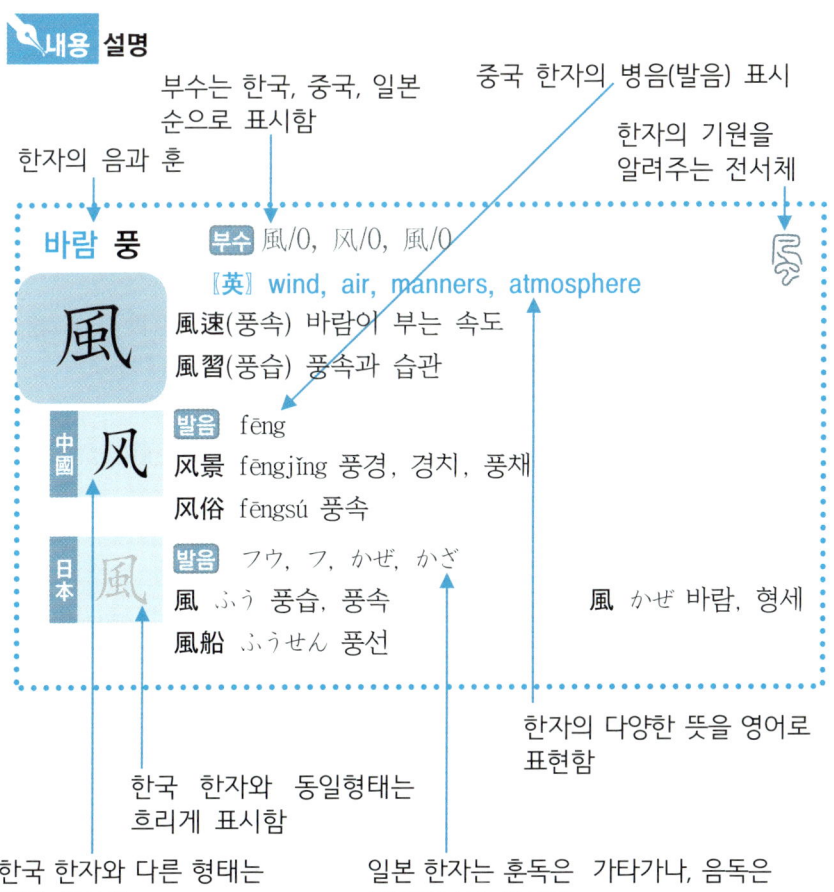

## 간체자

간체자(중국어 간체: 简体字, 정체: 簡體字, 병음: jiǎntǐzi, 한자: 簡體字) 또는 간화자(중국어 간체: 简化字, 정체: 簡化字, 병음: jiǎnhuàzì, 한자: 簡化字)는 1960년대 중화인민공화국에서 중국 공산당의 주도로 창안된 한자이다. 정확히 말하면, 간체자는 과거 중국에서 존재했던 약자체를 모두 통칭하는 말이고, 현재 중국에서 사용되고 있는 규범화된 글자체만 지칭하는 말은 간화자라고 한다. 1955년, 중국 문자 개혁 위원회(中國文字改革委員會)가 '한자 간화 방안 초안(漢字簡化方案草案)'을 발표하고, 1956년 1월 '한자 간화 방안(漢字簡化方案)'이 정식으로 발표되어, 514자의 간체자와 54개의 간화된 변과 방이 채용되었다. 그 뒤, 간화자는 1959년까지 네 번 발표되어, 1964년 '간화자 총표(簡化字總表)'로 정리되었다.

### 간화의 원칙
1. 간단한 부호로서 변과 방을 표기한다. 예 对(對), 观(觀), 欢(歡)
2. 자형의 일부분만 표기한다. 예 广(廣), 习(習)
3. 자형의 일부분을 쓰고 나머지 변형한다. 예 妇(婦), 归(歸), 务(務)
4. 한자의 윤곽 특징을 표기한다. 예 飞(飛), 齿(齒), 门(門)
5. 행서나 초서를 그대로 표기한다. 예 书(書), 长(長), 乐(樂), 车(車)
6. 비슷한 음(중국발음으로)의 한자로 표기한다. 예 谷(穀), 后(後)
7. 회의(會意) 문자를 새로 만든다. 예 体(體: 몸 체)
8. 옛 약자를 그대로 표기한다. 예 从(從), 云(雲), 与(與), 异(異)
9. 간단한 필기체를 표기한다. 예 猫(貓), 侄(姪)
10. 형성자의 소리부분을 간략화 한다. 예 钟(鐘), 洁(潔), 华(華), 护(護)

### 한어병음
표의(表意)문자인 중국어를 표음(表音)의 방식으로 기호화시킨 것을 말한다. 알파벳을 이용하여 자음(声母)과 모음(韵母)을 만들었고, 여기에 음의 높낮이를 나타내는 '성조(声调)'가 있어야 중국어의 음절을 구성할 수가 있다.

예 妈(媽: 어미 마): m(성모) + a(운모) + ˉ(성조) = mā

## 중국어 병음표

| 병음표 | | 무자음 | 브 ㅃ b | 프 p | ㅁ m | 프 f | ㄷ d | ㅌ t | ㄴ n | ㄹ l | ㅈ z | ㅊ c | ㅅ s |
|---|---|---|---|---|---|---|---|---|---|---|---|---|---|
| 아 | a | a | ba | pa | ma | fa | da | ta | na | la | za | ca | sa |
| 안 | an | an | ban | pan | man | fan | dan | tan | nan | lan | zan | can | san |
| 앙 | ang | ang | bang | pang | mang | fang | dang | tang | nang | lang | zang | cang | sang |
| 아이 | ai | ai | bai | pai | mai | | dai | tai | nai | lai | zai | cai | sai |
| 아오 | ao | ao | bao | pao | mao | | dao | tao | nao | lao | zao | cao | sao |
| 오 | o | o | bo | po | mo | fo | | | | | | | |
| 옹 | ong | | | | | | dong | tong | nong | long | zong | cong | song |
| 오우 | ou | ou | | pou | mou | fou | dou | tou | nou | lou | zou | cou | sou |
| 으 | e | e | | | me | | de | te | ne | le | ze | ce | se |
| 언 | en | en | ben | fen | men | fen | den | | nen | | zen | cen | sen |
| 엉 | eng | eng | beng | peng | meng | feng | deng | teng | neng | leng | zeng | ceng | seng |
| 얼 | er | er | | | | | | | | | | | |
| 애이 | ei | ei | bei | pei | mei | fei | dei | | nei | lei | zei | | |
| 이 | i | yi | bi | pi | mi | | di | ti | ni | li | zi | ci | si |
| 인 | in | yin | bin | pin | min | | | | nin | lin | | | |
| 잉 | ing | ying | bing | ping | ming | | ding | ting | ning | ling | | | |
| 이아 | ia | ya | | | | | | | | lia | | | |
| 이에 | ie | ye | bie | pie | mie | | die | tie | nie | lie | | | |
| 이엔 | ian | yan | bian | pian | mian | | dian | tian | nian | lian | | | |
| 이앙 | iang | yang | | | | | | | niang | liang | | | |
| 야오 | iao | yao | biao | piao | miao | | diao | tiao | niao | liao | | | |
| 이오우 | iou | you | | | | | | | | | | | |
| 용 | iong | yong | | | | | | | | | | | |
| 우 | u | wu | bu | pu | mu | fu | du | tu | nu | lu | zu | cu | su |
| 우아 | ua | wa | | | | | | | | | | | |
| 우안 | uan | wan | | | | | duan | tuan | nuan | luan | zuan | cuan | suan |
| 우앙 | uang | wang | | | | | | | | | | | |
| 우아이 | uai | wai | | | | | | | | | | | |
| 우오 | uo | wo | | | | | duo | tuo | nuo | luo | zuo | cuo | suo |
| 웨이 | uei | wei | | | | | dui | tui | | | zui | cui | sui |
| 웬 | uen | wen | | | | | dun | tun | | lun | zun | cun | sun |
| 웡 | ueng | weng | | | | | | | | | | | |
| 위 | ü | yu | | | | | | | nu | lu | | | |
| 윈 | ün | yun | | | | | | | | | | | |
| 위에 | üe | yue | | | | | | | nue | lue | | | |
| 위엔 | üan | yuan | | | | | | | | | | | |

\* i가 앞에 오는 단어 앞에 자음이 붙지 않을 때에는 y로 바뀌고, u로 시작하는 모음 앞에 자음이 붙지 않을 때에는 w로 바뀐다.

## 한중일 공용한자 808자

| 병음표 | | 쯔 zh | 츠 ch | 쓰 sh | 르 r | 찌 j | 치 q | 씨 x | 끄 g | 크 k | 흐 h |
|---|---|---|---|---|---|---|---|---|---|---|---|
| 아 | a | zha | cha | sha | | | | | ga | ka | ha |
| 안 | an | zhan | chan | shan | ran | | | | gan | kan | han |
| 앙 | ang | zhang | chang | shang | rang | | | | gang | kang | hang |
| 아이 | ai | zhai | chai | shai | | | | | gai | kai | hai |
| 아오 | ao | zhao | chao | shao | rao | | | | gao | kao | hao |
| 오 | o | | | | | | | | | | |
| 옹 | ong | zhong | chong | | rong | | | | gong | kong | hong |
| 오우 | ou | zhou | chou | shou | rou | | | | gou | kou | hou |
| 으 | e | zhe | che | she | re | | | | ge | ke | he |
| 언 | en | zhen | chen | shen | ren | | | | gen | ken | hen |
| 엉 | eng | zheng | cheng | sheng | reng | | | | geng | keng | heng |
| 얼 | er | | | | | | | | | | |
| 애이 | ei | zhei | | shei | | | | | gei | kei | hei |
| 이 | i | zhi | chi | shi | ri | ji | qi | xi | | | |
| 인 | in | | | | | jin | qin | xin | | | |
| 잉 | ing | | | | | jing | qing | xing | | | |
| 이아 | ia | | | | | jia | qia | xia | | | |
| 이에 | ie | | | | | jie | qie | xie | | | |
| 이엔 | ian | | | | | jian | qian | xian | | | |
| 이앙 | iang | | | | | jiang | qiang | xiang | | | |
| 야오 | iao | | | | | jiao | qiao | xiao | | | |
| 이오우 | iou | | | | | | | | | | |
| 용 | iong | | | | | jiong | qiong | xiong | | | |
| 우 | u | zhu | chu | shu | ru | | | | gu | ku | hu |
| 우아 | ua | zhua | chua | shua | rua | | | | gua | kua | hua |
| 우안 | uan | zhuan | chuan | shuan | ruan | | | | guan | kuan | huan |
| 우앙 | uang | zhuang | chuang | shuang | | | | | guang | kuang | huang |
| 우아이 | uai | zhuai | chuai | shuai | | | | | guai | kuai | huai |
| 우오 | uo | zhuo | chuo | shuo | ruo | | | | guo | kuo | huo |
| 웨이 | uei | zhui | chui | shui | rui | | | | gui | kui | hui |
| 웬 | uen | zhun | chun | shun | run | | | | gun | kun | hun |
| 웡 | ueng | | | | | | | | | | |
| 위 | ü | | | | | ju | qu | xu | | | |
| 윈 | ün | | | | | jun | qun | xun | | | |
| 위에 | üe | | | | | jue | que | xue | | | |
| 위엔 | üan | | | | | juan | quan | xuan | | | |

## 일본어 발음표

| | 히라가나 | 가타가나 | 한글발음 | |
|---|---|---|---|---|
| あ行 | あいうえお | アイウエオ | 아이우에오 | 일본에서 쓰이는 모음 [う]음은 입술을 둥글게 하여 앞으로 내밀면 영어의 [u]가 되므로 주의해야한다. [お]역시 둥글게 되지 않게 해야 한다. |
| か行 | かきくけこ | カキクケコ | 가기구게고 | 자음[k]는 어두에 올 때는 우리말 어두의 [ㄱ]이나 [ㅋ] 음과 비슷하다. 하지만 어중이나 어말에 올 경우에는 [ㄲ]음에 가깝게 발음된다. |
| さ行 | さしすせそ | サシスセソ | 사시스세소 | 우리말의 [ㅅ]과 비슷하다. 다만 [し]의 발음은 [si]가 아니고 [ji]이며 [す]는 우리말의 [스]에 가까운 발음이다. |
| た行 | たちつてと | タチツテト | 타지쯔테토 | [た て と] 는 어두[ㄷ]나[ㅌ]어중어말[ㄸ] [ち]는 어두[지]나[치]어중어말 [찌] [つ]는 [쓰]음 자리에서 [쯔]를 발음한다. |
| な行 | なにぬねの | ナニヌネノ | 나니느네노 | な행의 자음은 우리말의[ㄴ]과 비슷하다. 그러나 [に]는 구개음화된 [ri]음이다. |
| は行 | はひふへほ | ハヒフヘホ | 하히흐헤호 | は행의 자음은 우리말의 [ㅎ]과 비슷하다. [ひ]는 혀와 입천장 사이에서 내는 소리이고 [ふ]는 촛불을 끌 때 [후]하고 부는 입술 모양으로 내는 소리이다. |
| ま行 | まみむめも | マミムメモ | 마미므메모 | ま행의 음의 첫 자음은 우리말의 [ㅁ]과 같다. 양 입술을 다물고 소리를 코로 빼는 유성의 비음이다. |
| や行 | やゆよ | ヤユヨ | 야유요 | 우리말의 [야, 유, 요]와 같이 발음하나 입술을 앞으로 너무 내밀어서는 안 된다. |
| ら行 | らりるえろ | ラリルレロ | 라리르레로 | ら행의 자음은 우리말의 [ㄹ]음과 비슷하다. |
| わ行 | わを | ワヲ | 와오 | 우리말의 [와, 오]와 비슷하다. [~을(를)]에 해당하는 조사로만 쓰인다. |

## 한중일 공용한자 808자

## 음으로 찾기

| 한자 | 페이지 | | 한자 | 페이지 | | 한자 | 페이지 |
|---|---|---|---|---|---|---|---|
| **가** | | | 强(강) | 218 | | 敬(경) | 277 |
| 假(가) | 164 | | 個(개) | 31 | | 景(경) | 58 |
| 價(가) | 210 | | 改(개) | 276 | | 更(경) | 329 |
| 加(가) | 211 | | 皆(개) | 323 | | 競(경) | 209 |
| 可(가) | 228 | | 開(개) | 302 | | 經(경) | 288 |
| 家(가) | 92 | | 客(객) | 154 | | 耕(경) | 147 |
| 歌(가) | 123 | | 去(거) | 286 | | 輕(경) | 238 |
| 街(가) | 78 | | 居(거) | 176 | | 驚(경) | 265 |
| 各(각) | 323 | | 巨(거) | 254 | | 季(계) | 41 |
| 角(각) | 115 | | 擧(거) | 207 | | 界(계) | 75 |
| 看(간) | 319 | | 建(건) | 174 | | 計(계) | 30 |
| 間(간) | 92 | | 堅(견) | 240 | | 古(고) | 234 |
| 感(감) | 259 | | 犬(견) | 72 | | 告(고) | 208 |
| 敢(감) | 330 | | 見(견) | 317 | | 固(고) | 240 |
| 減(감) | 211 | | 決(결) | 273 | | 故(고) | 328 |
| 甘(감) | 238 | | 潔(결) | 241 | | 考(고) | 271 |
| 江(강) | 59 | | 結(결) | 270 | | 苦(고) | 256 |
| 講(강) | 118 | | 京(경) | 79 | | 高(고) | 239 |
| 降(강) | 290 | | 慶(경) | 183 | | 曲(곡) | 249 |

| 한자 | 페이지 |
|---|---|
| 穀(곡) | 135 |
| 困(곤) | 230 |
| 骨(골) | 109 |
| 公(공) | 232 |
| 共(공) | 156 |
| 功(공) | 157 |
| 工(공) | 150 |
| 空(공) | 250 |
| 果(과) | 135 |
| 科(과) | 128 |
| 課(과) | 124 |
| 過(과) | 288 |
| 官(관) | 151 |
| 觀(관) | 316 |
| 關(관) | 282 |
| 光(광) | 65 |
| 廣(광) | 242 |
| 交(교) | 275 |
| 敎(교) | 120 |
| 校(교) | 121 |
| 橋(교) | 89 |
| 久(구) | 235 |

| 한자 | 페이지 |
|---|---|
| 九(구) | 26 |
| 區(구) | 79 |
| 口(구) | 112 |
| 句(구) | 129 |
| 救(구) | 269 |
| 球(구) | 132 |
| 究(구) | 124 |
| 舊(구) | 241 |
| 國(국) | 76 |
| 局(국) | 85 |
| 君(군) | 148 |
| 軍(군) | 149 |
| 弓(궁) | 188 |
| 勸(권) | 277 |
| 卷(권) | 126 |
| 權(권) | 186 |
| 歸(귀) | 299 |
| 貴(귀) | 218 |
| 均(균) | 242 |
| 極(극) | 278 |
| 勤(근) | 219 |
| 根(근) | 140 |

| 한자 | 페이지 |
|---|---|
| 近(근) | 245 |
| 今(금) | 45 |
| 禁(금) | 281 |
| 及(급) | 290 |
| 急(급) | 219 |
| 給(급) | 206 |
| 基(기) | 80 |
| 己(기) | 109 |
| 技(기) | 149 |
| 期(기) | 47 |
| 氣(기) | 189 |
| 記(기) | 128 |
| 起(기) | 179 |
| 吉(길) | 231 |
| 金(김) | 39 |
| 나 | |
| 暖(난) | 247 |
| 難(난) | 230 |
| 南(남) | 50 |
| 男(남) | 95 |
| 內(내) | 53 |
| 女(녀) | 95 |

11

한중일 공용한자 808자

| 한자 | 페이지 | 한자 | 페이지 | 한자 | 페이지 |
|---|---|---|---|---|---|
| 年(년) | 44 | 德(덕) | 186 | **라** | |
| 念(념) | 262 | 刀(도) | 188 | 落(락) | 307 |
| 怒(노) | 265 | 到(도) | 289 | 浪(랑) | 64 |
| 農(농) | 146 | 圖(도) | 131 | 來(래) | 287 |
| 能(능) | 130 | 島(도) | 84 | 冷(랭) | 248 |
| **다** | | 度(도) | 31 | 兩(량) | 30 |
| 多(다) | 243 | 徒(도) | 190 | 良(량) | 222 |
| 茶(다) | 135 | 道(도) | 77 | 量(량) | 32 |
| 單(단) | 30 | 都(도) | 84 | 涼(량) | 248 |
| 團(단) | 246 | 獨(독) | 324 | 旅(려) | 154 |
| 短(단) | 244 | 讀(독) | 119 | 力(력) | 156 |
| 端(단) | 55 | 冬(동) | 41 | 歷(력) | 168 |
| 達(달) | 283 | 動(동) | 291 | 練(련) | 120 |
| 談(담) | 194 | 同(동) | 157 | 連(련) | 304 |
| 答(답) | 122 | 東(동) | 50 | 列(렬) | 309 |
| 堂(당) | 80 | 童(동) | 96 | 烈(렬) | 221 |
| 當(당) | 220 | 豆(두) | 138 | 令(령) | 325 |
| 代(대) | 168 | 頭(두) | 111 | 領(령) | 181 |
| 大(대) | 244 | 得(득) | 171 | 例(례) | 160 |
| 對(대) | 154 | 燈(등) | 78 | 禮(례) | 163 |
| 待(대) | 173 | 登(등) | 289 | 勞(로) | 146 |
| 宅(댁) | 82 | 等(등) | 190 | 老(로) | 102 |

| 한자 | 페이지 |
|---|---|
| 路(로) | 78 |
| 露(로) | 65 |
| 綠(록) | 141 |
| 論(론) | 268 |
| 料(료) | 201 |
| 流(류) | 306 |
| 留(류) | 297 |
| 六(륙) | 25 |
| 陸(륙) | 83 |
| 律(률) | 159 |
| 利(리) | 228 |
| 理(리) | 176 |
| 里(리) | 84 |
| 林(림) | 63 |
| 立(립) | 175 |
| **마** | |
| 馬(마) | 69 |
| 晩(만) | 46 |
| 滿(만) | 303 |
| 萬(만) | 28 |
| 末(말) | 47 |
| 亡(망) | 295 |

| 한자 | 페이지 |
|---|---|
| 忘(망) | 318 |
| 忙(망) | 227 |
| 望(망) | 275 |
| 妹(매) | 98 |
| 每(매) | 324 |
| 買(매) | 204 |
| 賣(매) | 204 |
| 麥(맥) | 136 |
| 免(면) | 200 |
| 勉(면) | 202 |
| 眠(면) | 180 |
| 面(면) | 110 |
| 名(명) | 93 |
| 命(명) | 164 |
| 明(명) | 246 |
| 鳴(명) | 262 |
| 暮(모) | 46 |
| 母(모) | 97 |
| 毛(모) | 115 |
| 木(목) | 39 |
| 目(목) | 112 |
| 妙(묘) | 266 |

| 한자 | 페이지 |
|---|---|
| 務(무) | 205 |
| 武(무) | 151 |
| 無(무) | 312 |
| 舞(무) | 123 |
| 問(문) | 125 |
| 文(문) | 122 |
| 聞(문) | 317 |
| 門(문) | 82 |
| 物(물) | 212 |
| 味(미) | 134 |
| 尾(미) | 116 |
| 未(미) | 313 |
| 米(미) | 134 |
| 美(미) | 226 |
| 民(민) | 100 |
| 密(밀) | 247 |
| **바** | |
| 半(반) | 35 |
| 反(반) | 289 |
| 飯(반) | 134 |
| 發(발) | 303 |
| 放(방) | 302 |

## 한중일 공용한자 808자

| 한자 | 페이지 |
|---|---|
| 方(방) | 191 |
| 訪(방) | 298 |
| 防(방) | 201 |
| 拜(배) | 192 |
| 白(백) | 141 |
| 百(백) | 27 |
| 番(번) | 32 |
| 伐(벌) | 177 |
| 法(법) | 161 |
| 變(변) | 305 |
| 別(별) | 308 |
| 兵(병) | 151 |
| 病(병) | 102 |
| 保(보) | 280 |
| 報(보) | 278 |
| 步(보) | 189 |
| 伏(복) | 179 |
| 服(복) | 279 |
| 福(복) | 162 |
| 本(본) | 128 |
| 奉(봉) | 272 |
| 不(부) | 313 |

| 한자 | 페이지 |
|---|---|
| 否(부) | 312 |
| 夫(부) | 99 |
| 婦(부) | 99 |
| 富(부) | 146 |
| 扶(부) | 180 |
| 浮(부) | 308 |
| 父(부) | 97 |
| 部(부) | 86 |
| 北(북) | 51 |
| 分(분) | 45 |
| 佛(불) | 162 |
| 備(비) | 201 |
| 悲(비) | 257 |
| 比(비) | 304 |
| 非(비) | 313 |
| 飛(비) | 295 |
| 鼻(비) | 111 |
| 貧(빈) | 219 |
| 氷(빙) | 136 |
| 사 | |
| 事(사) | 152 |
| 使(사) | 331 |

| 한자 | 페이지 |
|---|---|
| 史(사) | 127 |
| 四(사) | 25 |
| 士(사) | 150 |
| 寫(사) | 127 |
| 寺(사) | 86 |
| 射(사) | 169 |
| 師(사) | 119 |
| 思(사) | 261 |
| 死(사) | 103 |
| 私(사) | 100 |
| 舍(사) | 81 |
| 謝(사) | 272 |
| 山(산) | 62 |
| 散(산) | 295 |
| 産(산) | 210 |
| 算(산) | 31 |
| 殺(살) | 169 |
| 三(삼) | 24 |
| 上(상) | 51 |
| 傷(상) | 104 |
| 商(상) | 150 |
| 喪(상) | 101 |

| 한자 | 페이지 | 한자 | 페이지 | 한자 | 페이지 |
|---|---|---|---|---|---|
| 常(상) | 325 | 舌(설) | 113 | 所(소) | 74 |
| 想(상) | 261 | 設(설) | 202 | 消(소) | 276 |
| 相(상) | 325 | 說(설) | 187 | 笑(소) | 266 |
| 賞(상) | 129 | 雪(설) | 66 | 素(소) | 143 |
| 色(색) | 142 | 城(성) | 77 | 俗(속) | 194 |
| 生(생) | 102 | 姓(성) | 93 | 續(속) | 305 |
| 序(서) | 187 | 性(성) | 164 | 速(속) | 252 |
| 暑(서) | 248 | 成(성) | 157 | 孫(손) | 95 |
| 書(서) | 119 | 星(성) | 64 | 松(송) | 67 |
| 西(서) | 50 | 盛(성) | 228 | 送(송) | 297 |
| 夕(석) | 42 | 省(성) | 177 | 修(수) | 275 |
| 席(석) | 87 | 聖(성) | 224 | 受(수) | 206 |
| 惜(석) | 264 | 聲(성) | 195 | 壽(수) | 103 |
| 昔(석) | 328 | 誠(성) | 163 | 守(수) | 280 |
| 石(석) | 67 | 世(세) | 75 | 愁(수) | 262 |
| 仙(선) | 152 | 勢(세) | 189 | 手(수) | 113 |
| 先(선) | 322 | 歲(세) | 32 | 授(수) | 121 |
| 善(선) | 226 | 洗(세) | 175 | 收(수) | 205 |
| 線(선) | 190 | 稅(세) | 214 | 數(수) | 29 |
| 船(선) | 153 | 細(세) | 247 | 樹(수) | 69 |
| 選(선) | 207 | 小(소) | 244 | 水(수) | 38 |
| 鮮(선) | 251 | 少(소) | 243 | 秀(수) | 221 |

## 한중일 공용한자 808자

| 한자 | 페이지 | 한자 | 페이지 | 한자 | 페이지 |
|---|---|---|---|---|---|
| 誰(수) | 331 | 植(식) | 170 | 安(안) | 257 |
| 須(수) | 326 | 識(식) | 318 | 案(안) | 123 |
| 首(수) | 110 | 食(식) | 137 | 眼(안) | 112 |
| 宿(숙) | 182 | 信(신) | 272 | 暗(암) | 246 |
| 純(순) | 220 | 新(신) | 241 | 仰(앙) | 265 |
| 順(순) | 222 | 申(신) | 208 | 央(앙) | 54 |
| 崇(숭) | 222 | 神(신) | 162 | 哀(애) | 259 |
| 拾(습) | 27 | 臣(신) | 148 | 愛(애) | 260 |
| 習(습) | 129 | 身(신) | 108 | 夜(야) | 43 |
| 乘(승) | 290 | 辛(신) | 238 | 野(야) | 88 |
| 勝(승) | 170 | 失(실) | 171 | 弱(약) | 218 |
| 承(승) | 281 | 室(실) | 80 | 約(약) | 271 |
| 始(시) | 43 | 實(실) | 139 | 若(약) | 326 |
| 市(시) | 77 | 心(심) | 183 | 藥(약) | 104 |
| 施(시) | 202 | 深(심) | 251 | 揚(양) | 178 |
| 是(시) | 229 | 十(십) | 27 | 洋(양) | 63 |
| 時(시) | 44 | 氏(씨) | 94 | 羊(양) | 70 |
| 示(시) | 318 | 아 | | 讓(양) | 273 |
| 視(시) | 315 | 兒(아) | 96 | 陽(양) | 66 |
| 試(시) | 130 | 我(아) | 105 | 養(양) | 118 |
| 詩(시) | 125 | 惡(악) | 229 | 漁(어) | 147 |
| 式(식) | 165 | 樂(악) | 256 | 語(어) | 131 |

| 한자 | 페이지 | 한자 | 페이지 | 한자 | 페이지 |
|---|---|---|---|---|---|
| 魚(어) | 137 | 午(오) | 46 | 遇(우) | 180 |
| 億(억) | 28 | 悟(오) | 319 | 雨(우) | 61 |
| 憶(억) | 317 | 誤(오) | 172 | 運(운) | 291 |
| 言(언) | 131 | 屋(옥) | 81 | 雲(운) | 61 |
| 嚴(엄) | 223 | 玉(옥) | 196 | 雄(웅) | 71 |
| 業(업) | 205 | 溫(온) | 249 | 元(원) | 328 |
| 如(여) | 304 | 完(완) | 231 | 原(원) | 88 |
| 與(여) | 206 | 往(왕) | 296 | 圓(원) | 33 |
| 餘(여) | 234 | 王(왕) | 148 | 園(원) | 83 |
| 易(역) | 230 | 外(외) | 53 | 怨(원) | 264 |
| 逆(역) | 306 | 要(요) | 232 | 遠(원) | 245 |
| 然(연) | 58 | 欲(욕) | 263 | 願(원) | 277 |
| 煙(연) | 67 | 浴(욕) | 175 | 月(월) | 38 |
| 硏(연) | 124 | 勇(용) | 223 | 位(위) | 55 |
| 熱(열) | 66 | 容(용) | 110 | 偉(위) | 223 |
| 葉(엽) | 140 | 用(용) | 172 | 危(위) | 229 |
| 榮(영) | 163 | 又(우) | 329 | 威(위) | 186 |
| 永(영) | 245 | 友(우) | 104 | 幼(유) | 233 |
| 英(영) | 68 | 右(우) | 52 | 有(유) | 312 |
| 迎(영) | 179 | 宇(우) | 74 | 柔(유) | 252 |
| 藝(예) | 130 | 憂(우) | 263 | 油(유) | 214 |
| 五(오) | 25 | 牛(우) | 70 | 由(유) | 327 |

## 한중일 공용한자 808자

| 한자 | 페이지 | 한자 | 페이지 | 한자 | 페이지 |
|---|---|---|---|---|---|
| 遊(유) | 177 | 耳(이) | 111 | 壯(장) | 221 |
| 遺(유) | 181 | 益(익) | 178 | 將(장) | 149 |
| 肉(육) | 138 | 人(인) | 92 | 章(장) | 126 |
| 育(육) | 118 | 仁(인) | 224 | 長(장) | 243 |
| 恩(은) | 185 | 印(인) | 213 | 再(재) | 329 |
| 銀(은) | 214 | 因(인) | 327 | 在(재) | 314 |
| 陰(음) | 88 | 引(인) | 297 | 才(재) | 192 |
| 音(음) | 194 | 忍(인) | 266 | 材(재) | 200 |
| 飮(음) | 137 | 認(인) | 314 | 栽(재) | 171 |
| 泣(읍) | 260 | 一(일) | 24 | 財(재) | 213 |
| 應(응) | 279 | 日(일) | 40 | 爭(쟁) | 209 |
| 依(의) | 268 | 入(입) | 286 | 低(저) | 239 |
| 意(의) | 184 | 자 | | 著(저) | 172 |
| 義(의) | 225 | 姉(자) | 98 | 貯(저) | 203 |
| 衣(의) | 196 | 子(자) | 94 | 敵(적) | 155 |
| 議(의) | 268 | 字(자) | 122 | 的(적) | 188 |
| 醫(의) | 103 | 慈(자) | 224 | 赤(적) | 140 |
| 二(이) | 24 | 者(자) | 105 | 適(적) | 220 |
| 以(이) | 327 | 自(자) | 58 | 傳(전) | 294 |
| 已(이) | 326 | 作(작) | 173 | 全(전) | 323 |
| 異(이) | 308 | 昨(작) | 45 | 典(전) | 160 |
| 移(이) | 291 | 場(장) | 74 | 前(전) | 52 |

| 한자 | 페이지 | 한자 | 페이지 | 한자 | 페이지 |
|---|---|---|---|---|---|
| 展(전) | 309 | 祭(제) | 101 | 終(종) | 44 |
| 戰(전) | 215 | 第(제) | 29 | 鍾(종) | 193 |
| 田(전) | 87 | 製(제) | 203 | 左(좌) | 52 |
| 錢(전) | 215 | 諸(제) | 324 | 罪(죄) | 159 |
| 電(전) | 61 | 除(제) | 307 | 主(주) | 153 |
| 節(절) | 42 | 題(제) | 125 | 住(주) | 292 |
| 絶(절) | 306 | 兆(조) | 29 | 宙(주) | 75 |
| 店(점) | 87 | 助(조) | 269 | 晝(주) | 43 |
| 點(점) | 33 | 早(조) | 330 | 朱(주) | 143 |
| 接(접) | 215 | 朝(조) | 42 | 注(주) | 316 |
| 井(정) | 89 | 祖(조) | 96 | 走(주) | 292 |
| 停(정) | 293 | 調(조) | 158 | 酒(주) | 136 |
| 定(정) | 209 | 造(조) | 203 | 竹(죽) | 69 |
| 庭(정) | 83 | 鳥(조) | 70 | 中(중) | 54 |
| 情(정) | 260 | 族(족) | 93 | 衆(중) | 100 |
| 政(정) | 155 | 足(족) | 114 | 重(중) | 239 |
| 正(정) | 225 | 存(존) | 314 | 增(증) | 309 |
| 淨(정) | 233 | 尊(존) | 253 | 證(증) | 160 |
| 精(정) | 231 | 卒(졸) | 152 | 地(지) | 62 |
| 靜(정) | 257 | 宗(종) | 86 | 志(지) | 184 |
| 頂(정) | 109 | 從(종) | 279 | 持(지) | 283 |
| 弟(제) | 98 | 種(종) | 139 | 指(지) | 114 |

한중일 공용한자 808자

| 한자 | 페이지 |
|---|---|
| 支(지) | 269 |
| 枝(지) | 139 |
| 止(지) | 293 |
| 知(지) | 315 |
| 紙(지) | 195 |
| 至(지) | 299 |
| 直(직) | 250 |
| 盡(진) | 278 |
| 眞(진) | 226 |
| 進(진) | 293 |
| 質(질) | 212 |
| 執(집) | 169 |
| 集(집) | 270 |
| 차 | |
| 借(차) | 204 |
| 次(차) | 33 |
| 車(차) | 153 |
| 着(착) | 287 |
| 察(찰) | 316 |
| 參(참) | 270 |
| 唱(창) | 183 |
| 窓(창) | 82 |

| 한자 | 페이지 |
|---|---|
| 採(채) | 168 |
| 菜(채) | 138 |
| 冊(책) | 126 |
| 責(책) | 282 |
| 妻(처) | 99 |
| 處(처) | 85 |
| 尺(척) | 34 |
| 千(천) | 28 |
| 天(천) | 62 |
| 川(천) | 60 |
| 泉(천) | 65 |
| 淺(천) | 233 |
| 鐵(철) | 211 |
| 晴(청) | 310 |
| 淸(청) | 240 |
| 聽(청) | 315 |
| 請(청) | 271 |
| 靑(청) | 141 |
| 體(체) | 108 |
| 初(초) | 322 |
| 招(초) | 173 |
| 草(초) | 68 |

| 한자 | 페이지 |
|---|---|
| 寸(촌) | 34 |
| 村(촌) | 85 |
| 最(최) | 322 |
| 推(추) | 181 |
| 秋(추) | 41 |
| 追(추) | 298 |
| 祝(축) | 274 |
| 春(춘) | 40 |
| 出(출) | 286 |
| 充(충) | 252 |
| 忠(충) | 184 |
| 蟲(충) | 71 |
| 取(취) | 182 |
| 吹(취) | 174 |
| 就(취) | 294 |
| 治(치) | 155 |
| 致(치) | 59 |
| 齒(치) | 113 |
| 則(칙) | 161 |
| 親(친) | 94 |
| 七(칠) | 26 |
| 針(침) | 195 |

| 한자 | 페이지 |
|---|---|
| **카** | |
| 快(쾌) | 258 |
| **타** | |
| 他(타) | 105 |
| 打(타) | 174 |
| 脫(탈) | 287 |
| 探(탐) | 298 |
| 太(태) | 253 |
| 泰(태) | 254 |
| 土(토) | 39 |
| 統(통) | 158 |
| 通(통) | 303 |
| 退(퇴) | 288 |
| 投(투) | 296 |
| 特(특) | 232 |
| **파** | |
| 波(파) | 64 |
| 破(파) | 210 |
| 判(판) | 273 |
| 八(팔) | 26 |
| 敗(패) | 170 |
| 貝(패) | 72 |
| 便(편) | 227 |

| 한자 | 페이지 |
|---|---|
| 片(편) | 191 |
| 平(평) | 242 |
| 閉(폐) | 302 |
| 布(포) | 196 |
| 抱(포) | 178 |
| 暴(폭) | 234 |
| 表(표) | 54 |
| 品(품) | 212 |
| 豊(풍) | 193 |
| 風(풍) | 60 |
| 彼(피) | 106 |
| 皮(피) | 115 |
| 必(필) | 330 |
| 筆(필) | 127 |
| **하** | |
| 下(하) | 51 |
| 何(하) | 331 |
| 夏(하) | 40 |
| 河(하) | 60 |
| 賀(하) | 274 |
| 學(학) | 121 |
| 寒(한) | 249 |

| 한자 | 페이지 |
|---|---|
| 恨(한) | 261 |
| 漢(한) | 76 |
| 閑(한) | 227 |
| 限(한) | 281 |
| 韓(한) | 76 |
| 合(합) | 159 |
| 害(해) | 282 |
| 海(해) | 63 |
| 解(해) | 276 |
| 幸(행) | 264 |
| 行(행) | 292 |
| 向(향) | 296 |
| 鄕(향) | 79 |
| 香(향) | 191 |
| 虛(허) | 250 |
| 許(허) | 200 |
| 革(혁) | 197 |
| 現(현) | 294 |
| 賢(현) | 225 |
| 血(혈) | 108 |
| 協(협) | 156 |
| 兄(형) | 97 |

## 한중일 공용한자 808자

| 한자 | 페이지 |
|---|---|
| 刑(형) | 161 |
| 形(형) | 193 |
| 惠(혜) | 185 |
| 呼(호) | 182 |
| 好(호) | 258 |
| 戶(호) | 81 |
| 湖(호) | 59 |
| 虎(호) | 71 |
| 號(호) | 192 |
| 婚(혼) | 101 |
| 混(혼) | 307 |
| 紅(홍) | 142 |
| 化(화) | 305 |
| 和(화) | 158 |
| 火(화) | 38 |
| 花(화) | 68 |
| 華(화) | 253 |
| 話(화) | 187 |
| 貨(화) | 213 |
| 畫(화) | 132 |
| 患(환) | 263 |
| 歡(환) | 259 |

| 한자 | 페이지 |
|---|---|
| 活(활) | 176 |
| 皇(황) | 147 |
| 黃(황) | 143 |
| 回(회) | 34 |
| 會(회) | 208 |
| 孝(효) | 185 |
| 效(효) | 280 |
| 厚(후) | 251 |
| 後(후) | 53 |
| 訓(훈) | 120 |
| 休(휴) | 207 |
| 胸(흉) | 114 |
| 黑(흑) | 142 |
| 興(흥) | 258 |
| 喜(희) | 256 |
| 希(희) | 274 |

# 1. 숫자

## 한/하나 일

**부수** 一/0, 一/0, 一/0

【英】 one

一流(일류) 첫째가는 지위
一律的(일률적) 한결같음

**발음** yī

一点儿 yìdiǎnr 조금, 아주 작은
一起 yìqǐ 같이, 함께

**발음** イチ、イツ、ひと、ひと-つ

一家 いっか 일가, 한 세대
第一 だいいち 제일, 첫 번째

## 두 이

**부수** 二/0, 二/0, 二/0

【英】 two

不事二君(불사이군) 한 사람이 두 임금을 섬기지 아니함
一石二鳥(일석이조) 한 가지 일을 하여 두 가지 이익을 얻음

**발음** èr

二百二 èrbǎièr 머큐로크롬(Mercurochrome)
二二乎乎 èr'èrhūhū 위축되다, 망설이다

**발음** ニ、ふた、ふた-つ

二十·二十歳 はたち 20세, 스무 살, 20, 스물
二日 ふつか 이틀, 2일

## 석 삼

**부수** 一/2, 一/2, 一/2

【英】 three

三流(삼류) 사물의 부류에 있어서 가장 낮은 층
作心三日(작심삼일) 결심이 삼일을 가지 못함

**발음** sān

再三 zàisān 재삼, 여러 번, 거듭
三代 sāndài 부친·자신·자식 3대

**발음** サン、み、み-つ、みっ-つ

三 さん 셋, 세 번째
三日 みっか 초사흘

**넉 사**  [부수] 囗/2, 囗/2, 囗/2
〖英〗 four

四寸(사촌) 아버지의 친형제의 아들 딸
三寒四溫(삼한사온) 겨울에 사흘 춥고, 나흘 따뜻한 날씨

[발음] sì
四肢 sìzhī 사지, 팔다리, 양팔과 양다리
四方 sìfāng 사방, 동서남북

[발음] シ, よ, よ-つ, よっ-つ, よん
四季 しき 사계, 네 계절, 사철
四日 よっか 4일, 나흘

**다섯 오**  [부수] 二/2, 二/2, 二/2
〖英〗 five

五感(오감) 다섯 가지 감각
五福(오복) 다섯 가지 복

[발음] wǔ
五谷 wǔgǔ 오곡('벼·조·수수·보리·콩'를 가리킴)
五十 wǔshí 50, 오십, 쉰 살, 오십 세

[발음] ゴ, いつ, いつ-つ
五 ご 다섯, 다섯째, 제5위
五日 いつか 오일, 닷새, 초닷새

**여섯 륙**  [부수] 八/2, 八/2, 八/2
〖英〗 six

六面體(육면체) 여섯 개의 면을 가진 다면체
死六臣(사육신) 조선 세조 때의 여섯 충신

[발음] liù, lù
六十 liùshí 60, 육십
六月 liùyuè 음력 6월, 양력 6월

[발음] ロク, む, む-つ, むっ-つ, むい
六 ろく 육, 여섯
六日 むいか 6일, 엿새

1. 숫자   25

## 일곱 칠

七

**부수** 一/1, 一/1, 一/1
**【英】** seven

七月(칠월) 한 해의 열두 달 가운데 일곱째 달
七情(칠정) 사람의 일곱 가지 감정

**中國** 七
**발음** qī
七七八八 qīqībābā 비슷하다, 뒤죽박죽
七夕 qīxī 칠석, 음력 7월 7일 밤

**日本** 七
**발음** シチ, なな, なな-つ, なの
七つ ななつ 일곱, 일곱 살
七日 なのか 초이렛날, 7일간

## 여덟 팔

八

**부수** 八/0, 八/0, 八/0
**【英】** eight

八方美人(팔방미인) 온갖 방면의 일에 능통한 사람
上八字(상팔자) 썩 좋은 팔자

**中國** 八
**발음** bā
八成 bāchéng 8할, 10분의 8

**日本** 八
**발음** ハチ, や, や-つ, やっ-つ, よう
八百屋 やおや 야채 장수, 푸성귀 가게
八日 ようか 초여드렛날, 8일간

## 아홉 구

九

**부수** 乙/1, ノ/1, 乙/1
**【英】** nine

九死一生(구사일생) 죽을 경우를 당하였다가 겨우 살아남
十中八九(십중팔구) 열 가운데 여덟이나 아홉이 됨

**中國** 九
**발음** jiǔ
十九 shíjiǔ 십 구, 19
三十九 sānshíjiǔ 삼십 구, 39

**日本** 九
**발음** キュウ, ク, ここの, ここの-つ
九 きゅう 구, 아홉

열 **십**  부수 十/0, 十/0, 十/0
〖英〗 ten

十長生(십장생) 장생불사한다는 열 가지의 물건
數十(수십) 열의 두 서너 곱절되는 수효

발음 shí
十分 shífēn 매우, 대단히, 십분
十足 shízú 충분하다, 충족하다, 넘쳐흐르다

발음 ジュウ, ジッ, とお, と
十日 とおか 10일간, 초열흘
十 とお 열, 10, 열 살

주울 **습**, 열 **십**  부수 手/6, 扌/6, 手/6
〖英〗 pick up, collect, ten

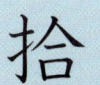

拾得(습득) 물건을 주워서 얻음
拾集(습집) 주워 모음

발음 shè, shī, shí
收拾 shōushi 거두다, 정돈하다, 수습하다
拾物 shíwù 습득물, 물건을 줍다

발음 シュウ, ジュウ, ひろ-う
拾万円 じゅうまんえん 십만엔

일백 **백**  부수 白/1, 白/1, 白/1
〖英〗 one hundred, numerous

百發百中(백발백중) 총, 활 같은 것이 겨눈 곳에 꼭꼭 맞음
五穀百果(오곡백과) 온갖 곡식과 여러 가지 과실

발음 bǎi, bó
三百 sānbǎi 삼백
老百姓 lǎobǎixìng 평민, 백성, 일반

발음 ヒャク
百 ひゃく 백, 다수, 많은 것
百科事典 ひゃっかじてん 백과사전

## 일천 천

**부수** 十/1, 十/1, 十/1

〖英〗 thousand

千里馬(천리마) 하루에 천리를 달릴 만한 썩 좋은 말
千萬多幸(천만다행) 매우 다행스러움

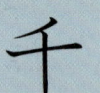

**中國** 千

**발음** qiān

千万 qiānwàn 부디, 제발, 절대로, 일천만
千方百計 qiānfāngbǎijì 갖은 방법, 계략을 다 써 보다

**日本** 千

**발음** セン, ち

千 せん 천, 수많음의 비유

## 일만 만

**부수** 艸(艹)/9, 一/2, 一/2

〖英〗 ten thousand, innumerable

萬能(만능) 모든 일에 다 능통함
千萬多幸(천만다행) 매우 다행함

**中國** 万

**발음** mò, wàn

万一 wànyī 만일, 만 분의 일, 만약
千万 qiānwàn 부디. 제발. 아무쪼록. 꼭. 절대로. 반드시

**日本** 万

**발음** マン, バン

万年筆 まんねんひつ 만년필
万歳 ばんざい 만세

## 억 억

**부수** 人(亻)/13, 亻/1, 人/13

〖英〗 hundred million, many

千億(천 억) 아주 많은 수
億萬長者(억만장자) 몇 억대의 재산을 가진 사람

**中國** 亿

**발음** yì

万亿 wànyì 조(兆)
亿万 yìwàn 억만, 셀 수 없을 만큼 많은 수

**日本** 億

**발음** オク

億 おく 억, 만의 1만 배, 수가 많음
三億円 さんおくえん 3억 엔

## 억/징조 조 兆

**부수** 儿/4, 儿/4, 儿/4
**〖英〗** omen, mega, trillion(韓日), million(中)

前兆(전조) 미리 나타나 보이는 조짐
兆億(조억) 대단히 많은 수

### 中國 兆
**발음** zhào
兆兆位 zhàozhàowè 컴퓨터의 테라비트(terabit)
吉兆 jízhào 길조, 좋은 조짐

### 日本 兆
**발음** チョウ, きざ-す, きざ-し
兆 ちょう 조, 1억의 1만 배, 수가 많음
吉兆 きっちょう 길조

## 셈 수 數

**부수** 攴(攵)/11, 攵/9, 攵/9
**〖英〗** number, several, count

等數(등수) 차례를 매겨 붙인 번호
手數料(수수료) 어떤 일을 돌보아 준 보수

### 中國 数
**발음** shǔ, shù, shuò
数量 shùliàng 수량, 양, 수효
数学 shùxué 수학, 술수

### 日本 数
**발음** スウ, ス, かず, かぞ-える
数字 すうじ 숫자, 몇 자
数学 すうがく 수학

## 차례 제 第

**부수** 竹/5, 竹/5, 竹/5
**〖英〗** sequence, number, grade, degree

下第(하제) 과거에 낙제함
登第(등제) 과거에 급제함

### 中國 第
**발음** dì
第一 dìyī 가장 중요하다, 제일이다, 제1

### 日本 第
**발음** ダイ
落第 らくだい 낙제, 불합격
次第 しだい 순서, 차차로, 점점

## 두 량

**부수** 入/6, 一/6, 一/5

〖英〗 two, both, pair, couple, ounce

兩立(양립) 둘이 함께 맞섬　　兩分(양분) 둘로 나눔
兩親(양친) 아버지와 어머니

**中國** 两

**발음** liǎng

两个人 liǎnggèrén 두 사람
两面 liǎngmiàn 양면, 앞면과 뒷면

**日本** 両

**발음** リョウ

両方 りょうほう 양방, 쌍방, 양자
両親 りょうしん 양친, 부모

## 홑 단

**부수** 口/9, 十/6, 十/7

〖英〗 single, individual, only

單價(단가) 각 단위마다의 값
單色(단색) 한 가지 빛깔

**中國** 单

**발음** chán, dān, shàn

单元 dānyuán 단원, 단일한 근원, 현관
单位 dānwèi 단위, 집채, 독채

**日本** 単

**발음** タン

単数 たんすう 단수, 홀수
単語 たんご 단어, 낱말

## 셀 계

**부수** 言/2, 讠/2, 言/2

〖英〗 calculate, plan, plot

設計(설계) 계획을 세움
統計(통계) 대량 관찰의 결과로서 얻어지는 숫자

**中國** 计

**발음** jì

计算 jìsuàn 고려하다, 계획하다, 모해하다
会计 kuàijì 회계원, 회계하다, 회계

**日本** 計

**발음** ケイ, はかる, はからう

計 けい 계, 계획, 합계
計算 けいさん 계산

### 셈 산
**부수** 竹/8, 竹/8, 竹/8

〖英〗 count, calculate, figure

算出(산출) 계산을 해냄
加算(가산) 더하여 셈함

**中國** 算
**발음** suàn
计算 jìsuàn 고려하다, 계획하다, 모해하다
打算 dǎsuan 계획하다, 생각, 계획

**日本** 算
**발음** サン
算数 さんすう 산수, 초등 수학

---

### 낱 개
**부수** 人/8, 人/1, 人/8

〖英〗 numerary adjunct, piece, single

個當(개당) 낱낱마다
個性(개성) 개인성. 개체의 특성

**中國** 个
**발음** gě, gè
个别 gèbié 개개, 개별적, 일부의
个人 gèrén 개인, 그 사람, 나

**日本** 個
**발음** コ
個体 こたい 개체
個人 こじん 개인

---

### 법도 도 / 헤아릴 탁
**부수** 广/6, 广/6, 广/6

〖英〗 degree, system, manner, to consider

度量(도량) 너그러운 마음과 깊은 생각
進度(진도) 일의 진행 속도

**中國** 度
**발음** dù, duó
速度 sùdù 속도, 템포
制度 zhìdù 제도, 규정

**日本** 度
**발음** ド, ト, タク, たび
今度 こんど 이번, 금번
歩度 ほど 보도, 걸음걸이의 속도

1. 숫자

### 헤아릴 량

부수 里/5, 里/5, 里/5
〖英〗 measure, quantity, capacity
容量(용량) 용기 안에 들어갈 수 있는 분량
分量(분량) 부피, 무게 등의 많고 적음과 크고 작은 정도

발음 liáng, liàng
力量 lìliang 힘, 능력, 역량
尽量 jǐnliàng(r) 되도록, 양을 다하다, 양을 다 채우다

발음 リョウ、はかーる
量 りょう 양, 분량

### 차례 번

부수 田/7, 田/7, 田/7
〖英〗 a time, a turn
番號(번호) 차례를 나타내는 호수
每番(매번) 번번이

발음 fān, pān
番 fān 회, 차례, 번, 바탕. 回(huí)·次(cì)와 마찬가지로 동작의 횟수를 세는 단위

발음 バン
番 ばん 순서, 차례
番組 ばんぐみ 프로

### 해 세

부수 止/9, 山/3, 止/9
〖英〗 year, age, harvest
歲時(세시) 일 년 중의 때때
萬歲(만세) 영원한 삶

발음 suì
岁月 suìyuè 세월, 시간
年岁 niánsuì 나이, 연령, 연세

발음 サイ、セイ
歲月 としつき 세월

둥글 **원** 　부수 囗/10, 囗/7, 冂/2

〖英〗 circle, round, circular, complete

一圓(일원) 어느 지역의 전부
圓形(원형) 둥근 형상

 圓

中國 圆

발음
方圆 fāngyuán 주변의 길이
圆满 yuánmǎn 원만하다, 완벽하다, 훌륭하다

日本 円

발음 エン, まる-い
円 えん 둥긂, 둥근 것, 엔

---

점 **점** 　부수 黑/5, 灬/5, 火(灬)/5

〖英〗 dot, speck, spot, point, degree

強點(강점) 남보다 우세한 점
失點(실점) 점수를 잃음

 點

中國 点

발음 diǎn
观点 guāndiǎn 관점, 입장, 정치적 관점
点心 diǎnxīn 요기하다, 간식, 가벼운 식사

日本 点

발음 テン
点数 てんすう 점수
句読点 くとうてん 구두점

---

버금 **차** 　부수 欠/2, 欠/2, 欠/2

〖英〗 order, sequence, next

目次(목차) 목록이나 조목의 차례
將次(장차) 앞으로

 次

中國 次

발음 cì
次要 cìyào 부차적인, 이차적인, 다음으로 중요한

日本 次

발음 ジ, シ, つ-ぐ, つぎ
次 つぎ 다음, 버금
次次 つぎつぎ 차례차례

1. 숫자　33

## 자 척

**부수** 尸/1, 尸/1, 尸/1
**〔英〕** ruler, measure
三尺(삼척) 석 자
尺寸(척촌) 자와 치

**발음** chě, chǐ
尺子 chǐzi 자, 척도, 기준

**발음** シャク
尺度 しゃくど 척도

## 마디/적을/작을 촌

**부수** 寸/0, 寸/0, 寸/0
**〔英〕** inch, small, tiny
寸數(촌수) 친척 사이의 가까운 정도를 나태는 수
寸陰(촌음) 얼마 안 되는 시간

**발음** cùn
尺寸 chǐcun 길이, 치수, 사이즈(size)

**발음** スン
寸法 すんぽう 길이, 치수

## 돌아올 회

**부수** 口/3, 口/3, 口/3
**〔英〕** return, turn around, a time
回歸(회귀) 한 바퀴 돌고 제자리로 돌아옴
回信(회신) 편지나 전화 등의 회답

**발음** huí
回忆 huíyì 회상, 추억, 회상하다
回答 huídá 대답하다, 회답하다, 회답

**발음** カイ, エ, まわ-る, まわ-す
回復 かいふく 회복
回数 かいすう 횟수

**반 半** 　부수 十/3, 十/3, 十/3

〖英〗 half

半減(반감) 절반으로 줆. 절반을 덞
過半數(과반수) 반이 넘는 수

발음 bàn
半夜 bànyè 심야, 한밤중, 밤 12시쯤
半天 bàntiān 한나절, 반일, 한참

발음 ハン, なかーば
半 はん 반, 절반
半島 はんとう 반도

## 2. 시간

## 달 월

부수 月/0, 月/0, 月/0
〖英〗 moon, month
月次(월차) 매달
月光(월광) 달에서 비쳐 오는 빛

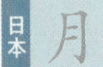

발음 yuè
正月 zhēngyuè 정월
风月 fēngyuè 바람과 달, 풍경

발음 ゲツ, ガツ, つき
毎月 まいげつ 매월, 달마다    月給 げっきゅう 월급
三日月 みかづき 초사흘 달, 초승달

## 불 화

부수 火/0, 火/0, 火/0
〖英〗 fire, flame, burn, anger, rage
放火(방화) 불을 지름
失火(실화) 잘못하여 불을 냄

발음 huǒ
着火 zháohuǒ 불나다, 불붙다
火药 huǒyào 화약

발음 カ, ひ, ほ
火山 かざん 화산
火傷 やけど 화상

## 물 수

부수 水/0, 水/0, 水/0
〖英〗 water, liquid
水溫(수온) 물의 온도
給水(급수) 물을 공급함

발음 shuǐ
水果 shuǐguǒ 과실, 과일
水平 shuǐpíng 수평, 수준, 수준기

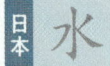

발음 スイ, みず
水 みず 물                水道 すいどう 수도
水着 みずぎ 수영복        水平線 すいへいせん 수평선

## 나무 목

부수 木/0, 木/0, 木/0
〖英〗 tree, wood, lumber, wooden
木造(목조) 나무로 만듦
巨木(거목) 거대한 나무

발음 mù
木头 mùtou 나무, 목재, 나뭇조각

발음 ボク, モク, き, こ
木 き 나무, 수목, 재목
木材 もくざい 목재, 재목

## 쇠 금

부수 金/0, 金/0, 金/0
〖英〗 gold, metals in general, money
基金(기금) 어떤 목적을 위하여 모아서 준비해 놓은 자금
料金(요금) 대가로 지불하는 금전

발음 jīn
现金 xiànjīn 현금, 은행 준비금
黄金 huángjīn 황금, 황금의, 매우 귀한

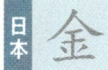

발음 キン, コン, かね, かな
金錢 きんせん 금전
金持(ち) かねもち 부자, 재산가

## 흙/땅 토

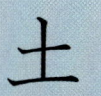

부수 土/0, 土/0, 土/0
〖英〗 soil, earth
土俗(토속) 그 지방 특유의 풍속
土着(토착) 대대로 그 땅에서 삶

발음 tǔ
土豆 tǔdòu(r) 감자
土地 tǔdì 땅, 토지, 토지신

발음 ド, ト, つち
土地 とち 토지, 땅, 그 지방

### 날/해 일

**日**

부수 日/0, 日/0, 日/0
〖英〗 sun, day, daytime

日常(일상) 날마다
日當(일당) 하루에 얼마씩 정해서 주는 급료

中國 日
발음 rì
日记 rìjì 일기, 일지
节日 jiérì 기념일, 명절, 경축일

日本 日
발음
日 にち 일, 일요일, …일    日付 ひづけ 일부, 날짜
日 ひ 해, 태양, 햇빛, 볕, 낮

### 봄 춘

**春**

부수 日/5, 日/5, 日/5
〖英〗 spring, wanton

春秋服(춘추복) 봄철과 가을철에 입는 옷
立春大吉(입춘대길) 입춘을 맞이하여 길운을 기원하는 글

中國 春
발음 chūn
青春 qīngchūn 청춘
春节 Chūn Jié 설, 음력 정월 초하루, 춘절

日本 春
발음 シュン, はる
春 はる 봄, 새해, 전성기, 한창 때
春先 はるさき 초봄

### 여름 하

부수 夂/7, 夂/7, 夂/7
〖英〗 summer, great, grand, big

夏服(하복) 여름에 입는 옷
夏節期(하절기) 여름철

中國 夏
발음 xià
夏季 xiàjì 하계, 여름
夏天 xiàtiān 여름

발음 カ, ゲ, なつ
夏 なつ 여름, 하절
夏時間 なつじかん 여름 시간, 하계 일광 절약시간, 서머타임

40

## 가을 추

秋

부수 禾/4, 禾/4, 禾/4
〖英〗 autumn, fall
秋季(추계) 가을의 시기
秋穀(추곡) 가을에 거두는 곡식

中國
발음 qiū
春秋 chūnqiū 봄과 가을, 세월
千秋 qiānqiū 천 년, 천추, 오랜 세월

日本
발음 シュウ, あき
秋 あき 가을
秋収 しゅうしゅう 추수, 가을걷이

## 겨울 동

冬

부수
〖英〗 winter
冬服(동복) 겨울철에 입는 옷
冬至(동지) 해가 가장 짧고 밤이 가장 긴 절기

中國
발음 dōng
冬季 dōngjì 겨울, 겨울철, 동계
冬菜 dōngcài 절여서 반건조한 배추

日本
발음 トウ, ふゆ
冬 ふゆ 겨울
冬眠 とうみん 겨울잠

## 계절 계

季

부수 子/5, 子/5, 子/5
〖英〗 quarter of year, season
秋季(추계) 가을      春季(춘계) 봄철
四季(사계) 춘, 하, 추, 동의 총칭

中國
발음 jì
季节 jìjié 계절, 철      季度 jìdù 사분기, 분기
季军 jìjūn (운동 경기 등의) 3등

日本
발음 キ
季節 きせつ 계절
季女 きじょ 계녀, 막내딸(=すえむすめ)

## 마디 절

**節**

부수 竹/9, ⺌/2, 竹/7
〖英〗 knot, node, joint, section, festival
節減(절감) 절약하고 줄임
節次(절차) 일의 순서나 방법

中國 **节**
발음 jiē, jié
节日 jiérì 기념일, 명절, 경축일
细节 xìjié 자세한 사정, 세부, 세목

日本 **節**
발음 セツ, セチ, ふし
節 ふし 대나무 등의 줄기의 마디
季節 きせつ 계절, 절기, 철

## 아침 조

**朝**

부수 月/8, 月/8, 月/8
〖英〗 dynasty, morning
朝禮(조례) 학교 등에서 수업 전에 모여 행하는 아침 인사
朝夕(조석) 아침과 저녁

中國 **朝**
발음 cháo, zhāo
朝代 cháodài 왕조의 연대, 왕조

日本 **朝**
발음 チョウ, あさ
今朝 けさ 오늘 아침
毎朝 まいあさ 매일 아침, 아침마다

## 저녁 석

**夕**

부수 夕/0, 夕/0, 夕/0
〖英〗 evening, night, dusk, slanted
夕陽(석양) 저녁때의 해
秋夕(추석) 우리나라 명절의 하나. 한가위

中國 **夕**
발음 xī
除夕 chúxī 섣달 그믐날, 12월 31일, 섣달그믐
夕阳 xīyáng 석양. 저녁 해. 낙조(落照).

日本 **夕**
발음 セキ, ゆう
夕刊 ゆうかん 석간　　　夕立 ゆうだち 소나기
夕方 ゆうがた 저녁때, 해질녘

42

## 낮 주

**부수** 日/7, 日/5, 日/5
〖英〗 daytime, daylight

晝間(주간) 낮
一晝夜(일주야) 만 하루

**中國** 昼
**발음** zhòu
昼夜 zhòuyè 낮과 밤

**日本** 昼
**발음** チュウ, ひる
昼休み ひるやすみ 점심 후의 휴식
白昼 はくちゅう 백주

## 밤 야

**부수** 夕/5, 夕/5, 夕/5
〖英〗 night, dark

夜景(야경) 밤의 경치
夜光(야광) 밤에 빛나는 빛

**中國** 夜
**발음** yè
昼夜 zhòuyè 낮과 밤
半夜 bànyè 심야. 한밤중, 밤 12시쯤

**日本** 夜
**발음** ヤ, よ, よる
夜間 やかん 야간
夜中 よなか 밤중, 한밤중

## 비로소 시

**부수** 夕/5, 夕/5, 夕/5
〖英〗 begin, start, then, only then

夜景(야경) 밤의 경치
夜光(야광) 밤에 빛나는 빛

**中國** 始
**발음** shǐ
开始 kāishǐ 개시하다, 시작되다, 시작하다
始终 shǐzhōng 시종, 처음과 끝, 언제나

**日本** 始
**발음** シ, はじ-める, はじ-まる
始終 しじゅう 시종, 자초지종

## 마칠 종

終

부수 糸/5, 纟/5, 糸/5

【英】 end, finally, in the end

終結(종결) 완전히 끝남
自初至終(자초지종) 처음부터 끝까지 이르는 동안

中國 终
발음 zhōng
始终 shǐzhōng 시종, 처음과 끝, 언제나

日本 終
발음 シュウ, お-わる, お-える
終点 しゅうてん 종점
最終 さいしゅう 최종, 맨 나중

## 해 년

年

부수 干/3, ノ/5, 干/3

【英】 year, new-years, person's age

新年(신년) 새해
豊年(풍년) 곡식이 잘 되고 잘 여문 해

中國 年
발음 nián
去年 qùnián 작년, 지난 해, 전년
年轻 niánqīng 젊다     年代 niándài 시기, 시대, 연대

日本 年
발음 ネン, とし
年 とし 해, 나이     年 ねん 년, 한 해
年度 ねんど 연도

## 때 시

時

부수 日/6, 日/3, 日/6

【英】 time, season, era, age, period

時論(시론) 한 시대의 여론
時點(시점) 시간의 흐름 위의 어떤 한 점

中國 时
발음 shí
时间 shíjiān 시간, 틈     小时 xiǎoshí 시간, 시, 아워
平时 píngshí 보통 때, 평소, 평상시

日本 時
발음 ジ, とき
時 とき 시간, 시각, 때     時計 とけい 시계
時間 じかん 시간, 때

**나눌 분** 〔부수〕 刀/2, 刀/2, 刀/2

〖英〗 divide, small unit of time

分野(분야) 몇으로 나눈 각각의 범위
充分(충분) 분량이 넉넉해 모자람이 없음

〔발음〕 fēn, fèn
过分 guòfèn 분수에 넘치다, 과분하다, 지나치다
分别 fēnbié 헤어지다, 이별하다, 차이

〔발음〕 ブン, フン, ブ, わ-ける, わ-かれる, わ-かる, わ-かつ
分 ふん 분, 시간의 단위   分量 ぶんりょう 분량
分数 ぶんすう 분수

**어제 작** 〔부수〕 日/5, 日/5, 日/5

〖英〗 yesterday, in former times, past

昨今(작금) 어제와 오늘
昨年(작년) 지난해

〔발음〕
昨天 zuótiān 어제

〔발음〕 サク
一昨年 おととし 그러께, 재작년
昨日 きのう 어제

**이제 금** 〔부수〕 人/2, 人/2, 人/2

〖英〗 now, today, modern era

今天 jīntiān 오늘, 현재, 목전
如今 rújīn 지금, 이제, 오늘날

〔발음〕 jīn
今天 jīntiān 오늘, 현재, 목전
如今 rújīn 지금, 이제, 오늘날

〔발음〕 コン, キン, いま
今 いま 지금, 이제     今日 こんにち 금일
今年 ことし 올해       今晩 こんばん 오늘 밤

## 낮 오

**午**

부수 十/2, 十/2, 十/2
【英】 noon, 7th terrestrial branch
正午(정오) 낮의 열두 시
子午線(자오선) 정북과 정남을 통해 천구에 그은 선

中國 午
발음 wǔ
上午 shàngwǔ 오전, 상오    下午 xiàwǔ 오후, 하오
中午 zhōngwǔ 정오, 점심, 낮 12시 전후

日本 午
발음 ゴ
午前 ごぜん 오전, 상오
午後 ごご 오후

## 늦을 만

**晩**

부수 日/8, 日/7, 日/8
【英】 night, evening, late
晩秋(만추) 늦가을
晩婚(만혼) 혼기가 지나서 늦게 한 혼인

中國 晚
발음 wǎn
晚安 wǎn'ān (밤에 하는 인사말로) 안녕히 주무세요
晚上 wǎnshang 저녁        早晚 zǎowǎn 언젠가는, 다음에

日本 晩
발음 バン
晩 ばん 저녁때, 밤

## 저물 모

**暮**

부수 日/11, 日/10, 日/11
【英】 evening, dusk, sunset, ending
歲暮(세모) 그 해가 저무는 때. 세밑
暮秋(모추) 늦가을. 음력 9월

中國 暮
발음 mù
暮 mù 저녁, 해질녘, (시간이) 마지막에 가깝다, 늦다
暮景 mùjǐng 저녁 무렵의 정경

日本 暮
발음 ボ, く-れる, く-らす
歲暮 せいぼ·さいぼ 세모, 연말

끝 **말** 　부수 木/1, 木/1, 木/1
〖英〗 final, last, end

末期(말기) 어떤 시기의 끝 무렵
末世(말세) 정치, 도덕, 풍속 등이 아주 쇠퇴한 시대

발음 mò
末流 mòliú (강·하천의) 하류(下流).
本末 běnmò 나무 뿌리와 나무 꼭대기, 처음과 끝

발음 マツ, バツ, すえ
末 すえ 끝, 마지막
末大 まつだい 말대, 첫머리보다 끝이 큼

기약할/때 **기** 　부수 月/8, 其/4, 月/8
〖英〗 due, period of time, date, time limit

早期(조기) 이른 시기
婚期(혼기) 혼인하기에 적당한 나이

발음 jī, qī
期待 qīdài 기대, 바라다, 기대하다
星期 xīngqī 주, 주일, 요일

발음 キ, ゴ
期間 きかん 기간
期年 きねん 기년, 일 주년.

2. 시간　47

# 3. 위치

## 동녘 동

**부수** 木/4, 一/4, 木/4

〖英〗 east, eastern

東問西答(동문서답) 어떤 물음에 대하여 엉뚱한 대답을 함
東向(동향) 동쪽을 향함

**발음** dōng
房东 fángdōng 집주인, 집임자

**발음** トウ, ひがし
東西 とうざい 동서
東洋 とうよう 동양

## 서녘 서

**부수** 襾(西)/0, 西/0, 西/0

〖英〗 west(ern), westward, occident

東西古今(동서고금) 동양이나 서양에 있어서의 예나 지금
西海(서해) 서쪽에 있는 바다, 우리나라의 황해

**발음** xī
东西 dōngxi (구체적인 혹은 추상적인) 것, 물건, 사물, 물품
西风 xīfēng 서풍, 가을 바람

**발음** セイ, サイ, にし
西 にし 서쪽, 서풍, 関西 지방
西洋 せいよう 서양

## 남녘 남

**부수** 十/7, 十/7, 十/7

〖英〗 south, southern

南行(남행) 남쪽으로 감
南向(남향) 남쪽으로 향함

**발음** nā, nán
指南针 zhǐnánzhēn 지남침, 나침반
南方 nánfāng 남방 지역, 남쪽 지방

**발음** ナン, ナ, みなみ
南 みなみ 남, 남쪽
南北 なんぼく 남북

## 북녘 북 / 달아날·패할 배

**北**

부수 匕/3, ㅣ/4, 匕/3
〖英〗 north, northern
北上(북상) 북쪽을 향해 올라감
北風(북풍) 북쪽에서 불어오는 바람

**中國** 北
발음 běi, bèi
北京 Běijīng 북경, 베이징스, 북경시
北方 běifāng 북쪽, 화북 지방

**日本** 北
발음 ホク, きた
北 きた 북, 북쪽, 북풍　　敗北 はいぼく 패배
西北 せいほく 서북

## 윗 상

**上**

부수 一/2, 一/2, 一/2
〖英〗 top, superior, highest, go up, send up
上陸(상륙) 배에서 육지로 오름
賣上(매상) 물건을 판 수량이나 대금의 총계

**中國** 上
발음 shǎng, shàng, shang　　早上 zǎoshang 아침
上当 shàngdàng 속다, 꾐에 빠지다, 속임수에 걸리다
上班 shàngbān 출근하다, 당번 근무를 하다, 고관

**日本** 上
발음 ジョウ, ショウ, うえ, うわ, かみ, あげる, あがる, のぼる, のぼせる, のぼす
上 うえ 위, 부근　上 かみ 위쪽, 상류　上 じょう 상, 훌륭한
上司 じょうし 상사, 상급 관청, 직장의 윗사람

## 아래 하

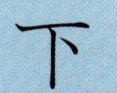

부수 一/2, 一/2, 一/2
〖英〗 below, down
下車(하차) 차에서 내림
貴下(귀하) 상대방을 존중하여 이름을 대신 부르는 말

**中國** 下
발음 xià
下雨 xiàyǔ 비가 내리다, 비가 오다
下載 xiàzài 다운로드, 다운로드하다, 받다

**日本** 下
발음 カ, ゲ, した, しも, もと, さげる, さがる, くだる, くだす, くださる, おろす, おりる
下 した 아래, 밑　　下宿 げしゅく 하숙, 하급 여관
下手 へた 서투름, 서투른 사람

## 왼 좌

**부수** 工/2, 工/2, 工/2

〖英〗 left, east, unorthodox, improper

左右(좌우) 왼쪽과 오른쪽
左便(좌편) 왼쪽

**中國** 左
**발음** zuǒ
相左 xiāngzuǒ 어긋나다, 일치하지 않다
左手 zuǒshǒu 왼손

**日本** 左
**발음** サ, ひだり
左 ひだり 좌, 왼편, 왼쪽, 술을 좋아함
左道 さどう 좌도, 옳지 않은 길

## 오른 우

**부수** 口/2, 口/2, 口/2

〖英〗 right, west, right-wing

右往左往(우왕좌왕) 이랬다 저랬다 갈팡질팡 함
極右(극우) 극단적인 우익 사상

**中國** 右
**발음** yòu
左右 zuǒyòu 좌와 우, 왼쪽과 오른쪽
右手 yòushǒu 오른손

**日本** 右
**발음** ウ, ユウ, みぎ
右 みぎ 우, 오른쪽, 우측

## 앞 전

**부수** 刀/7, 刂(刀)/7, 刀/7

〖英〗 in front, forward, preceding

前進(전진) 앞으로 나아감
風前燈火(풍전등화) 매우 위급한 자리에 놓여 있음

**中國** 前
**발음** qián
前面 qiánmian(r) 앞, 전면, 먼저
从前 cóngqián 이전, 종전, 예전

**日本** 前
**발음** ゼン, まえ
前 まえ 앞, 앞서, 전, 먼저
前後 ぜんご 앞뒤

뒤 후 　부수 彳/6, 口/3, 彳/6

〖英〗 behind, rear, after, descendents

後進(후진) 뒤쪽을 향해 나아감
事後(사후) 일이 지난 뒤

中國 后　발음 hòu　　后来 hòulái 후, 그 뒤에, 그 다음에
落后 luòhòu 뒤떨어지다, 뒤처지다, 늦어지다
然后 ránhòu 연후에, 그러한 후에, 그리고 나서

日本 後　발음 ゴ, コウ, のち, うし-ろ, あと, おく-れる
明後日 あさって 모레
直後 ちょくご 직후, 바로 뒤

안 내 　부수 入/2, 冂/2, 冂/2

〖英〗 inside, interior, domestic

內勤(내근) 관청, 회사 등의 안에서 하는 근무
內助(내조) 내부에서 돕는 일

中國 内　발음 nèi
内容 nèiróng 내용
内科 nèikē 내과

日本 内　발음 ナイ, ダイ, うち
内 うち 저, 나　　内科 ないか 내과
内容 ないよう 내용

바깥 외 　부수 夕/2, 夕/2, 夕/2

〖英〗 out, outside, external, foreign

外貨(외화) 외국의 화폐
列外(열외) 늘어선 줄의 밖

中國 外　발음 wài
格外 géwài 유달리, 각별히, 특별히
外交 wàijiāo 외교

日本 外　발음 ガイ, ゲ, そと, ほか, はず-す, はず-れる
外 そと 밖, 바깥, 겉
外科 げか 외과　外国人 がいこくじん 외국인

3. 위치　53

## 가운데/맞을 중

부수 丨/3, 丨/3, 丨/3

【英】 central, center, middle, hit (target)

中止(중지) 중도에서 그만둠
命中(명중) 겨냥한 곳에 바로 맞음

발음 zhōng, zhòng
中间 zhōngjiān 속, 안, 중
中国 Zhōngguó 중국

발음 チュウ, なか
夜中 よなか 밤중, 한밤중
中央 ちゅうおう 중앙

## 가운데 앙

부수 大/2, 大/2, 大/2

【英】 center, conclude

中央(중앙) 사방의 중심이 되는 곳
中央線(중앙선) 한 가운데를 지나는 선

발음 yāng
中央 zhōngyāng 중앙
央求 yāngqiú 간청하다, 간절히 요구하다

발음 オウ
中央 ちゅうおう 중앙

## 겉/나타낼 표

부수 衣/2, 衣/2, 衣/2

【英】 show, express, indicator, display

表決(표결) 투표로 결정함
表現(표현) 사상, 감정 등을 드러내어 나타냄

발음 biǎo
手表 shǒubiǎo 손목시계
表明 biǎomíng 표명하다, 분명하게 보이다

발음 ヒョウ, おもて, あらわーす, あらわーれる
表 おもて 표면, 거죽, 겉, 보이는 곳
表 ひょう 도표　　　表情 ひょうじょう 표정

**끝/바를 단**　부수 立/9, 立/9, 立/9

端

〖英〗 end, extreme, head, beginning

發端(발단) 일의 첫머리가 처음으로 일어남
事端(사단) 일의 실마리. 사건의 단서

中國　端　　발음 duān
端　duān 똑바르다. 곧다
端正　duānzhèng 단정하다. 똑바르다

日本　端　　발음 タン, はし, は, はた
端　はし 끝, 선단, 시초, 처음, 가장자리

---

**자리 위**　부수 人(亻)/5, 亻/5, 人/5

位

〖英〗 position, post, rank

方位(방위) 어떠한 방향의 위치
部位(부위) 전체에 대한 부분의 위치

中國　位　　발음 wèi
単位　dānwèi 단위, 집채, 독채
地位　dìwèi 위치, 지위, 차지한 자리

日本　位　　발음 イ, くらい
位　くらい 지위, 계급
単位　たんい 단위, 수량을 세는 기준

# 4. 자연

### 스스로 자

自

**부수** 自/0, 自/0, 自/0
**〖英〗** self, private, personal, from
自問自答(자문자답) 제가 묻고 제가 답함
自責(자책) 제 자신을 스스로 책망함

**中國** 自
**발음** zì
自动 zìdòng 자발적으로   自行车 zìxíngchē 자전거
自愿 zìyuàn 자원, 자원하다, 스스로 원하다

**日本** 自
**발음** ジ, シ, みずから
自分 じぶん 자기, 자신
自由 じゆう 자유

### 그럴 연

然

**부수** 火/8, 灬(火)/8, 火/8
**〖英〗** however, yes, certainly, pledge, promise
當然(당연) 이치로 보아 마땅함
本然(본연) 본디 그대로의 자연

**中國** 然
**발음** rán
然后 ránhòu 연후에, 그러한 후에, 그리고 나서
居然 jūrán 뜻밖에, 생각 밖에, 의외로

**日本** 然
**발음** ゼン, ネン
自然 しぜん 자연, 천지 만물
天然 てんねん 천연, 인공을 가하지 않은 자연

### 볕 경

景

**부수** 日/8, 日/8, 日/8
**〖英〗** scenery, view
絶景(절경) 뛰어난 경치
造景(조경) 경치를 아름답게 꾸밈

**中國** 景
**발음** jǐng
景色 jǐngsè 경치, 풍경, 경색
情景 qíngjǐng 광경, 정경, 장면

**日本** 景
**발음** ケイ
景色 けしき 경치
景勝地 풍치 지구(風致地區)

이름/보낼/빽빽할 치  부수 至/4, 至/4, 至/4

【英】 send, deliver, present, cause

理致(이치) 사물의 정당한 조리
致命傷(치명상) 죽음의 원인이 되는 상처

발음 zhì
一致 yízhì 일치, 일치하다, 함께
细致 xìzhì 정교하다, 세밀하다, 꼼꼼하다

발음 チ, いた-す
一致 いっち 일치
致景 ちけい 치경, 아름다운 경치

강 강   부수 水/3, 氵(水)/3, 水/3

【英】 large river, yangzi

江心(강심) 강의 한복판
漢江(한강) 한국의 중부에 있어 황해로 들어가는 강

발음 jiāng
长江 Chángjiāng 양자강, 장강
江山 jiāngshān 강산, 자연의 경치, 국토

발음 コウ, え
江湖 こうこ 강호
江河 こうが 강하

호수 호   부수 水/9, 氵(水)/9, 水/9

【英】 lake, bluish-green

湖南(호남) 전라남북도를 일컫는 말
湖水(호수) 육지가 우묵하게 패고 물이 괸 곳

발음 hú
江湖 jiānghú 강과 호수
湖色 húsè 연두색, 담록색

발음 コ, みずうみ
湖 みずうみ 호수
湖上 こじょう 호상, 호수 위

## 물 하

부수 水/5, 氵(水)/5, 水/5

〖英〗 river, stream, yellow river

河口(하구) 강물이 바다로 흘러드는 어귀
氷河(빙하) 거대한 얼음덩이가 흘러 다니는 강물

中國
발음 hé
黃河 Huánghé 황허
河防 héfáng 치수 사업, 수방(水防)

日本
발음 カ, かわ
運河 うんが 운하
河川 かせん 하천(=かわ)

## 내 천

부수 巛(川)/0, 川/0, 川/0

〖英〗 stream, river

山川(산천) 산과 내라는 뜻으로 자연을 일컬음
山川草木(산천초목) 산과 내, 풀과 나무

中國
발음 chuān
川流不息 chuānliúbùxī (행인 등이) 물처럼 끊임없이 오가다
长川 chángchuān 끊임없이, 계속, 긴 강

日本
발음 セン, かわ
小川 おがわ 작은 시내
母川 ぼせん 모천

## 바람 풍

부수 風/0, 风/0, 風/0

〖英〗 wind, air, manners, atmosphere

風速(풍속) 바람이 부는 속도
風習(풍습) 풍속과 습관

中國
발음 fēng
风景 fēngjǐng 풍경, 경치, 풍채
风俗 fēngsú 풍속

日本
발음 フウ, フ, かぜ, かざ
風 ふう 풍습, 풍속    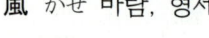 風 かぜ 바람, 형세
風船 ふうせん 풍선

### 비 우

**부수** 雨/0, 雨/0, 雨/0

〖英〗 rain, rainy

雨備(우비) 비를 가리는 여러 도구
降雨量(강우량) 일정 기간 동안 한 곳에 내린 비의 분량

**발음** yǔ, yù

风雨 fēngyǔ 비바람, 혹독한 시련
下雨 xiàyǔ 비가 내리다, 비가 오다

**발음** ウ, あめ, あま

雨 あめ 비, 우천, 빗발치듯 쏟아지는 모양
雨戸 あまど 빈지문, 덧문

### 번개 전

**부수** 雨/5, 田/0, 雨/5

〖英〗 electricity, electric, lightning

電流(전류) 전기의 흐름
電報(전보) 전신으로 글을 보내는 통보

**발음** diàn

打电话 dǎdiànhuà 전화를 걸다, 전화하다
电视 diànshì 텔레비전

**발음** デン

電球 でんきゅう 전구
電話 でんわ 전화

### 구름 운

**부수** 雨/4, 二/2, 雨/4

〖英〗 cloud

雲集(운집) 구름처럼 많이 모임
雲海(운해) 구름이 덮인 바다

**발음** yún

云散 yúnsàn 구름이 흩어지다
青云 qīngyún 높은 하늘

**발음** ウン, くも

雲 くも 구름, 높은 곳, 높은 지위
雨雲 あまぐも 비구름

### 하늘 천

**부수** 大/1, 大/1, 大/1
【英】 sky, heaven, god, celestial
天才(천재) 선천적으로 타고난 뛰어난 재주
天幸(천행) 하늘이 준 다행

**발음** tiān
天空 tiānkōng 하늘, 공중, 하늘이 넓다
天气 tiānqì 일기, 날씨, 시간

**발음** テン, あめ, あま
天気 てんき 날씨
天国 てんごく 천국, 낙원

### 따/땅 지

**부수** 土/3, 土/3, 土/3
【英】 earth, soil, ground
不毛地(불모지) 초목이 나지 않는 거친 땅
餘地(여지) 남은 땅

**발음** de, dì
当地 dāngdì 현지, 당지, 그 지방
地理 dìlǐ 지리, 지리학, 풍수

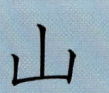

**발음** チ, ジ
地球 ちきゅう 지구
地下鉄 ちかてつ '地下鉄道'의 준말, 지하철

### 메 산

**부수** 山/0, 山/0, 山/0
【英】 mountain, hill, peak
山城(산성) 산 위에 쌓은 성
人山人海(인산인해) 사람이 헤아릴 수 없이 많이 모인 상태

**발음** shān
山水 shānshuǐ 산과 물, 산수 풍경
山地 shāndì 산지, 산간 지대

**발음** サン, やま
山 やま 산, 광산
山林 さんりん 산림

## 수풀 림

부수 木/4, 木/4, 木/4

〚英〛 forest, grove

林野(임야) 나무가 무성한 들
防風林(방풍림) 바람의 피해를 막기 위하여 가꾸어 놓은 숲

발음 lín
森林 sēnlín 삼림
林场 línchǎng 삼림을 육성·벌채하는 장소
园林 yuánlín 원림, 정원
丛林 cónglín 밀림, 무성한

발음 リン, はやし
林 はやし 숲
林下 りんか 임하, 숲가, 숲 근처

## 바다 해

부수 水/7, 氵(水)/7, 水/6

〚英〛 sea, ocean, maritime

海水浴(해수욕) 바닷물에 목욕하는 일
公海(공해) 세계 각국이 공동으로 쓰는 바다

발음 hǎi
海鲜 hǎixiān 해산물, 해물
海关 hǎiguān 세관(稅關)    上海 Shànghǎi 상하이

발음 カイ, うみ
海 うみ 바다, 호수, 널리 퍼져 있는 것
海外 かいがい 해외

## 큰바다/서양 양

부수 水/6, 氵(水)/6, 水/6

〚英〛 ocean, sea, foreign, western

洋屋(양옥) 서양식으로 지은 집
輕洋食(경양식) 간단한 서양식 일품요리

발음 yáng
海洋 hǎiyáng 해양
洋洋 yángyáng 매우 득의양양하거나 즐거운 모양

발음 ヨウ
洋服 ようふく 양복
洋品 ようひん 양품, 서양풍인 물품, 외래품

## 물결 파

**부수** 水/5, 氵(水)/5, 水/5
【英】 waves, breakers

波動(파동) 사회적으로 변동을 가져올 만한 거센 움직임
餘波(여파) 주위에 미치는 영향

### 中國 波
**발음** bō
波浪 bōlàng 파도, 물결

### 日本 波
**발음** ハ, なみ
波 なみ 파도, 물결
電波 でんぱ 전파

## 물결 랑

**부수** 水/7, 氵(水)/7, 水/7
【英】 wave, wasteful

浪說(낭설) 터무니없는 헛 소문(所聞)
放浪(방랑) 정처없이 떠돌아 다님

### 中國 浪
**발음** làng
浪漫 làngmàn 로맨틱하다, 낭만적이다
浪费 làngfèi 낭비하다, 헛되다, 비경제적이다

### 日本 浪
**발음** ロウ
浪人 ろうにん 낭인
風浪 ふうろう 풍랑

## 별 성

**부수** 日/5, 日/5, 日/5
【英】 a star, planet

流星(유성) 별똥별
將星(장성) 장군

### 中國 星
**발음** xīng
明星 míngxīng 스타, 인기 배우나 운동선수, 금성의 옛 이름
星期 xīngqī 주, 주일, 요일

### 日本 星
**발음** セイ, ショウ, ほし
星 ほし 별, 세월, 운수
星位 せいい 성위, 항성의 위치

## 빛 광

부수 儿/4, 儿/4, 儿/4

〘英〙 light, brilliant

光陰(광음) 세월, 시간
榮光(영광) 빛나는 영예

中國

발음 guāng

光明 guāngmíng 광명, 밝다, 솔직하다
光荣 guāngróng 영광스럽다, 영광, 영예롭다

日本

발음 コウ, ひかーる, ひかり

光 ひかり 빛, 환한 빛, 서광
光景 こうけい 광경

## 이슬/드러날 로

부수 雨/13, 雨/13, 雨/13

〘英〙 dew, bare

露骨化(노골화) 드러남, 드러냄
白露(백로) 24절기의 열다섯째, 처서와 추분 사이에 듦

中國

발음 lòu, lù

暴露 bàolù 폭로하다, 드러내다
露 lù 이슬, 꽃잎으로 만든 음료나 화장품

日本

발음 ロ, ロウ, つゆ

露出 ろしゅつ 노출

## 샘 천

부수 水/5, 水/5, 水/5

〘英〙 spring, fountain

冷泉(냉천) 찬 샘
九泉(구천) 죽은 뒤에 넋이 돌아간다는 곳

中國

발음 quán

源泉 yuánquán 원천, 사물 발생의 본원
飞泉 fēiquán 절벽(낭떠러지)에서 쏟아져 나오는 샘물

日本

발음 セン, いずみ

温泉 おんせん 온천, 온천장
泉 いずみ 샘, 샘물, 원천

## 볕 양

陽

부수 阜(阝)/9, 阝/4, 阝/9
〖英〗 'male' principle, light, sun

陰陽(음양) 천지 만물을 만드는 상반된 성질의 두 가지 기운
陽性(양성) 적극적인 성질

中國 阳
발음 yáng
阳光 yángguāng 햇빛, 양광, 태양의 광선
太阳 tàiyáng 태양, 해, 햇빛

日本 陽
발음 ヨウ
陽気 ようき 화려하고 왕성한 모양
陽歷 ようれき 양력

## 눈 설

雪

부수 雨/3, 雨/3, 雨/3
〖英〗 snow, wipe away shame, avenge

雪景(설경) 눈 내리는 경치
白雪(백설) 흰 눈

中國 雪
발음 xuě
冰雪 bīngxuě 얼음과 눈
大雪 dàxuě 대설(24절기 중의 하나)

日本
발음 セツ, ゆき
雪 ゆき 눈
雪間 ゆきま 눈이 내리다가 잠시 그친 사이

## 더울 열

熱

부수 火/11, 灬(火)/6, 火/11
〖英〗 hot, heat, fever, restless, zeal

熱誠(열성) 열렬한 정성
熱量(열량) 열을 에너지의 양으로 나타낸 것

中國 热
발음 rè
热烈 rèliè 열렬하다, 뜨겁다
热心 rèxīn 열심이다, 열성적이다, 열의가 있다

日本 熱
발음 ネツ, あつ-い
熱心 ねっしん 열심
熱中 ねっちゅう 열중

## 연기 연

부수 火/9, 火/6, 火/9

〖英〗 smoke, tobacco

煙

愛煙家(애연가) 담배를 즐기는 사람
黑煙(흑연) 시꺼먼 연기

발음 yān, yīn
烟火 yānhuǒ 연기와 불
烟气 yānqì 연기, 담배 연기

발음 エン, けむ-る, けむり, けむ-い
煙 けむり 연기, 연기처럼 떠오르는 것
煙雨 えんう 연우

## 돌 석

부수 石/0, 石/0, 石/0

〖英〗 stone, rock, mineral

石

石造(석조) 돌로 물건을 만드는 일
望夫石(망부석) 남편을 기다리다가 죽어서 되었다는 돌

발음 dàn, shí
石头 shítou 돌, 바위, 농민을 압박하는 악덕 지주
石 dàn 섬, 석. (주로 곡식 등을 재는 단위)

발음 セキ, シャク, コク, いし
石油 せきゆ 석유
石 いし 돌, 보석       石 こく 석, 섬, 10말

## 소나무 송

부수 木/4, 木/4, 木/4

〖英〗 pine tree, fir tree, loose

松

老松(노송) 늙은 소나무
靑松(청송) 푸른 솔

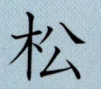
발음 sōng
巨松 jùsōng 큰 소나무
松叶 sōngyè 솔잎

발음 ショウ, まつ
松 まつ 소나무, 횃불
松明 しょうめい・たいまつ 횃불

## 꽃 화

부수 艹(++)/4, ⧾/4, ⧾/4

〖英〗 flower, blossoms

花草(화초) 꽃이 피는 풀이나 나무
開花(개화) 꽃이 핌

**中國** 花
발음 huā
花生 huāshēng 땅콩
花园 huāyuán(r) 화원, 꽃밭

**日本** 花
발음 カ, はな
花見 はなみ 꽃구경, 꽃놀이
花火 はなび 꽃불, 연화, 화포

## 풀 초

부수 艹(++)/6, ⧾/6, ⧾/6

〖英〗 grass, straw, thatch

草綠同色(초록동색) 이름은 다르나 한 가지 것이라는 말
草食(초식) 식물성의 먹이만 먹음

**中國** 草
발음 cǎo
草案 cǎo'àn 초안
草原 cǎoyuán 초원, 목초지

**日本** 草
발음 ソウ, くさ
草 くさ 풀, 풀의 총칭
草 そう 초, 기초(起草), 초안

## 꽃부리 영

부수 艹(++)/5, ⧾/5, ⧾/5

〖英〗 hero, flower, England, English

英材(영재) 탁월한 재주
英特(영특) 영걸스럽고 특별함

**中國** 英
발음 yīng
英雄 yīngxióng 영웅, 영웅적인, 훌륭하게 행동하다
英明 yīngmíng 영명하다

**日本** 英
발음 エイ
英文 えいぶん 영문        英語 えいご 영어
和英 わえい 일영, 일본어와 영어

## 나무/세울 수  〔부수〕 木/12, 木/5, 木/12

〖英〗 tree, plant, set up, establish

街路樹(가로수) 길에 따라 줄지어 심은 나무
常綠樹(상록수) 겨울에도 잎이 지지 않고 푸른 나무

〔발음〕 shù
树立 shùlì 수립하다. 세우다
树木 shùmù 나무,. 수목, 나무를 심다

〔발음〕 ジュ
果樹 かじゅ 과수, 과일나무
樹立 じゅりつ 수립

## 대 죽  〔부수〕 竹/0, 竹/0, 竹/0

〖英〗 bamboo, flute

竹夫人(죽부인) 대오리로 길고 둥글게 만든 제구
松竹(송죽) 소나무와 대나무

〔발음〕 zhú
竹子 zhúzi 대, 대나무

〔발음〕 チク, たけ
竹馬 ちくば 죽마

## 말 마  〔부수〕 馬/0, 马/0, 馬/0

〖英〗 horse

競馬(경마) 일정한 거리를 말을 타고 경주하는 일
落馬(낙마) 탔던 말에서 떨어짐

〔발음〕 mǎ
马上 mǎshàng 곧, 즉시, 말의 등 위
马虎 mǎhu 소홀하다, 무책임하다, 데면데면하다

〔발음〕 バ, うま, ま
馬 うま 말
馬車 ばしゃ 마차

### 양 양

**부수** 羊/0, 羊/0, 羊/0
〖英〗 sheep, goat
山羊(산양) 염소
羊皮(양피) 양의 가죽

**발음** yáng
羊肉 yángròu 양고기
羊角 yángjiǎo 양뿔

**발음** ヨウ, ひつじ
羊毛 ようもう 양모, 양털
羊皮 ようひ 양피, 양가죽(=シープスキン)

### 소 우

**부수** 牛/0, 牛/0, 牛/0
〖英〗 cow, ox, bull
牛黃(우황) 소의 쓸개에 병적으로 뭉친 덩어리
牛耳讀經(우이독경) 쇠귀에 경 읽기

**발음** niú
牛肉 niúròu 쇠고기
牛马 niúmǎ 우마, 소와 말

**발음** ギュウ, うし
牛 うし 소　　　　　牛 ぎゅう 쇠고기, 쇠가죽
牛乳 ぎゅうにゅう 우유

### 새 조

**부수** 鳥/0, 鸟/0, 鳥/0
〖英〗 bird
不死鳥(불사조) 죽지 않는다는 전설 속의 새
一石二鳥(일석이조) 한 가지 일을 하여 두 가지 이익을 거둠

**발음** diāo, niǎo
黄鸟 huángniǎo 꾀꼬리　　花鸟 huāniǎo 꽃과 새, 화조
鸟道 niǎodào 새만이 날아서 넘어갈 수 있는 길

**발음** チョウ, とり
鳥 とり 새, 조류
小鳥 ことり 작은 새

벌레 충　　부수 虫/12, 虫/0, 虫/0
〖英〗 insect

蟲

害蟲(해충) 인간의 생활에 해를 끼치는 벌레의 총칭
蟲齒(충치) 벌레먹은 이

발음 chóng
虫害 chónghài 충해. 병충해
幼虫 yòuchóng 곤충의 유생, 기생충의 유충

발음 チュウ, むし
虫 むし 벌레, 곤충 따위
虫歯 むしば 충치

범 호　　부수 虍/2, 虍/2, 虍/2
〖英〗 tiger, brave

虎

虎皮(호피) 털이 붙은 범의 가죽
飛虎(비호) 용맹스럽고 날래다는 비유

발음 hǔ, hù
老虎 lǎohǔ 호랑이
马虎 mǎhu 소홀하다, 무책임하다

발음 コ, とら
虎 とら 호랑이, 범, 취한, 취객
虎魚 おこぜ 쑤기미, 못생긴 사람의 비유

수컷 웅　　부수 隹/4, 隹/4, 隹/4
〖英〗 hero, manly

雄

雄大(웅대) 웅장하고 규모가 큼
雄飛(웅비) 기세 좋고 씩씩하게 활동함

발음 xióng
雄伟 xióngwěi 웅대하고 위세가 넘치다
雄厚 xiónghòu (인력·물자 등이) 풍부하다. 충분하다

발음 ユウ, お, おす
英雄 えいゆう 영웅　　　　　雄 おす 수컷(=お)
雄性 ゆうせい 웅성, 수컷이 가진 성질

4. 자연

## 조개 패

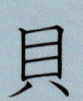

**부수** 貝/0, 贝/0, 貝/0
【英】sea shell, money, currency
貝物(패물) 산호, 호박, 수정 등으로 만든 물건
魚貝(어패) 물고기와 조개

**발음** bèi
贝壳 bèiké 조가비, 패갑(貝甲)

**발음** かい
貝 かい 조개, 조가비, 소라
貝貨 ばいか 패화

## 개 견

**부수** 犬/0, 犬/0, 犬/0
【英】dog
軍犬(군견) 특별한 훈련을 받아 군용에 쓰이는 개
愛犬(애견) 개를 사랑함

**발음** quǎn
小犬 xiǎoquǎn 강아지

**발음** ケン, いぬ
犬 いぬ 개, 주구, 앞잡이
愛犬 あいけん 애견

# 5. 장소

### 마당 장

場

**부수** 土/9, 土/3, 土/9
**〖英〗** open space, field, market
場面(장면) 어떠한 장소의 겉으로 드러난 면
登場(등장) 무슨 일에 어떤 인물이 나타남

**中國** 场
**발음** cháng, chǎng
市场 shìchǎng 시장, 환영받을 여지
广场 guǎngchǎng 광장

**日本** 場
**발음** ジョウ, ば
場 ば 장소, 곳, 자리, 때, 경우
場合 ばあい 경우, 사정, 케이스

### 바/곳 소

所

**부수** 戶/4, 戶/4, 戶/4
**〖英〗** place, location
所感(소감) 느낀 바
所見(소견) 사물을 보고 살펴 인식하는 생각

**中國** 所
**발음** suǒ
所有 suǒyǒu 소유물, 모든, 일체의
所以 suǒyǐ 그래서, 그런 까닭에

**日本** 所
**발음** ショ, ところ
所為 せい 원인, 이유, 탓
所 ところ 곳, 장소, 분

### 집/우주 우

宇

**부수** 宀/3, 宀/3, 宀/3
**〖英〗** house, building
宇內(우내) 온 세계
屋宇(옥우) 집, 여러 집채들

**中國** 宇
**발음** yǔ
宇宙 yǔzhòu 우주

**日本** 宇
**발음** ウ
宇宙 うちゅう 우주
屋宇 おくう 옥우, 집채들

**집 주** 부수 宀/5, 宀/5, 宀/5

〖英〗 time as concept, infinite time

宇宙(우주) 만물을 포용하고 있는 공간

발음 zhòu
宇宙 yǔzhòu 우주

발음 チュウ
宇宙 うちゅう 우주

**인간 세** 부수 一/4, 一/4, 一/4

〖英〗 generation, world, era

世俗(세속) 이 세상
出世(출세) 입신하여 훌륭하게 됨

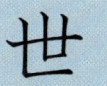
발음 shì
世界 shìjiè 세계, 세상, 우주
去世 qùshì 세상을 떠나다, 사망하다, 작고하다

발음 セイ, セ, よ
世界 せかい 세계
世話 せわ 도와 줌, 보살핌

**지경 계** 부수 田/4, 田/4, 田/4

〖英〗 boundary, limit, domain

視界(시계) 눈에 보이는 한의 범위
政界(정계) 정치 또는 정치사의 사회

발음 jiè
外界 wàijiè 외부, 외계, 바깥 세계(세상). 국외(國外)
业界 yèjiè 업계, 기업계

발음 カイ
境界 きょうかい 경계
世界 せかい 세계

5. 장소

## 한중일 공용한자 808자

### 한국 한
부수 韋/8, 韦/8, 韋/8

〖英〗 fence, Korea

**韓**
韓半島(한반도) 한민족이 사는 땅
韓食(한식) 우리나라의 음식

中國 **韩**
발음 hán
韩流 Hánliú 한류, 한국 붐(boom), 한국풍 유행

日本 韓
발음 カン
韓流 かんりゅう 한류

### 나라 국
부수 口/8, 口/5, 口/5

〖英〗 nation, country, nation-state

**國**
國權(국권) 나라의 권력
國益(국익) 국가의 이익

中國 **国**
발음 guó
国家 guójiā 국가, 나라
中国 Zhōngguó 중화 인민 공화국(中华人民共和国)

日本 国
발음 コク, くに
国家 こっか 국가
国民 こくみん 국민

### 한수/한나라 한
부수 水/11, 氵(水)/2, 水/10

〖英〗 Chinese people, Chinese language

**漢**
漢文(한문) 중국의 문장
門外漢(문외한) 전문적 지식이나 조예가 없는 사람

中國 **汉**
발음 hàn
汉语 Hànyǔ 한어, 중국어
河汉 héhàn 은하수, 허황된 말

日本 漢
발음 カン
漢字 かんじ 한자
漢和 かんわ 한화, 중국어와 일본어

### 재 성

**부수** 土/7, 土/6, 土/7

〖英〗 castle, city, town

土城(토성) 흙으로 쌓아 올린 성루
不夜城(불야성) 등불이 많아 밤에도 대낮처럼 밝은 곳

**中國** 城
**발음** chéng
城市 chéngshì 도시
长城 chángchéng 만리장성, 별 이름, 국방

**日本** 城
**발음** ジョウ, しろ
城内 しろじょうない 성 안

---

### 저자 시

**부수** 巾/2, 巾/2, 巾/2

〖英〗 market, fair, city, town, trade

市街(시가) 도시의 큰 길거리
市勢(시세) 시의 인구, 사업, 재정, 시설 등의 종합적인 상태

**中國** 市
**발음** fú, shì
城市 chéngshì 도시　　超市 chāoshì 슈퍼마켓
市场 shìchǎng 시장, 환영받을 여지

**日本** 市
**발음** シ, いち
市民 しみん 시민
市場 いちば 시장

---

### 길 도

**부수** 辵(辶)/9, 辶/9, 辶/9

〖英〗 path, road, street, method, way

報道(보도) 나라 안이나 밖에서 생긴 일을 전하여 알려줌
正道(정도) 올바른 길, 정당한 도리

**中國** 道
**발음** dào
道德 dàodé 도덕, 도덕적이다, 윤리
道理 dàoli 규칙, 도리, 일리

**日本** 道
**발음** ドウ, トウ, みち
道 どう 도, '北海道(ほっかいどう)'의 준말
道 みち 길, 도로　　道德 どうとく 도덕

5. 장소

## 거리 가

街

부수 行/6, 行/6, 行/6
〖英〗 street, road, thoroughfare
商街(상가) 가게가 많은 거리
街道(가도) 큰 도로. 교통상 중요한 도로

中國 街
발음 jiē
街道 jiēdào(r) 큰길, 가로, 거리

日本 街
발음 ガイ, カイ, まち
街角 まちかど 길모퉁이

## 길 로

路

부수 足/6, 足/6, 足/6
〖英〗 road, path, street
路面(노면) 길바닥　　通路(통로) 통행하는 길
路線(노선) 한 곳에서 다른 곳에 이르는 도로, 선로

中國 路
발음 lù
高速公路 gāosù gōnglù 고속도로
一路平安 yí lù píng ān 가시는 길에 평안하시길 빕니다

日本 路
발음 ロ, じ
道路 どうろ 도로
通路 つうろ 통로, 보도, 길

## 등 등

燈

부수 火/12, 火/2, 火/2
〖英〗 lantern, lamp
燈光(등광) 등불의 빛
信號燈(신호등) 도로에 설치한 교통용 등

中國 灯
발음 dēng
电灯 diàndēng 전등. 백열등
红灯 hóngdēng 붉은 등(롱), 빨간 신호등

日本 灯
발음 トウ, ひ
電灯 でんとう 전등

## 서울 경

**부수** 亠/6, 亠/6, 亠/6

〖英〗 capital city

京鄕(경향) 서울과 시골
歸京(귀경) 서울로 돌아옴

**발음** jīng
北京 Běijīng 북경, 베이징스, 북경시

**발음** キョウ, ケイ
上京 じょうきょう 상경

## 시골 향

**부수** 邑(阝)/10, 乙/2, 阝/8

〖英〗 country, rural, village

望鄕(망향) 고향을 생각함
他鄕(타향) 제 고향이 아닌 다른 고향

**발음** xiāng
家乡 jiāxiāng 고향

**발음** キョウ, ゴウ
故郷 こきょう 고향

## 나눌/지경 구

**부수** 匸/9, 匸/2, 匸/2

〖英〗 area, district

區內(구내) 한 구역의 안
區間(구간) 일정한 지점 간의 사이

**발음** ōu, qū
区别 qūbié 구별하다, 식별하다, 구별
地区 dìqū 지구, 지역, 독립하지 못한 지역

**발음** ク
区間 くかん 구간
区別 くべつ 구별

5. 장소  79

## 터 기

**부수** 土/8, 土/8, 土/8
【英】 foundation, base
基金(기금) 어떤 목적을 위하여 모아서 준비해 놓은 자금
基地(기지) 군대의 보급, 수송, 통신 등의 기점이 되는 곳

**발음** jī
基本 jīběn 기본, 근본, 기본의

**발음** キ, もと, もとい
基 もと 근본, 토대, 기초   基 き 기초
基地 きち 기지

## 집/당당할 당

**부수** 土/8, 土/8, 土/8
【英】 hall, government office
明堂(명당) 아주 좋은 묏자리
正正堂堂(정정당당) 태도나 수단이 공정하고 떳떳함

**발음** táng
天堂 tiāntáng 천당, 천국
食堂 shítáng 식당

**발음** ドウ
講堂 こうどう 강당
食堂 しょくどう 식당

## 집 실

**부수** 宀/6, 宀/6, 宀/6
【英】 room, home, house
室內(실내) 방 안
居室(거실) 거처하는 방

**발음** shì
教室 jiàoshì 교실
温室 wēnshì 온실

**발음** シツ, むろ
室 しつ 실, 방, 귀인의 처
温室 おんしつ 온실

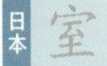

## 집 옥 屋

**부수** 尸/6, 尸/6, 尸/6

〖英〗 house, room, building, shelter

屋上(옥상) 지붕 위
洋屋(양옥) 서양식으로 지은 집

### 中國 屋
**발음** wū
屋子 wūzi 방, 집, 실
草屋 cǎowū 초가집

### 日本 屋
**발음** オク, や
屋 や 그 직업을 가진 집, 전문가, 쟁이
屋外 おくがい 옥외, 집의 바깥

## 집 호 戶

**부수** 戶/0, 户/0, 戸/0

〖英〗 door, family

戶口(호구) 호수와 식구 수
戶主(호주) 한 집안의 장이 되는 사람

### 中國 户
**발음** hù
客户 kèhù 이주자, 거래처, 바이어
用户 yònghù 사용자, 가입자, 아이디(ID).

### 日本 戸
**발음** コ, と
井戸 いど 우물

## 집/버릴 사 舍

**부수** 舌/2, 舌/2, 舌/2

〖英〗 shed, house, dwelling, dwell

舍宅(사택) 거주하는 집
校舍(교사) 학교의 건물

### 中國 舍
**발음** shě, shè
宿舍 sùshè 숙사, 기숙사   舍 shě 버릴 사(捨)
舍不得 shěbude 아쉽다, 미련이 남다, 섭섭하다

### 日本 舎
**발음** シャ
校舎 こうしゃ 교사

## 집 택

宅

**부수** 宀/3, 宀/3, 宀/3
**〖英〗** residence, dwelling, home
自宅(자택) 자기의 집　　宅內(택내) 댁내
宅兆(택조) 무덤, 묘소, 묘지

中國 宅
**발음** zhái, zhè
住宅 zhùzhái 주택
宅地 zháidì 택지, 대지

日本 宅
**발음** タク
宅料 たくりょう 집세, 주택 수당
宅地 たくち 택지

## 창 창

窓

**부수** 穴/6, 穴/7, 穴/6
**〖英〗** window
同窓(동창) 같은 학교에서 배움
鐵窓(철창) 쇠로 창살을 만든 창문

中國 窗
**발음** chuāng
窗户 chuānghu 창문
落地窗 luòdìchuāng 높고 긴 창문

日本 窓
**발음** ソウ, まど
窓口 まどぐち 창구
窓 まど 창, 창문, 학창(學窓)

## 문 문

門

**부수** 門/0, 门/0, 門/0
**〖英〗** gate, door, entrance, opening
門間房(문간방) 대문간 바로 곁에 있는 방
同門(동문) 같은 학교 또는 같은 선생에게서 배우는 일

中國 门
**발음** mén
部门 bùmén 부문, 부, 분과
专门 zhuānmén 전문, 전문적으로, 오로지

日本 門
**발음** モン, かど
門 もん 문, 대문, 출입구

## 뜰 정

**庭**

부수 广/7, 广/6, 广/7

〖英〗
親庭(친정) 시집간 여자의 본집
庭園(정원) 집안의 뜰

中國 庭
발음 tíng
家庭 jiātíng 가정

日本 庭
발음 テイ, にわ
庭 にわ 정원, 뜰, 장소
校庭 こうてい 교정, 학교 마당

## 동산 원

부수 □/10, □/4, □/10

〖英〗 garden, park, orchard
果樹園(과수원) 과수를 기업적으로 재배하는 곳
田園(전원) 논밭과 동산. 시골

中國 园
발음 yuán
公园 gōngyuán 공원
花园 huāyuán(r) 화원, 꽃밭

日本 園
발음 エン, その
園 えん 원
園芸 えんげい 원예

## 뭍 륙

**陸**

부수 阜(阝)/8, 阝/5, 阝/8

〖英〗 land, continental
陸路(육로) 육상의 길
上陸(상륙) 배에서 육지로 오름

中國 陆
발음 liù, lù
陆续 lùxù 끊임없이, 계속하여, 잇따라
陆地 lùdì 육지, 뭍

日本 陸
발음 リク
陸 りく 뭍, 육지

## 섬 도

**부수** 山/7, 山/4, 山/7

〖英〗 island

島

落島(낙도) 외따로 떨어져 있는 섬
三多島(삼다도) 제주도를 일컫는 말

**中國** 岛
**발음** dǎo
岛 dǎo 섬, (도로의) 안전 지대
半岛 bàndǎo 반도(半島)

**日本** 島
**발음** トウ, しま
島 しま 섬, 어떤 한정된 지역

## 마을 리

**부수** 里/0, 里/0, 里/0

〖英〗 unit of distance, village

里

不遠千里(불원천리) 천리를 멀다 여기지 아니함
萬里長城(만리장성) 중국의 북쪽에 있는 긴 성

**中國** 里
**발음** lǐ
里居 lǐjū 주소, 귀향하다, 벼슬을 버리고 고향에서 살다.
公里 gōnglǐ 킬로미터

**日本** 里
**발음** り, さと
古里·故里 ふるさと 고향, 예전에 살던 곳
人里 ひとざと 사람이 사는 마을

## 도읍 도

**부수** 邑(阝)/9, 阝/8, 阝/8

〖英〗 metropolis, capital, all

都

都心(도심) 도시의 중심부
古都(고도) 옛 도읍

**中國** 都
**발음** dōu, dū
首都 shǒudū 수도

**日本** 都
**발음** ト, ツ, みやこ
都市 とし 도시
都合 つごう 다른 일과의 관계, 형편

## 마을 촌 村

**부수** 木/3, 木/3, 木/3

〖英〗 village, hamlet, uncouth, vulgar

江村(강촌) 강가의 마을
富村(부촌) 부자가 많이 사는 마을

**中國** 村
**발음** cūn
村 cūn 촌락, 마을
农村 nóngcūn 농촌

**日本** 村
**발음** ソン, むら
農村 のうそん 농촌
村 むら 마을, 촌락

## 곳 처 處

**부수** 虍/5, 夂/2, 几/3

〖英〗 place, locale, department

處分(처분) 어떠한 기준에 따라 처리
出處(출처) 사물이 나온 근거

**中國** 处
**발음** chǔ, chù
处理 chǔlǐ 처리하다, 안배하다, 해결하다
好处 hǎochù 장점, 이익, 이로운 점

**日本** 処
**발음** ショ
処理 しょり 처리, 조처, 처분

## 판 국 局

**부수** 尸/4, 尸/4, 尸/4

〖英〗 bureau, office, circumstance

局限(국한) 어떤 부분에만 한정함
支局(지국) 본사 외에 지방에 분재해 업무를 취급하는 곳

**中國** 局
**발음** jú
布局 [bùjú 구도, 짜임새, 분포, 구조, 구성
结局 jiéjú 결말, 종국, 결국, 결과

**日本** 局
**발음** キョク
結局 けっきょく 결국
電話局 でんわきょく 전화국

5. 장소  85

## 떼 부

**부수** 邑(⻏)/8, ⻏/8, ⻏/8
〖英〗 part, division, section

部類(부류) 종류에 따라 나눈 갈래
部處(부처) 정부 조직체로서의 부와 처

**발음** bù
部門 bùmén 부문, 부, 분과   部分 bùfen 부분, 일부, 부문
全部 quánbù 전부, 전반적인, 전체의

**발음** ブ、ベ
部分 ぶぶん 부분     部首 ぶしゅ 부수
部屋 へや 방, 헛간, 광   部品 ぶひん 부품

## 마루 종

**부수** 宀/5, 宀/5, 宀/5
〖英〗 lineage, ancestry, ancestor, clan

宗孫(종손) 종가의 맏손자
宗主國(종주국) 종속국에 대해 종주권을 갖는 국가

**발음** zōng
宗敎 zōngjiào 종교
正宗 zhèngzōng 정종, 정통(파), 정통의, 진정한

**발음** シュウ、ソウ、むね
宗敎 しゅうきょう 종교
宗家 そうけ 종가      宗 むね 가장 으뜸으로 치는 것

## 절 사

**부수** 寸/3, 寸/3, 寸/3
〖英〗 temple, court, office

寺院(사원) 절이나 암자
山寺(산사) 산 속에 있는 절

**발음** sì
寺院 sìyuàn 절, 사찰
少林寺 Shàolínsì 소림사-허난(河南)성 쑹산(嵩山)에 있음

**발음** ジ、てら
寺院 じいん 사원
寺 てら 절, '寺錢·寺子屋'의 준말

## 가게 점

**부수** 广/5, 广/5, 广/5

〖英〗 shop, store, inn, hotel

店員(점원) 상점에 근무하는 사람
支店(지점) 본점에서 갈린 가게

**中國** 店
**발음** diàn
商店 shāngdiàn 상점　　店员 diànyuán (상점의) 점원
饭店 fàndiàn 호텔, 식당

**日本** 店
**발음** テン, みせ
店 みせ 가게, 상점, 점포
商店 しょうてん 상점, 가게

## 자리 석

**부수** 巾/7, 巾/7, 巾/7

〖英〗 seat, mat, take seat

席卷(석권) 자리를 말듯이 쉽게 공략함
末席(말석) 맨 끝의 자리

**中國** 席
**발음** xí
主席 zhǔxí 의장, 주석, 위원장
出席 chūxí 출석하다, 참석하다

**日本** 席
**발음** セキ
席次 せきじ 석차, 성적 순위
酒席 しゅせき 주석　　　　席 せき 좌석, 지위, 회장(會場)

## 밭 전

**부수** 田/0, 田/0, 田/0

〖英〗 field, arable land, cultivated

田園(전원) 논밭과 동산
火田民(화전민) 화전을 일구어 농사짓는 사람

**中國** 田
**발음** yǒng
田野 tiányě 전야, 들판, 들
田舍 tiánshè 전지와 가옥, 농가

**日本** 田
**발음** エイ, ながい
田 た 밭, 경작지, 농토, 논　　 油田 ゆでん 유전
田舍 いなか 시골, 지방, 전원

## 언덕/근원 원

**부수** 厂/8, 厂/8, 厂/8

【英】 source, origin, beginning

原

原價(원가) 본디 사들일 때의 값
原論(원론) 근본이 되는 이론　　草原(초원) 풀이 난 들

**中國** 原
**발음** yuán
原来 yuánlái 원래, 본래, 알고 보니
原料 yuánliào 원료, 감, 소재　　原因 yuányīn 원인

**日本** 原
**발음** ゲン, はら
原始 げんし 원시
原因 げんいん 원인

## 그늘 음

**부수** 阜(阝)/8, 阝/4, 阝/8

【英】 dark, secret

陰

陰地(음지) 그늘진 곳
寸陰(촌음) 얼마 안 되는 시간

**中國** 阴
**발음** yīn
阴阳 yīnyáng 음양, 음과 양
光阴 guāngyīn 시간. 세월

**日本** 陰
**발음** イン, かげ, かげ-る
陰 かげ 그늘
日陰 ひかげ 응달, 음지

## 들 야

**부수** 里/4, 里/4, 里/4

【英】 open country, field, wilderness

野

野望(야망) 분에 훨씬 넘치는 희망
野生(야생) 동식물이 산이나 들에서 저절로 남

**中國** 野
**발음** yě
视野 shìyě 시야, 시계
田野 tiányě 전야, 들판, 들

**日本** 野
**발음** ヤ, の
野 の 들, 논밭
野菜 やさい 야채, 채소

**우물 정** 부수 二/2, 二/2, 二/2
〖英〗well, mine shaft

井然(정연) 짜임새와 조리가 있음
市井(시정) 사람이 모여 사는 곳

발음 jǐng
油井 yóujǐng 유정, 석유갱

발음 セイ, ショウ, い
井戸 いど 우물

**다리 교** 부수 木/12, 木/6, 木/12
〖英〗bridge, beam, crosspiece

陸橋(육교) 번잡한 도로, 철교 위에 가로질러 놓은 다리
人道橋(인도교) 사람이 다니도록 놓은 다리

발음 qiáo
桥 qiáo 다리, 교량
立交桥 lìjiāoqiáo 입체 교차로

발음 キョウ, はし
橋 はし 다리
鉄橋 てっきょう 철교

# 6. 가족

## 사람 인

**부수** 人/0, 人/0, 人/0

〖英〗 man, people, mankind, someone else

人造(인조) 사람이 만듦
求人(구인) 쓸 사람을 구함

**中國** 人
**발음** rén
男人 nánrén 남자, 남편
人类 rénlèi 인류

**日本** 人
**발음** ジン, ニン, ひと
人通り ひとどおり 사람의 왕래
人形 にんぎょう 인형, 꼭두각시

## 사이 간

**부수** 門/4, 门/4, 門/4

〖英〗 midpoint, space

間食(간식) 때때로 섭취하는 군음식
晝間(주간) 낮 동안

**中國** 间
**발음** jiān, jiàn
空间 kōngjiān 공간, 우주 공간    房间 fángjiān 방
洗手间 xǐshǒujiān 화장실, 측간, 변소

**日本** 間
**발음** カン, ケン, あいだ, ま
間 あいだ 사이, 간격    間接 かんせつ 간접
間 かん 간, 틈, 스파이, 첩자    間 ま 사이, 간격, 칸, 실,

## 집 가

**부수** 宀/7, 宀/7, 宀/7

〖英〗 house, home, residence, family

家門(가문) 집안의 사회적 지위
家業(가업) 집안의 직업

**中國** 家
**발음** gū, jiā, jia, jie
家具 jiāju 가구, 세간, 가재도구
家务 jiāwù 가사, 집안일    家乡 jiāxiāng 고향

**日本** 家
**발음** カ, ケ, いえ, や
家 いえ 집, 자택    家具 かぐ 가구    家賃 やちん 집세
家内 かない 가내, 가족, 아내    家屋 かおく 가옥

## 겨레 족

族

부수 方/7, 方/7, 方/7
〖英〗 a family clan, ethnic group
家族(가족) 부부를 기초로 하여 한 가정을 이루는 사람들
遺族(유족) 죽은 사람의 뒤에 남는 가족

中國 族
발음 zú
民族 mínzú 민족
貴族 guìzú 귀족

日本 族
발음 ゾク
親族 しんぞく 친족
遺族 いぞく 유족

## 성 성

姓

부수 女/5, 女/5, 女/5
〖英〗 surname, one's family name, people
姓名(성명) 성과 이름
同姓同本(동성동본) 성, 본관이 같음

中國 姓
발음 xìng
老百姓 lǎobǎixìng 평민, 백성, 일반인
同姓 tóngxìng 성이 같다, 동성이다

日本 姓
발음 セイ, ショウ
姓 せい 성, 성씨
下姓 げしょう 태생이 미천함, 또는 그런 사람

## 이름 명

名

부수 口/3, 口/3, 口/3
〖英〗 name, rank, title, position
名將(명장) 뛰어난 장수
名聲(명성) 세상에 널리 떨친 이름

中國 名
발음 míng
报名 bàomíng 신청하다, 지원하다, 이름을 올리다
有名 yǒumíng 유명하다, 정당한 이유가 있다

日本 名
발음 メイ, ミョウ, な
名前 なまえ 이름              名人 めいじん 명인
名物 めいぶつ 명물, 유명한 것

6. 가족

## 한중일 공용한자 808자

### 각시/성씨 씨

**부수** 氏/0, 氏/0, 氏/0
〖英〗 clan, family, mister

氏族社會(씨족사회) 씨족 제도를 근거로 하는 원시 사회
姓氏(성씨) 성(姓)을 높여 부르는 말

**中國** 氏
**발음** shì, zhī
姓氏 xìngshì 성(姓)과 씨(氏)
华氏 huáshì 화씨…도

**日本** 氏
**발음** シ, うじ
氏名 しめい 씨명, 성명　氏 し …씨(성에 붙이는 존칭)
氏 うじ 가계(家系)를 나타내는 명칭, 성(姓), 가문, 문벌

### 친할 친

**부수** 見/9, 亠/7, 見/9
〖英〗 relatives, parents

親權(친권) 미성년 자녀에 대한 권리나 의무를 일컬음
親密(친밀) 지내는 사이가 몹시 친하고 가까움

**中國** 亲
**발음** qīn, qìng
亲自 qīnzì 몸소, 친히, 직접
亲切 qīnqiè 친근하다, 친밀하다, 친절하다

**日本** 親
**발음** シン, おや, した-しい, した-しむ
両親 りょうしん 양친, 부모, 어버이

### 아들 자

**부수** 子/0, 子/0, 子/0
〖英〗

父傳子傳(부전자전) 대대로 아버지가 아들에게 전함
弟子(제자) 스승의 가르침을 받는 사람

**中國** 子
**발음** zǐ
个子 gèzi 체격, 키, 몸집　包子 bāozi 만두, 레이들, 찐빵
孙子 Sūnzǐ 손자, 자손, 손자뻘 되는 놈

**日本** 子
**발음** シ, ス, こ
子孫 しそん 자손
子供 こども (어린) 아이, 자식, 아들딸

## 손자 손

**부수** 子/7, 子/3, 子/7

〖英〗 grandchild, descendent

子子孫孫(자자손손) 자손의 여러 대
後孫(후손) 몇 대가 지난 후의 자손

**발음** sūn

孙子 Sūnzǐ 손자, 자손, 손자뻘 되는 놈
儿孙 érsūn 아들과 손자, 후대, 자손

**발음** ソン, まご

孫 まご 손자
孫子 まごこ 손자와 아들, 자손, 후예

## 사내 남

**부수** 田/2, 田/2, 田/2

〖英〗 male, man, son, baron

男妹(남매) 오빠와 누이
得男(득남) 아들을 낳음

**발음** nán

男人 nánrén 남자, 남편
男性 nánxìng 남자. 남성

**발음** ダン, ナン, おとこ

男 おとこ 사나이, 남자   男 だん 아들
男性 だんせい 남성   男女 だんじょ・なんにょ 남녀

## 계집/딸 녀

**부수** 女/0, 女/0, 女/0

〖英〗 woman, girl, feminine

養女(양녀) 수양딸
有夫女(유부녀) 남편이 있는 여자

**발음** nǚ, nǜ

女儿 nǚ'ér 딸, 미혼녀
妇女 fùnǚ 부녀자

**발음** ジョ, ニョ, ニョウ, おんな, め

女 おんな 여자, 여성, 여인
女房 にょうぼう 처, 마누라

6. 가족

## 아이 아

**兒**

부수 儿/6, 儿/0, 儿/5
【英】son, child, oneself
幸運兒(행운아) 좋은 운수를 만난 사람
風雲兒(풍운아) 좋은 기운을 타고 두각을 나타낸 사람

中國 **儿**
발음 ér
女儿 nǚ'ér 딸, 미혼녀   儿童 értóng 어린이, 아동
一会儿 yíhuìr 잠시, 곧, 잠깐 동안

日本 **児**
발음 ジ, ニ
児童 じどう 아동, 어린이, 소학교 학생
小児 しょうに 소아

## 아이 동

**童**

부수 立/7, 立/7, 立/7
【英】child, boy
童心(동심) 어린이의 마음
童話(동화) 어린이를 상대로 동심을 바탕으로 지은 이야기

中國 **童**
발음 tóng
儿童 értóng 어린이, 아동

日本 **童**
발음 ドウ, わらべ
童話 どうわ 동화

## 할아비 조

**祖**

부수 示/5, ネ(示)/5, 示/5
【英】ancestor, forefather, grandfather
祖上(조상) 돌아간 어버이 위로 대대의 어른
元祖(원조) 어떤 일을 시작한 사람

中國 **祖**
발음 zǔ
祖国 zǔguó 조국
祖先 zǔxiān 선조, 조상

日本 **祖**
발음 ソ
先祖 せんぞ 선조, 조상   祖母 そぼ 조모, 할머니
遠祖 えんぞ 원조, 고조(高祖) 이전의 먼 조상

## 아비 부

**부수** 父/0, 父/0, 父/0
【英】 father

父傳子傳(부전자전) 대대로 아버지가 아들에게 전함
家父長(가부장) 가장권의 주체가 되는 사람

**발음** fǔ, fù
父亲 fùqīn 부친, 아버지
祖父 zǔfù 조부, 할아버지

**발음** フ, ちち
父 ちち 아버지, 하느님
父親 ちちおや 부친

## 어미 모

**부수** 毋/1, 母/0, 母/0
【英】 mother, female elders, female

母情(모정) 어머니의 정
早失父母(조실부모) 어려서 부모를 여읨

**발음** mǔ
母亲 mǔqīn 모친, 어머니
字母 zìmǔ 자모, 알파벳

**발음** ボ, はは
母 はは 모친, 어머니
母親 ははおや 모친, 어머니

## 형 형

**부수** 儿/3, 口/2, 儿/3
【英】 older brother

兄夫(형부) 언니의 남편
老兄(노형) 여남은 살 더 먹은 사람을 부르는 말

**발음** xiōng
兄弟 xiōngdì 동생, 형제, 아우

**발음** ケイ, キョウ, あに
兄弟 きょうだい 형제, 동기

## 아우/제자 제

**부수** 弓/4, 弓/4, 弓/4
〖英〗 young brother, junior
難兄難弟(난형난제) 누구를 형이라 아우라 하기 어렵다
師弟(사제) 스승과 제자

**발음** dì, tì
弟弟 dìdi 아우, 친남동생
徒弟 túdì 도제, 제자   兄弟 xiōngdì 형과 아우, 형제

**발음** テイ, ダイ, デ, おとうと
弟子 でし 제자, 문하생
兄弟 きょうだい 형제, 동기

## 손윗누이 자

**부수** 女/5, 女/4, 女/5
〖英〗 elder sister
姉兄(자형) 손위 누이의 남편

**발음** zǐ
姉妹 zǐmèi 자매

**발음** シ, あね
姉 あね 언니, 손위 누이
姉妹 しまい 자매

## 누이 매

**부수** 女/5, 女/5, 女/5
〖英〗 younger sister
妹夫(매부) 누이의 남편
妹兄(매형) 손위 누이의 남편

**발음** mèi
堂妹妹 tángmèimei 사촌
妹妹 mèimei 누이동생, 나이가 어린 여자, 여동생

**발음** マイ, いもうと
妹 いもうと 누이동생, 처제
妹 いも 남자가 애인·아내·누이 등을 친밀하게 부르는 말

### 지아비/사내 부

부수 大/1, 大/1, 大/1
〖英〗 man, male adult, husband, those
夫君(부군) 남편의 높임말
夫婦有別(부부유별) 부부 사이에 인륜의 구별이 있음

 발음 fū, fú
功夫 gōngfu 실력, 무술, 능력
大夫 dàfū 대부, 의사   夫妇 fūfù 부부 ≒夫妻(fūqī)

 발음 フ, フウ, おっと
夫 おっと 남편
夫婦 ふうふ 부부

### 며느리/부인 부

부수 女/8, 女/3, 女/8
〖英〗 married women, woman, wife
夫婦(부부) 남편과 아내
新婦(신부) 새로 시집온 색시

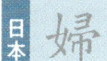 발음 fù
妇女 fùnǚ 부녀자
妇人 fùrén 성인 여성, 부인, 기혼 여성

 발음 フ, おんな
婦人 ふじん 부인, 여성
婦女子 ふじょし 부녀자

### 아내 처

부수 女/5, 女/5, 女/5
〖英〗 wife
妻家(처가) 아내의 본집
妻男(처남)  아내의 남자 형제

 발음 qī, qì
妻子 qīzǐ 아내와 자식, 아내, 처

발음 サイ, つま
妻 つま 처, 아내
夫妻 ふさい 부처, 부부

6. 가족   99

### 무리 중

부수 血/6, 人/4, 血/6

【英】 multitude, crowd, masses, public

大衆(대중) 수가 많은 여러 사람
出衆(출중) 뭇사람 속에서 뛰어남

발음 zhòng
观众 guānzhòng 관중, 시청자
群众 qúnzhòng 대중, 군중, 민중, 비간부

발음 シュウ, シュ
公衆 こうしゅう 공중
衆意 しゅうい 중의

### 백성 민

부수 氏/1, ⼅/4, 氏/1

【英】 people, subjects, citizens

民俗(민속) 민간의 풍속
民衆(민중) 국가나 사회를 구성하고 있는 많은 사람들

발음 mín
农民 nóngmín 농민, 촌놈    民主 mínzhǔ 민주, 민주적이다
人民币 rénmínbì 인민폐, 중화 인민 공화국의 법정 화폐

발음 ミン, たみ
民間 みんかん 민간
民主 みんしゅ 민주

### 사사 사

부수 禾/2, 禾/2, 禾/2

【英】 private, personal

私見(사견) 자기 개인의 의견
私服(사복) 관복, 제복이 아닌 보통 옷

발음 sī
私人 sīrén 개인, 민간, 개인과 개인 사이
自私 zìsī 이기적이다

발음 シ, わたくし
私 わたし 나, 저
私鉄 してつ 사철, 민영 철도    私立 しりつ 사립

### 혼인할 혼

부수 女/8, 女/8, 女/8
〖英〗 get married, marriage, wedding
婚談(혼담) 혼인에 대하여 혼인 전에 오가는 말
約婚(약혼) 장차 혼인하기를 약속함

**中國**
발음 hūn
婚礼 hūnlǐ 결혼식, 혼례
结婚 jiéhūn 결혼하다

**日本**
발음 コン
結婚 けっこん 결혼
婚約 こんやく 혼약, 약혼

### 잃을 상

부수 口/9, 一/7, 口/9
〖英〗 mourning, mourn, funeral
喪失(상실) 가지고 있던 기억, 권리 등을 잃어버림
喪家(상가) 초상난 집

**中國**
발음 sāng, sàng
丧失 sàngshī 잃어버리다, 상실하다
发丧 fāsāng 장례(장사)를 치르다

**日本**
발음 ソウ, も
喪中 もちゅう 상중
喪神 そうしん 상신, 기절

### 제사 제

부수 示/6, 示/6, 示/6
〖英〗 sacrifice to, worship
祭禮(제례) 제사의 예절
祝祭(축제) 축하의 제전

**中國**
발음 jì, zhài
公祭 gōngjì 공적인 추모식
祭礼 jìlǐ 제례, 제물

**日本**
발음 サイ, まつ-る, まつ-り
祭(り) まつり 제사, 축제
祭日 さいじつ 제일, 신사의 제사가 있는 날

## 날 생

**生**

부수 生/0, 生/0, 生/0
【英】life, living, lifetime, birth
生活(생활) 살아서 활동함
餘生(여생) 앞으로 남은 일생

中國 **生**
발음 shēng
生日 shēngrì 생일, 생신, 살아 있는 날
生动 shēngdòng 생생하다, 생동감 있다, 생기발랄하다

日本 **生**
발음 セイ, ショウ, い-きる, い-かす, い-ける, う-まれる, う-む, お-う, は-える, は-やす, き, なま
生 なま 가공하지 않음   生命 せいめい 생명, 수명, 목숨

## 늙을 로

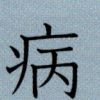

부수 老/0, 老/0, 老/0
【英】old, aged, experienced
老後(노후) 늙은 뒤   敬老(경로) 노인을 공경함
老患(노환) 노인들이 늙어 걸리는 병의 존칭

中國 **老**
발음 lǎo
老师 lǎoshī 선생님, 은사, 스승   老板 lǎobǎn 주인
老实 lǎoshi 솔직하다, 정직하다, 성실하다

日本 **老**
발음 ロウ, お-いる, ふ-ける
老人 ろうじん 노인
早老 そうろう 조로

## 병 병

**病**

부수 疒/5, 疒/5, 疒/5
【英】illness, sickness, disease
病苦(병고) 병으로 인한 고통
問病(문병) 앓는 사람을 찾아보고 위로함

中國 **病**
발음 bìng
病毒 bìngdú 바이러스, 병독
生病 shēngbìng 병이 나다, 발병하다

日本 **病**
발음 ビョウ, ヘイ, や-む, やまい
病気 びょうき 병, 앓음
病院 びょういん 병원

## 죽을 사

**부수** 歹/2, 歹/2, 歹/2
〖英〗 die, dead, death
死境(사경) 죽음에 임박한 경지
死守(사수) 목숨을 걸고 지킴

**발음** sǐ
死亡 sǐwáng 사망, 멸망, 죽다, 사망하다
生死 shēngsǐ 살고 죽다, 생사, 삶과 죽음

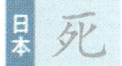

**발음** シ, し-ぬ
死亡 しぼう 사망
安楽死 あんらくし 안락사

## 목숨 수

**부수** 士/11, 寸/4, 寸/4
〖英〗 old age, long life, lifespan
天壽(천수) 타고난 수명
長壽(장수) 오래 삶

**발음** shòu
寿命 shòumìng 수명, 목숨, 생명
长寿 chángshòu 장수하다, 오래 살다

**발음** ジュ, ことぶき
寿命 じゅみょう 수명
長寿 ちょうじゅ 장수

## 의원 의

**부수** 酉/11, 匚/5, 匚/5
〖英〗 cure, heal, doctor, medical
醫務室(의무실) 의사(醫事)에 관한 일을 하는 곳
主治醫(주치의) 주로 그 환자의 치료를 맡아 하는 의사

**발음** yī
医 yī heal　　　　　医院 yīyuàn 병원, 의원
医生 yīshēng 의사, 의생, 의원

**발음** イ
医師 いし 의사
医学 いがく 의학

6. 가족　103

## 약 약 藥

부수 艸(艹)/15, 艹/6, 艹/13

〖英〗 drugs, pharmaceuticals, medicine

藥用(약용) 약으로 씀
韓藥(한약) 한방에서 쓰는 의약

**中國** 药
발음 yào
火药 huǒyào 화약
药方 yàofāng 처방, 약방문

**日本** 薬
발음 ヤク, くすり
薬 くすり 약, 병 치료제
薬局 やっきょく 약국, 약방

## 다칠 상 傷

부수 人(亻)/11, 亻/4, 人/11

〖英〗 wound, injury

傷害(상해) 상처를 내서 해를 입힘
感傷(감상) 마음에 느끼어 슬퍼함

**中國** 伤
발음 shāng
伤心 shāngxīn 상심하다, 슬퍼하다, 마음 아파하다
受伤 shòushāng 상처를 입다, 부상을 당하다, 손상을 입다

**日本** 傷
발음 ショウ, きず, いた-む, いた-める
傷 きず 상처, 비밀, 흠, 결점
傷心 しょうしん 상심     感傷 かんしょう 감상

## 벗 우 友

부수 又/2, 又/2, 又/2

〖英〗 friend, companion

校友(교우) 동창의 벗
竹馬故友(죽마고우) 어렸을 때부터의 친한 벗

**中國** 友
발음 yǒu
友好 yǒuhǎo 절친한 친구, 우호, 좋은 친구
工友 gōngyǒu 일꾼. 노동자

**日本** 友
발음 ユウ, とも
友 とも 친구, 벗, 동행, 길벗
友人 ゆうじん 우인, 친구

## 놈 자 者

**부수** 老(耂)/5, 耂/4, 耂/4
**〖英〗** that which, he who, those who
富者(부자) 살림이 넉넉한 사람
走者(주자) 달리는 사람

### 中國 者
**발음** zhě
记者 jìzhě 기자
志愿者 zhìyuànzhě 지원자

### 日本 者
**발음** シャ, もの
者 もの 자, 사람, 것　　当事者 とうじしゃ 당사자
学者 がくしゃ 학자

## 나 아 我

**부수** 戈/3, 戈/3, 戈/3
**〖英〗** our, us, i, me, my, we
無我之境(무아지경) 스스로를 잊어 버리고 있는 지경
我軍(아군) 우리 편 군대

### 中國 我
**발음** wǒ
我国 wǒguó 우리 나라
小我 [xiǎowǒ 소아. 개인　　我们 wǒmen 우리, 나, 저

### 日本 我
**발음** ガ, われ, わ
自我 じが 자아

## 다를 타 他

**부수** 人(亻)/3, 亻/3, 人/3
**〖英〗** other, another, he
他國(타국) 다른 나라
出他(출타) 집에 있지 아니하고 다른 곳에 나감

### 中國 他
**발음** tā
他家 tājiā 그의 집, 남의 집
他人 tārén 타인, 다른 사람, 남

### 日本 他
**발음** タ
他界 たかい 타계, 죽음
他人 たにん 타인, 남

## 저 피

**彼**

부수 彳/5, 彳/5, 彳/5
〖英〗 that, there, those

彼此間(피차간) 저편과 이편의 사이
彼我間(피아간) 그와 나와의 사이

中國 彼
발음 bǐ
彼此 bǐcǐ 피차, 피차일반입니다, 상호

日本 彼
발음 ヒ, かれ, かの
彼 あれ 먼 것을 가리키는 말, 저것, 저기
彼女 かのじょ 그 여자, 그녀, 애인

# 7. 신체

## 몸 신

**身**

부수 身/0, 身/0, 身/0
〖英〗 body, trunk

身長(신장) 사람의 키
代身(대신) 남을 대리함

**中國** 身
발음 shēn
身体 shēntǐ 신체, 몸, 건강
身材 shēncái 체격, 몸집, 몸매

**日本** 身
발음 シン, み
身 み 몸, 신체
身体 しんたい 신체

## 몸 체

**體**

부수 骨/13, 亻/5, 人(亻)/5
〖英〗 body, group, class, body, unit

體感(체감) 몸에 느끼는 감각
體面(체면) 남을 대하는 체제와 면목

**中國** 体
발음 tī, tǐ
体育 tǐyù 체육, 스포츠
具体 jùtǐ 구체적이다, 특정의, 실제의

**日本** 体
발음 タイ, テイ, からだ
体重 たいじゅう 체중, 몸무게
大体 だいたい 대체, 줄거리, 대개

## 피 혈

**血**

부수 血/0, 血/0, 血/0
〖英〗 blood

血稅(혈세) 가혹한 조세
止血(지혈) 피를 나지 않게 함

**中國** 血
발음 xiě, xuè
心血 xīnxuè 심혈
出血 chūxiě 무리하게 돈을 쓰다, 출혈하다

**日本** 血
발음 ケツ, ち
出血 しゅっけつ 출혈
血統 けっとう 혈통

## 뼈 골 骨

**부수** 骨/0, 骨/0, 骨/0

〖英〗 bone

骨格(골격) 뼈대
遺骨(유골) 죽은 사람을 화장하고 남은 뼈

**中國** 骨
**발음** gū, gǔ
骨头 gǔ·tou 뼈, 불만, 풍자
骨干 gǔgàn 골간, 기본적이며 핵심적인 부분

**日本** 骨
**발음** コツ, ほね
骨 ほね 뼈, 전체를 받치는 것
骨折 こっせつ 골절

## 정수리 정 頂

**부수** 頁/2, 页/2, 頁/2

〖英〗 top, summit, peak

頂點(정점) 사물의 가장 왕성할 때
絶頂(절정) 사물의 치오른 극도

**中國** 顶
**발음** dǐng
顶头 dǐngtóu 맞받다, 머리로 서로 들이받다

**日本** 頂
**발음** チョウ, いただ-く, いただき
頂上 ちょうじょう 정상, 절정

## 몸 기 己

**부수** 己/0, 己/0, 己/0

〖英〗 self, oneself, personal, private

利己主義(이기주의) 제 이익만 차려 멋대로 행동하는 일
知己(지기) 서로 마음이 통하는 벗

**中國** 己
**발음** jǐ
自己 zìjǐ 자기, 자신, 스스로

**日本** 己
**발음** コ, キ, おのれ
知己 ちき 지기
自己 じこ 자기

7. 신체

### 얼굴/담을 용

**부수** ⼧/7, ⼧/7, ⼧/7

【英】 looks, appearance, tolerate

容易(용이) 어렵지 않음
受容(수용) 받아들임

**발음** róng
内容 nèiróng 내용
形容 xíngróng 형상, 용모, 형용하다

**발음** ヨウ, いれる, かたち, ゆるす
形容動詞 けいようどうし 형용동사　内容 ないよう 내용
美容 びよう 미용, 아름다운 용모

### 낯 면

**부수** 面/0, 面/0, 面/0

【英】 face, surface, flour, dough, noodles

面接(면접) 서로 대하여 만나 봄
假面(가면) 나무, 흙, 종이 등으로 만든 얼굴의 형상

**발음** miàn, miàn
面对 miànduì 직면하다, 마주 보다, 직접 대면하다
体面 tǐmiàn 체면, 체통, 면목 → *中國은 面(낯 면), 麵(밀가루 면)을 모두 '面'으로 씀

**발음** メン, おも, おもて, つら
面 めん 면, 얼굴
面接 めんせつ 면접

### 머리 수

**부수** 首/0, ⼋/7, 首/0

【英】 head, first, leader

首席(수석) 맨 윗자리
部首(부수) 자전에서 글자를 찾는 길잡이가 되는 글자

**발음** shǒu
首都 shǒudū 수도
首先 shǒuxiān 우선, 무엇보다 먼저, 첫째

**발음** シュ, くび
首都 しゅと 수도

## 머리 두

**頭**

부수 頁/7, 大/2, 頁/7
〖英〗 head, top

頭角(두각) 짐승 따위의 뿔. 뛰어난 학식, 재능, 기예
口頭(구두) 마주 대하여 입으로 전하는 말

### 中國 头
발음 tóu, tou
头 tóu 머리, 머리카락, 제일의  骨头 gǔ·tou 뼈, 불만
点头 diǎntóu (허락, 찬성의 표시로) 고개를 끄덕이다

### 日本 頭
발음 トウ, ズ, ト, あたま, かしら
頭 あたま 머리, 머리칼
頭 とう 두, 필

## 귀 이

**耳**

부수 耳/0, 耳/0, 耳/0
〖英〗 ear, merely, only, handle

馬耳東風(마이동풍) 남의 말을 귀담아 듣지 않고 흘려버림
耳順(이순) 나이 예순을 일컫는 말

### 中國 耳
발음 ěr
耳目 ěrmù 귀와 눈, 이목
耳语 ěryǔ 귓속말하다

### 日本 耳
발음 ジ, みみ
耳 みみ 귀, 듣는 기관, 듣는 감상력
耳目 じもく 이목

## 코 비

**鼻**

부수 鼻/0, 鼻/0, 鼻/0
〖英〗 nose, first

鼻笑(비소) 코웃음
耳目口鼻(이목구비) 귀, 눈, 입, 코

### 中國 鼻
발음 bí
鼻子 bízi 코   鼻音 bíyīn 비음
鼻祖 bízǔ 비조, 시조(始祖). 원조(元祖), 창시자

### 日本 鼻
발음 ビ, はな
鼻 はな 코, 후각
鼻音 びおん 비음

## 눈 안 　眼

**부수** 目/6, 目/6, 目/6

〖英〗 eye, eyelet, hole, opening

眼目(안목) 사물을 보고 분별하는 견식
肉眼(육안) 안경을 쓰지 않고 직접 보는 눈

**中國** 眼
**발음** yǎn
眼光 yǎnguāng 시선, 눈길
眼神 yǎnshén 눈의 표정, 눈매, 눈빛

**日本** 眼
**발음** ガン, ゲン, まなこ
千里眼 せんりがん 천리안
眼目 がんもく 안목

## 눈 목 　目

**부수** 目/0, 目/0, 目/0

〖英〗 eye, look, see, division, topic

目禮(목례) 눈짓으로 하는 인사
注目(주목) 눈을 한 곳에 쏟음

**中國** 目
**발음** mù
节目 jiémù 종목, 프로그램, 레퍼토리
目前 mùqián 지금, 현재

**日本** 目
**발음** モク, ボク, め, ま
目上 めうえ 지위·나이가 위임
目安 めやす 목표, 대중　　目次 もくじ 목차, 차례

## 입 구 　口

**부수** 口/0, 口/0, 口/0

〖英〗 mouth, open end, entrance, gate

口頭(구두) 직접 입으로 하는 말
口傳(구전) 입으로 전함

**中國** 口
**발음** kǒu
口味 kǒuwèi 맛, 구미, 기호
借口 jièkǒu 구실로 삼다, 핑계로 삼다

**日本** 口
**발음** コウ, ク, くち
口 くち 입, 아가리, 말
口紅 くちべに 입술연지

### 이 치

**부수** 齒/0, 齿/0, 歯/0
〖英〗 teeth, gears, cogs, age
齒藥(치약) 이를 닦는 데 쓰는 약
齒痛(치통) 이가 쑤시거나 아픈 상태

齒

中國 齿
**발음** chǐ
齿列 chǐliè (치열처럼) 가지런하게 배열하다
口齿 kǒuchǐ (말할 때의) 발음, 말솜씨, 말주변

日本 歯
**발음** シ, は
歯 は 이(빨), 이 모양으로 나란히 선 것
虫歯 むしば 충치

### 혀 설

**부수** 舌/0, 舌/0, 舌/0
〖英〗 tongue
舌戰(설전) 말다툼
口舌數(구설수) 남에게 구설을 들을 운수

舌

中國 舌
**발음** shé
舌头 shétou 혀, 잡담
口舌 kǒushé 입과 혀, 오해, 말다툼

日本 舌
**발음** ゼツ, した
舌 した 혀
口舌 こうぜつ 구설, 말, 변설

### 손 수

**부수** 手/0, 手/0, 手/0
〖英〗 hand
手記(수기) 체험을 손수 적음
擧手(거수) 손을 위로 들어 올림

手

中國 手
**발음** shǒu
对手 duìshǒu 상대, 호적수, 호흡이 잘 맞다
手表 shǒubiǎo 손목시계    手指 shǒuzhǐ 손가락

日本 手
**발음** シュ, て, た
手間 てま 품, 수고    手 て 손    手前 てまえ 저, 너
手紙 てがみ 편지, 서한    手品 てじな 요술, 속임수

## 발 족

부수 足/0, 足/0, 足/0

足

〖英〗 foot, satisfy

失足(실족) 발을 잘못 디딤
豊足(풍족) 매우 넉넉하여 모자람이 없음

中國 足

발음 zú

满足 mǎnzú 만족하다, 만족시키다, 족하다
不足 bùzú 부족하다, 모자라다, …하기에 부족하다

日本 足

발음 ソク, あし, た−りる, た−る, た−す

足 あし 발, 걸음, 보조
足下·足元 あしもと 발밑, 또, 그 언저리

## 가슴/마음 흉

부수 肉(月)/6, 月/6, 肉/6

胸

〖英〗 breast, bosom, chest

胸心(흉심) 속마음
胸中(흉중) 가슴 속, 생각, 마음

中國 胸

발음 xiōng

心胸 xīnxiōng 도량, 아량, 흉금

日本 胸

발음 キョウ, むね, むな

胸 むね 가슴, 유방, 마음, 심금
胸中 きょうちゅう 흉중, 가슴속, 마음속, 마음

## 가리킬 지

부수 手(扌)/6, 扌/6, 手/6

指

〖英〗 point at, finger, toe

指目(지목) 사람, 사물 등이 어떻다고 가리켜 정함
指示(지시) 어떤 대상을 가리켜 보이는 것

中國 指

발음 zhǐ

手指 shǒuzhǐ 손가락
指导 zhǐdǎo 지도, 지도하다, 가르치다

日本 指

발음 シ, ゆび, さ−す

薬指 くすりゆび 무명지, 약손가락
指定 してい 지정

### 터럭 모

毛

부수 毛/0, 毛/0, 毛/0

〖英〗 hair, fur, feathers, coarse

毛布(모포) 담요
不毛地(불모지) 초목이 나지 않는 거친 땅

中國 毛

발음 máo

毛巾 máojīn 타월, 수건, 면 수건
毛病 máobìng 약점, 결점, 질병

日本 毛

발음 モウ, け

毛 け 털
毛布 もうふ 모포, 담요

### 가죽 피

皮

부수 皮/0, 皮/0, 皮/0

〖英〗 skin, hide, fur, feather, outer

皮革(피혁) 날가죽과 무두질한 가죽의 총칭
虎皮(호피) 털이 붙은 범의 가죽

中國 皮

발음 pí

调皮 tiáopí 말을 잘 듣지 않다, 다루기 어렵다

日本 皮

발음 ヒ, かわ

毛皮 けがわ 모피, 털가죽

### 뿔 각

角

부수 角/0, 角/0, 角/0

〖英〗 horn, angle, corner, point

角木(각목) 각재(角材)로 된 나무
角燈(각등) 손으로 들고 다니는 네모진 등

中國 角

발음 jiǎo, jué

角度 jiǎodù 각도
角色 juésè 배역, 인물, 명사

日本 角

발음 カク, かど, つの

角 かど 모난 귀퉁이
角度 かくど 각도

7. 신체

**꼬리 미**

尾

부수 尸/4, 尸/4, 尸/4

【英】 tail, extremity

尾行(미행) 행동을 감시하려고 몰래 뒤를 밟는 일
結尾(결미) 글이나 문서 따위에서의 끝 부분

中國 尾
발음 wěi, yǐ
尾 wěi 꼬리, 끝부분
结尾 jiéwěi 끝나다, 마치다, 종결하다

日本 尾
발음 ビ, お
尾行 びこう 미행
尾灯 びとう 미등

# 8. 교육

## 기를 양

부수 食/6, ⺈/7, 食/6

〖英〗 raise, rear, bring up, support

養育(양육) 부양하여 기름
教養(교양) 가르쳐 기름

**中國** 养
발음 yǎng
养成 yǎngchéng 양성하다, 기르다, 키우다
修养 xiūyǎng 수양하다. 교양이나 학식을 쌓다

**日本** 養
발음 ヨウ, やしな-う
養分 ようぶん 양분, 자양분
養成 ようせい 양성, 함양

## 기를 육

부수 肉(月)/4, 月/4, 肉/4

〖英〗 produce, give birth to

保育(보육) 어린애를 돌봐 기름
養育(양육) 부양하여 기름

**中國** 育
발음 yō, yù
教育 jiàoyù 교육, 가르침, 배우는 바
体育 tǐyù 체육, 스포츠

**日本** 育
발음 イク, そだ-つ, そだ-てる
育児 いくじ 육아
教育 きょういく 교육

## 월 강

부수 言/10, 讠/4, 言/10

〖英〗 explain, discuss, talk

講堂(강당) 강의를 하는 건물 또는 방
講讀(강독) 글을 읽고 그 뜻을 밝힘

**中國** 讲
발음 jiǎng
讲究 jiǎngjiū 주의하다, 따져볼 만한 것, 강구하다
讲座 jiǎngzuò 강좌

**日本** 講
발음 コウ
講堂 こうどう 강당
講演 こうえん 강연

## 스승 사 師

**부수** 巾/7, 巾/3, 巾/7
〖英〗 teacher, master, specialist

師弟(사제) 스승과 제자
師表(사표) 학식과 덕행이 높아 남의 모범이 될 만한 사람

### 中國 师
**발음** shī
老师 lǎoshī 선생님, 은사, 스승
律师 lǜshī 변호사, 스님, 도사

### 日本 師
**발음** シ
教師 きょうし 교사
師友 しゆう 사우, 스승으로 존경하는 친구, 스승과 친구

## 읽을 독 讀

**부수** 言/15, 讠/8, 言/7
〖英〗 read, study, pronounce

讀者(독자) 책, 신문 따위의 출판물을 읽는 사람
讀後感(독후감) 책을 읽고 난 뒤의 소감

### 中國 读
**발음** dòu, dú
读书 dúshū 독서, 책을 읽다, 독서하다
解读 jiědú 해독하다, 분석하다, 연구하다

### 日本 読
**발음** ドク, トク, トウ, よ-む
読書 どくしょ 독서
精読 せいどく 정독

## 글 서 書

**부수** 曰/6, 勹/3, 曰/6
〖英〗 book, letter, document, writings

書藝(서예) 붓으로 글씨를 맵시 있게 쓰는 기술
證書(증서) 어떤 사실을 증명하는 문서

### 中國 书
**발음** shū
图书馆 túshūguǎn 도서관
书法 shūfǎ 서법. 서도

### 日本 書
**발음** ショ, か-く
書道 しょどう 서도, 서예
書店 しょてん 서점, 책방, 출판사

## 가르칠 훈

**부수** 言/3, 讠/3, 言/3

〖英〗 teach, instruct

**訓**

訓放(훈방) 법을 가볍게 어긴 사람을 훈계하여 놓아주는 일
訓示(훈시) 가르치어 보임

**中國** 训
**발음** xùn
教训 jiàoxun 훈계하다, 꾸짖다, 교훈
训练 xùnliàn 훈련, 훈련하다

**日本** 訓
**발음** クン, キン, おしえる
訓練 くんれん 훈련　　訓化 くんか 훈화
訓 くん 훈, 자훈, 가르침, 훈계

## 익힐 련

**부수** 糸/9, 纟/5, 糸/8

〖英〗 practice, drill, exercise, train

**練**

수련(修練) 인격, 기술, 학문 등을 닦아서 단련함
조련사(調練師) 동물에게 곡예 따위를 훈련시키는 사람

**中國** 练
**발음** liàn
练习 liàn xí 연습하다, 연습, 익히다
教练 jiàoliàn 감독, 코치(coach), 교련하다

**日本** 練
**발음** レン, ね-る
練習 れんしゅう 연습
老練 ろうれん 노련

## 가르칠 교

**부수** 攴(攵)/7, 攵/7, 攵/7

〖英〗 teach, class

**教**

教習(교습) 가르쳐 익히게 함
教育(교육) 가르쳐 기름

**中國** 教
**발음** jiāo, jiào
教授 jiàoshòu 교수하다, 전수하다, 교수
教练 jiàoliàn 교련하다, 코치, 교관

**日本** 教
**발음** キョウ, おし-える, おそ-わる
教室 きょうしつ 교실, 대학 연구실
教養 きょうよう 교양

줄 **수**  부수 手(扌)/8, 扌/8, 手/8
〖英〗 give to, transmit
授賞(수상) 상을 줌
授與(수여) 상장이나 훈장을 줌

발음 shòu
教授 jiàoshòu 교수하다, 전수하다, 교수
传授 chuánshòu (학문·기예 등을) 전수하다, 가르치다

발음 ジュ, さず-ける, さず-かる
授業 じゅぎょう 수업
授与 じゅよ 수여　　　教授 きょうじゅ 교수

배울 **학**  부수 子/13, 子/5, 子/5
〖英〗 learning, knowledge, school
學問(학문) 배워서 닦은 지식의 총체
學業(학업) 공부하여 학문을 닦는 일

발음 xué
学期 xuéqī 학기
文学 wénxué 문학

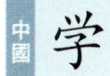
발음 ガク, まな-ぶ
学期 がっき 학기
学習 がくしゅう 학습

학교 **교**  부수 木/6, 木/6, 木/6
〖英〗 school, military field officer
校舍(교사) 학교의 건물
閉校(폐교) 학교 문을 닫고 수업을 중지함

발음 jiào, xiào
校长 xiàozhǎng 학교장, 교장
学校 xuéxiào 학교

발음 コウ
校 こう 학교, 교정(校正)　　　校長 こうちょう 교장
校庭 こうてい 교정

### 글월 문

**부수** 文/0, 文/0, 文/0

【英】literature, culture, writing

文書(문서) 글로써 일정한 사상을 적어 표시한 것
文化財(문화재) 문화 가치가 있는 사물

**발음** wén
文件 wénjiàn 공문서, 문건, 문헌
文具 wénjù 문구, 문방구    文明 wénmíng 문명, 현대적인

**발음** ブン, モン, ふみ
文学 ぶんがく 문학
文明 ぶんめい 문명

### 글자 자

**부수** 子/3, 子/3, 子/3

【英】letter, character, word

字句(자구) 문자와 어구
字解(자해) 글자의 해석

**발음** zì
名字 míngzì 이름, 성명, 이름과 자
数字 shùzì 숫자, 수량, 디지털형

**발음** ジ, あざ
字引 じびき 자전, 옥편, 사전
名字 みょうじ 성씨, 성

### 대답 답

**부수** 竹/6, 竹/6, 竹/6

【英】answer, reply, return, assent to

誤答(오답) 잘못된 대답을 함
問答(문답) 물음과 대답

**발음** dā, dá
答应 dāying 대답하다, 응답하다, 동의하다
回答 huídá 대답하다, 회답하다, 회답

**발음** トウ, こた-える, こた-え
答(え) こたえ 대답, 해답, 답안
答案 とうあん 답안

**책상/생각 안**　부수 木/6, 木/6, 木/6

〖英〗 table, bench, legal case
考案(고안) 어떠한 안을 생각해 냄
代案(대안) 어떤 안에 대신할 안

中國　　발음 àn
答案 dá'àn 답안, 해답, 답
方案 fāng'àn 계획, 방안, 설계도

日本　　발음 アン
案 あん 안, 예상, 생각
案内 あんない 안내　　法案 ほうあん 법안

**노래 가**　부수 欠/10, 欠/10, 欠/10

〖英〗 song, lyrics
悲歌(비가) 슬픈 노래
詩歌(시가) 시와 노래

中國　　발음 gē
唱歌 chànggē(r) 노래를 부르다, 노래, 창가
歌本 gēběn 노래책

日本　　발음 カ, うた, うた-う
歌 うた 노래, 단가, 화가(和歌)
哀歌 あいか 슬픈 노래

**춤출 무**　부수 舛/8, 夕/11, 舛/8

〖英〗
舞曲(무곡) 춤과 악곡. 춤추기 위한 악곡
歌舞(가무) 노래와 춤. 노래하고 춤춤

中國　　발음 wǔ
舞 wǔ 춤, 무용, 춤추다, 춤추는 동작을 하다
独舞 dúwǔ 독무, 혼자춤

日本　　발음 ブ, ま-う, まい
舞台 ぶたい 무대　　舞 まい 춤, 무용
日舞 にちぶ 일본 무용

## 갈 연 研

부수 石/6, 石/4, 石/4
〖英〗 grind, rub, study, research

研究(연구) 일이나 사물을 조사하고 생각하여 진리를 알아냄
研修(연수) 연구하고 닦음

### 中國 研
발음 yán, yàn
研究生 yánjiūshēng 연구생, 대학원생
科研 kēyán 과학 연구(科學研究)

### 日本 研
발음 ケン, と-ぐ
研究 けんきゅう 연구
研修 けんしゅう 연수

## 연구할 구 究

부수 穴/2, 穴/2, 穴/2
〖英〗 examine, investigate

究明(구명) 깊이 연구하여 밝힘
講究(강구) 좋은 도리를 연구함

### 中國 究

발음 jiū
讲究 jiǎngjiu] 중요시하다, 정교하다, 화려하다
终究 zhōngjiū 결국, 필경, 어쨌든

### 日本 究

발음 キュウ, きわ-める
考究 こうきゅう 고구
究明 きゅうめい 구명

## 공부할/과정 과 課

부수 言/8, 讠/8, 言/8
〖英〗 lesson, course, classwork

公課金(공과금) 관청에서 매긴 세금
日課(일과) 날마다 규칙적으로 하는 일정한 일

### 中國 课
발음 kè
功课 gōngkè 숙제, 리포트(report)
课题 kètí (연구·토론) 과제, 프로젝트

### 日本 課

발음 カ
課程 かてい 과정          日課 にっか 일과
課題 かだい 과제

## 시 詩

**부수** 言/6, ⾔/6, 言/6
〖英〗 poetry, poem, verse, ode
詩想(시상) 시의 구상
詩題(시제) 시의 제목

**中國** 诗
**발음** shī
诗情 shīqíng 시정. 시적인 정취·감흥·맛
和诗 hèshī (시를 지어) 화답하다, 화답시(和答詩)

**日本** 詩
**발음** シ
詩人 しじん 시인          詩感 しかんしかん시감, 시적 감각
詩 し 시

## 물을 문 問

**부수** 口/8, 門/3, 口/8
〖英〗 ask about, inquire after
問病(문병) 앓는 사람을 찾아보고 위로함
問安(문안) 웃어른께 안부를 여쭘

**中國** 问
**발음** wèn
问题 wèntí 문제, 사고, 질문
学问 xuéwen 학문, 학식, 지식

**日本** 問
**발음** モン, と-う, と-い, とん
問題 もんだい 문제
問答 もんどう 문답

## 제목 제 題

**부수** 頁/9, 页/9, 頁/9
〖英〗 forehead, title, headline, theme
出題(출제) 문제, 제목을 냄
解題(해제) 문제를 풂

**발음** tí
题目 tímù 제목, 표제, 테마
话题 huàtí 화제

**발음** ダイ
題名 だいめい 제명, 제목
問題 もんだい 문제

8. 교육   125

## 책/말 권

**부수** 卩(㔾)/6, 㔾/6, 己/6

〖英〗 scroll, book

卷頭(권두) 책의 첫머리
卷末(권말) 책의 맨 뒤

**中國** 卷
**발음** juǎn, juàn, quán
试卷 shìjuàn 시험 답안

**日本** 卷
**발음** カン, ま-く, まき
巻 かん 두루마리, 책

## 글 장

**부수** 立/6, 立/6, 立/6

〖英〗 composition, chapter, section

印章(인장) 도장
國章(국장) 국가의 권위를 나타내는 휘장의 총칭

**中國** 章
**발음** zhāng
文章 wénzhāng 문장, 속뜻, 방법
图章 túzhāng 도장, 인영(印影)

**日本** 章
**발음** ショウ
文章 ぶんしょう 문장
章 しょう 문장을 크게 나눈 한 단락

## 책 책

**부수** 冂/3, 丿/4, 冂/3

〖英〗 book, volume

冊名(책명) 책의 이름
冊房(책방) 서점

**中國** 册
**발음** cè
手册 shǒucè 안내 책자, 소책자

**日本** 冊
**발음** サツ, サク
冊子 さっし 책자

## 붓 필

### 筆

부수 竹/6, 竹/4, 竹/6
〖英〗 writing brush, write, stroke, pen

筆談(필담) 글을 써서 묻고 대답함
代筆(대필) 대신하여 글씨를 씀

**中國** 笔
발음 bǐ
笔记本 bǐjìběn 노트, 수첩, 비망록

**日本** 筆
발음 ヒツ, ふで
万年筆 まんねんひつ 만년필
筆記 ひっき 필기

## 베낄 사

### 寫

부수 宀/12, 冖/3, 冖/3
〖英〗 write, draw, sketch

寫本(사본) 옮기어 베낌
轉寫(전사) 옮겨 베낌

**中國** 写
발음 xiě, xiè
写作 xiězuò 글을 짓다, 저작하다
写真 [xiězhēn 초상화를 그리다, 인물을 그리다, 초상화,

**日本** 写
발음 シャ, うつす, うつーる
写生 しゃせい 사생
写真 しゃしん 사진

## 사기 사

### 史

부수 口/2, 口/2, 口/2
〖英〗 history

史書(사서) 역사에 관한 책
史話(사화) 역사에 관한 이야기

**中國** 史
발음 shǐ
历史 lìshǐ 역사, 역사학, 이력
情史 qíngshǐ 로맨스(romance), 애정 소설

**日本** 史
발음 シ
史学 しがく 사학, 역사학

## 기록할 기

記

부수 言/3, 讠/3, 言/3
【英】 record, keep in mind, remember
記念(기념) 오래도록 전하여 잊지 않음
暗記(암기) 머릿속에 외고 잊지 않음

中國 记
발음 jì
记得 jìde 기억하고 있다, 잊지 않고 있다
登记 dēngjì 등기, 등록, 체크인

日本 記
발음 キ, しる-す
記入 きにゅう 기입
記号 きごう 기호

## 근본 본

本

부수 木/1, 木/1, 木/1
【英】 source, book
本論(본론) 언론, 저서의 주장되는 부분
本錢(본전) 본래의 액수

中國 本
발음 běn
笔记本 bǐjìběn 노트, 수첩, 비망록
本领 běnlǐng 능력, 본령    本来 běnlái 본래, 원래, 응당

日本 本
발음 ホン, もと
本 ほん 책, 서적    本当 ほんとう 진실, 정말
本物 ほんもの 진짜, 실물

## 과목 과

科

부수 禾/4, 禾/4, 禾/4
【英】 section, department, science
教科書(교과서) 학교의 교과용으로 편찬된 도서
理科(이과) 자연계의 사물 및 현상을 연구하는 학과

中國 科
발음 kē
科学 kēxué 과학, 과학적이다
本科 běnkē 본과, 주요 학과목, 전공 과목

日本 科
발음 カ
科目 かもく 과목
科学 かがく 과학

### 상줄 상

부수 貝/8, 贝/8, 貝/8
〖英〗reward, grant, bestow
賞狀(상장) 상 주는 뜻으로 주는 증서
入賞(입상) 경기, 경연대회 등에서 상을 타게 됨

발음 shǎng
賞金 shǎngjīn 상금 ≒賞钱(shǎngqian)
受賞 shòushǎng 상을 타다, 수상하다

발음 ショウ
賞 しょう 상, 상품
賞金 しょうきん 상금

### 글귀 구

부수 口/2, 口/2, 口/2
〖英〗sentence
結句(결구) 문장의 끝을 맺는 어구
語句(어구) 말의 구절

발음 gōu, jù
句子 jùzi 문장, 문, 구

발음 ク
句読点 くとうてん 구두점

### 익힐 습

부수 羽/5, 乙/2, 羽/5
〖英〗practice
習得(습득) 배워 얻음
因習(인습) 이전부터 전해 내려오는 습관

발음 xí
复习 fùxí 복습, 복습하다   学习 xuéxí 학습, 공부, 학습하다
练习 liànxí 연습하다, 연습, 익히다

발음 シュウ, なら-う
習字 しゅうじ 습자
習性 しゅうせい 습성

## 한중일 공용한자 808자

**시험 시** 부수 言/6, 讠/6, 言/6
〔英〕 test, try, experiment
試圖(시도) 시험 삼아 꾀하여 봄
試食(시식) 맛이나 요리솜씨를 시험하기 위해 먹어 봄

中國  발음 shì
考试 kǎoshì 시험, 고사, 시험을 치다
试卷 shìjuàn 시험 답안, 시험 답안지

日本  발음 シ, こころ-みる, ため-す
試合·仕合 しあい 경기, 시합

---

**재주 예** 부수 艸(艹)/15, 艹/1, 艹/4
〔英〕 art, talent, ability, craft
技藝(기예) 기술상의 재주와 솜씨
工藝(공예) 공작에 관한 예술

中國 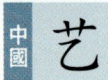 발음 yì
文艺 wényì 문예, 문학과 예술
手艺 shǒuyì 손재간, 솜씨, 수공 기술

日本  발음 ゲイ
芸能 げいのう 예능, 연예
園芸 えんげい 원예

---

**능할 능** 부수 肉(月)/6, 月/6, 肉/6
〔英〕 to be able, can, permitted to, ability
能通(능통) 사물에 환히 통달함
效能(효능) 효험의 능력

中國  발음 néng
可能 kěnéng 가능하다, 가능성, 아마
功能 gōngnéng 기능, 작용    能力 nénglì 능력, 역량

日本  발음 ノウ
能力 のうりょく 능력

## 말씀 언 言

**부수** 言/0, 言/0, 言/0
〖英〗words, speech, speak, say
言約(언약) 말로 약속함
格言(격언) 교훈이 될 만한 짧은 말

### 中國 言
**발음** yán
发言 fāyán 발언하다, 발언, 말하다
传言 chuányán 말을 전하다, 떠도는 말, 소문, 풍문

### 日本 言
**발음** ゲン, ゴン, いーう, こと
言葉 ことば 말, 어
一人言(独り言) ひとりごと 혼잣말, 독백

## 말씀 어 語

**부수** 言/7, 讠/7, 言/7
〖英〗language, words, saying
語源(어원) 단어가 성립된 근원
俗語(속어) 통속적인 저속한 말

### 中國 语
**발음** yǔ, yù
词语 cíyǔ 글자, 단어와 어구, 단어와 구
语法 yǔfǎ 어법, 문법, 문법 연구    语言 yǔyán 언어, 말

### 日本 語
**발음** ゴ, かた-る, かた-らう
語句 ごく 어구, 어귀, 말
言語 げんご 언어, 말

## 그림 도 圖

**부수** 囗/11, 囗/5, 囗/4
〖英〗diagram, chart, map, picture
圖解(도해) 설명을 보충하기 위하여 그림을 넣어 풀이함
圖形(도형) 그림의 형상

### 中國 图
**발음** tú
图书馆 túshūguǎn 도서관
地图 dìtú 지도

### 日本 図
**발음** ズ, ト, はかーる
図表 ずひょう 도표, 그래프
図書館 としょかん 도서관

8. 교육　131

## 그림 화, 그을 획

**부수** 田/7, 田/3, 田/3
〖英〗 a painting, picture, drawing, to draw
畫法(화법) 그림을 그리는 방법
名畫(명화) 썩 잘된 그림이나 영화

中國
**발음** huà
画室 huàshì 화실　　　动画片 dònghuàpiān 만화 영화
绘画 huìhuà 그림을 그리다, 회화, 그림

日本
**발음** ガ, カク
計画 けいかく 계획　　　図画 ずが 도화
画家 がか 화가

## 공 구

**부수** 玉(王/)7, 王/7, 玉/7
〖英〗 ball, sphere, globe, round
球速(구속) 투수가 던지는 공의 속도
球場(구장) 구기를 하는 운동장. 야구장

中國
**발음** qiú
地球 dìqiú 지구
足球 zúqiú 축구, 축구공

日本
**발음** キュウ, たま
球 きゅう 둥근 물체, 공　　　球 たま 구형(球形)의 것
球技 きゅうぎ 구기

# 9. 음식과 색깔

## 맛 미

**부수** 口/5, 口/5, 口/5
【英】 taste, smell

加味(가미) 음식에 다른 물건을 넣어서 맛이 더 나게 함
別味(별미) 특별히 좋은 맛

**中國** 味
**발음** wèi
味道 wèidao 맛, 흥미, 재미
口味 kǒuwèi (지방 특유의) 맛, 입맛, 기호, 취향

**日本** 味
**발음** ミ, あじ, あじ-わう
味方 みかた 자기 편, 아군　　味 あじ 맛, (음식의) 맛
興味 きょうみ 흥미

## 밥 반

**부수** 食/4, 饣/4, 食/4
【英】 cooked rice, food, meal

朝飯(조반) 아침밥. 아침 끼니로 먹는 밥
白飯(백반) 쌀밥에 국과 몇 가지 찬을 껴 파는 한 상의 음식

**中國** 饭
**발음** fàn
米饭 mǐfàn 쌀밥, 밥　　饭店 fàndiàn 호텔, 식당
饭馆 fànguǎn 식당, 요리점, 음식점

**日本** 飯
**발음** ハン, めし
飯 めし 밥, 식사
朝飯 あさはん 조반, 아침밥

## 쌀/미터/미국 미

**부수** 米/0, 米/0, 米/0
【英】

米飮(미음) 쌀이나 좁쌀을 물을 많이 붓고 끓인 음식
米作(미작) 벼를 심고 가꾸고 거두는 일

**中國** 米
**발음** mǐ
玉米 yùmǐ 옥수수, 옥수수 열매
米饭 mǐfàn 쌀밥, 밥　　厘米 límǐ 센티미터

**日本** 米
**발음** ベイ, マイ, こめ
米 こめ 쌀　　　　　　米商 べいしょう 미상, 미곡상
米貨 べいか 달러

## 곡식 곡

**부수** 禾/10, 谷/0, 禾/9
**〖英〗** corn, grain, cereal

穀食(곡식) 사람의 식량이 되는 쌀, 보리, 콩 따위의 총칭
米穀(미곡) 쌀 등의 곡식

### 中國
**발음** gǔ, yù
谷子 gǔzi 조, 조의 낟알
谷物 gǔwù 곡물. 곡식

### 日本
**발음** コク
穀物 こくもつ 곡물
新穀 しんこく 신곡, 햅쌀

* 中國은 穀(곡식 곡), 谷(골 곡)을 모두 '谷'으로 씀

## 차 다, 차 차

**부수** 艸/6, ⺿/6, ⺾/6
**〖英〗** tea

茶房(다방) 차를 마시는 곳
綠茶(녹차) 푸른빛이 그대로 나도록 말린 찻잎 또는 그 차

### 中國
**발음** chá
红茶 hóngchá 홍차
茶树 cháshù 차나무, 기름동백나무

### 日本
**발음** チャ, サ
茶色 ちゃいろ 다색, 갈색

## 실과/열매 과

**부수** 木/4, 木/4, 木/4
**〖英〗** fruit, result

果樹園(과수원) 과실 나무를 재배하는 농원
效果(효과) 보람이 있는 결과

### 中國
**발음** guǒ
果实 guǒshí 과실, 수확, 거둬들인 물건
水果 shuǐguǒ 과실, 과일    结果 jiēguǒ 열매 맺다, 결실

### 日本
**발음** カ, は-たす, は-てる, は-て
果物 くだもの 과실, 과일

9. 음식과 색깔   135

## 보리 맥

**부수** 麥/0, 麦/0, 麦/0
〖英〗 wheat, barley, oats

### 麥
麥雨(맥우) 보리가 익을 무렵에 오는 비
大麥(대맥) 보리

### 中國 麦
**발음** mài
麦克风 màikèfēng 마이크로폰, 마이크
小麦 xiǎomài 소맥, 밀, 소맥의 낟알

### 日本 麦
**발음** バク, むぎ
麦 むぎ 보리·밀 등
精麦 せいばく 정맥

## 술 주

**부수** 酉/3, 酉/3, 酉/3
〖英〗 wine, spirits, liquor, alcoholic beverage

### 酒
酒量(주량) 술을 마시는 분량
勸酒(권주) 술을 권함

### 中國 酒
**발음** jiǔ
酒店 jiǔdiàn 대형 호텔·여관, 술집, 식당

### 日本 酒
**발음** シュ, さけ, さか
酒場 さかば 술집, 바

## 얼음 빙

**부수** 水/1, 冫/4, 水/1
〖英〗 ice, ice-cold

### 氷
氷點(빙점) 물이 얼거나 얼음이 녹기 시작할 때의 온도
氷板(빙판) 얼음이 깔린 길바닥

### 中國 冰
**발음** bīng
冷冰冰 lěngbīngbīng 냉랭하다, 차가운
冰球 bīngqiú 아이스하키.

### 日本 氷
**발음** ヒョウ, こおり, ひ
氷 こおり 얼음

## 물고기 어

부수 魚/0, 鱼/0, 魚/0
〖英〗 fish

**魚**

魚類(어류) 물고기의 무리
活魚(활어) 살아 있는 물고기

中國 **鱼**
발음 yú
鱼肉 yúròu 어육, 생선의 살
鱼尾 yúwěi 어미, 물고기 꼬리

日本 **魚**
발음 ギョ, うお, さかな
魚 うお 물고기　　　　魚 さかな 물고기, 생선
金魚 きんぎょ 금붕어

## 마실 음

부수 食/4, 饣/4, 食/4
〖英〗 drink, swallow

**飮**

過飮(과음) 술을 지나치게 마심
試飮(시음) 술이나 음료수 등을 시험 삼아 마셔 봄

中國 **饮**
발음 yǐn, yìn
饮食 yǐnshí 음식을 먹고 마시다, 음식
饮料 yǐnliào 음료

日本 **飲**
발음 イン, の-む
飲(み)物 のみもの 마실 것, 음료
飲食 いんしょく 음식　　　　牛飲 ぎゅういん 우음

## 밥/먹을 식

부수 食/0, 食/0, 食/0
〖英〗 eat, meal, food

**食**

食單(식단) 음식의 종목, 값을 적은 표
食傷(식상) 같은 음식이나 사물의 되풀이로 물림

中國 **食**
발음 shí, sì, yì
食物 shíwù 음식물　　　　食品 shípǐn 식품
零食 língshí 간식, 군음식, 군것질

日本 **食**
발음 ショク, ジキ, く-う, く-らう, た-べる
食料品 しょくりょうひん 식료품

### 고기 육

부수 肉/0, 肉/0, 肉/0
【英】 flesh, meat
肉類(육류) 먹을 수 있는 고기 종류
肉聲(육성) 사람의 입으로부터 직접 나오는 소리

中國 肉
발음 ròu
羊肉 yángròu 양고기
骨肉 gǔròu 뼈와 살, (부모·형제·자매 등의) 혈육

日本 肉
발음 ニク
皮肉 ひにく 가죽과 살, 신체

### 콩 두

豆

부수 豆/0, 豆/0, 豆/0
【英】
綠豆(녹두) 콩과에 속하는 일년초
大豆(대두) 콩

中國
발음 dòu
菜豆 càidòu 강낭콩　　　　土豆 tǔdòu(r) 감자
豆腐 dòufu 두부

日本
발음 トウ, ズ, まめ
豆 まめ 콩, 대두
小豆飯 あずきめし 팥밥

### 나물 채

菜

부수 艹(⧾⧾)/8, ⧾⧾/8, ⧾⧾/8
【英】 vegetables, dish, order, food
菜食(채식) 푸성귀로 만든 반찬만을 먹음
花菜(화채) 과일을 썰어 넣고 잣을 띄운 음식

中國 菜
발음 cài
菜单 càidān 메뉴, 식단, 차림표

日本
발음 サイ, な
野菜 やさい 야채, 채소, 푸성귀

### 씨 종

**種**

부수 禾/9, 禾/4, 禾/9
〖英〗 seed, race, breed, to plant
種類(종류) 사물의 부문을 나누는 갈래
各種(각종) 갖가지

中國 **种**
발음 chóng, zhǒng, zhòng
品种 pǐnzhǒng 제품의 종류, 품종
种子 zhǒngzi 종자, 열매, 씨(앗)

日本 **種**
발음 シュ, たね
一種 いっしゅ 일종, 조금, 뭔가
人種 じんしゅ 인종, 족속, …족

### 열매 실

**實**

부수 宀/11, 宀/5, 宀/5
〖英〗 real, true, honest, sincere
實存(실존) 실제로 존재함
實話(실화) 실지로 있는 사실의 이야기

中國 **实**
발음 shí
结实 jiēshí 굳다, 단단하다, 질기다
老实 lǎo‧shi 솔직하다, 정직하다, 성실하다

日本 **実**
발음 ジツ, み, みの-る
実力 じつりょく 실력
実感 じっかん 실감

### 가지 지

**枝**

부수 木/4, 木/4, 木/4
〖英〗 branches, limbs
分枝(분지) 원줄기에서 갈라져 뻗어 나간 가지
一枝(일지) 하나의 나뭇가지

中國 **枝**
발음 qí, zhī
枝叶 zhīyè 지엽, 가지와 잎, 지엽적인 문제
枝节 zhījié 가지와 마디, 곁가지

日本 **枝**
발음 シ, えだ
枝 えだ 가지, 갈래
連理枝 れんりし 연리지

## 뿌리 근 根

**부수** 木/6, 木/6, 木/6

〖英〗 root, base(d on), foundation

根源(근원) 나무뿌리와 물이 흘러나오는 곳
根絶(근절) 뿌리째 없애버림

### 中國 根
**발음** gēn
根本 gēnběn 근본, 기초, 중요하다
宿根 sùgēn 숙근, 여러해살이 뿌리

### 日本 根
**발음** コン, ね
根 ね 뿌리　　　根 こん 근기(根氣), 끈기
根性 こんじょう 근성

## 잎 엽 葉

**부수** 艸(艹)/9, 口/2, 艹/9

〖英〗 to harmonize, leaf

葉錢(엽전) 놋으로 만든 옛날의 돈
秋風落葉(추풍낙엽) 가을바람에 흩어져 떨어지는 낙엽

### 中國 叶
**발음** xié, yè
叶子 yèzi 잎. 잎사귀
茶叶 cháyè (가공을 거친) 찻잎

### 日本 葉
**발음** ヨウ, は
葉 は 잎, 잎사귀, 잎을 가공한 것
葉書 はがき 엽서

## 붉을 적 赤

**부수** 赤/0, 赤/0, 赤/0

〖英〗 red, communist, bare

赤信號(적신호) 위험신호
赤外線(적외선) 파장이 적색보다 길고 열작용이 큰 전자기파

### 中國 赤
**발음** chì
赤道 chìdào 적도
赤字 chìzì 적자, 결손

### 日本 赤
**발음** セキ, シャク, あか, あか-い, あか-らむ, あか-らめる
赤道 せきどう 적도
赤字 あかじ 적자, 결손

**푸를 청**

青

부수 青(靑)/0, 青/0, 青/0
〖英〗 blue-green, young
青信號(청신호) 푸른 등이나 통행을 표시하는 교통 신호
青寫眞(청사진) 설계도. 미래의 계획이나 구상

발음 qīng
青少年 qīngshàonián 청소년
青春 qīngchūn 청춘

발음 セイ, ショウ, あお, あお-い
青少年 せいしょうねん 청소년
青春 せいしゅん 청춘, 봄

**푸를 록**

綠

부수 糸/8, 纟/8, 糹/8
〖英〗 green, chlorine
綠地(녹지) 초목이 무성한 땅
綠化(녹화) 산이나 들에 나무를 심고 잘 길러서 푸르게 함

발음 lù, lǜ
绿豆 lǜdòu 녹두    青绿 qīnglǜ 진한 녹색
草绿 cǎolǜ 초록의, 초록색의

발음 リョク, ロク, みどり
緑 みどり 녹색, 초록, 나무의 새싹
緑陰 りょくいん 녹음

**흰 백**

白

부수 白/0, 白/0, 白/0
〖英〗 white, pure
白紙(백지) 흰 빛깔의 종이
告白(고백) 숨김없이 사실대로 말함

발음 bái
空白 kòngbái 공백, 빈 자리
明白 míngbai 분명하다, 명백하다, 총명하다

발음 ハク, ビャク, しろ, しら, しろ-い
白 しろ 백, 흰색
潔白 けっぱく 결백

## 검을 흑

부수 黑/0, 黑/0, 黒/0
【英】 black, dark, evil, sinister

**黑**

黑心(흑심) 음흉하고 부정한 욕심이 많은 마음
暗黑(암흑) 어둡고 컴컴함

中國
발음 hēi
黑板 hēibǎn 흑판, 칠판

日本 黒
발음 コク, くろ, くろ-い
黒板 こくばん 흑판, 칠판
黒字 くろじ 흑자, 이익

## 붉을 홍

부수 糸/3, 纟/3, 糸/3
【英】 redred, vermillion, blush, flush

**紅**

紅玉(홍옥) 붉은 빛깔의 투명에 가까운 보석
紅海(홍해) 아프리카와 아라비아 반도 사이의 좁고 긴 바다

中國
발음 gōng, hóng
分红 fēnhóng (기업 등에서) 이익을 분배하다
红线 hóngxiàn 붉은 줄

日本
발음 コウ, ク, べに, くれない
紅茶 こうちゃ 홍차
紅葉 こうよう 홍엽, 단풍이 듦, 또는 그 잎

## 빛 색

부수 色/0, ⺈/4, 色/0
【英】 color, tint, hue, shade, form, body, beauty

**色**

色素(색소) 물체에 빛깔을 나타내게 하는 물감 등의 성분
具色(구색) 여러 가지 물건을 고루 갖춤

中國 色
발음 sè, shǎi
景色 jǐngsè 풍경. 경치
特色 tèsè 특색, 특징, 독특한, 특별한

日本 色
발음 ショク, シキ, いろ
色色 いろいろ 여러 가지 종류, 가지각색

### 붉을/주사 주  부수 木/2, 木/2, 木/2

〖英〗 cinnabar, vermilion
朱書(주서) 주묵으로 글씨를 씀
印朱(인주) 도장을 찍는 데 쓰는 붉은 빛의 재료

발음 zhū
朱门 zhūmén 주문, 붉은 문

발음 シュ
朱実 あけみ 붉은 과일

### 누를 황  부수 黃/0, 八/9, 黃/0

〖英〗 yellow
黃牛(황우) 누른 빛깔의 소
黃人種(황인종) 살갗이 누르고 머리털이 검은 인종

발음 huáng
黄金 huángjīn 황금, 황금의, 매우 귀한

발음 コウ, オウ, き, こ
黄金 おうごん·こがね 황금
黄色 こうしょく 황색

### 본디/흴 소  부수 糸/4, 糸/4, 糸/4

〖英〗 white (silk), plain, vegetarian
素材(소재) 예술 작품의 근본이 되는 재료
平素(평소) 평상시

발음 sù
因素 yīnsù 구성 요소, 원인, 조건
素质 sùzhì 소양. 자질

발음 ソ, ス
素人 しろうと 훈련을 받지 않은 사람, 비전문가
素質 そしつ 소질

# 10. 사회

## 부자/부유할 부

부수 宀/9, 宀/9, 宀/9

富 【英】

富國强兵(부국강병) 나라를 부유하게, 군대를 강하게 함
富貴(부귀) 재산이 많고 지위가 높음

中國
발음 fù
丰富 fēngfù 풍부하다, 풍부하게하다, 많다
富有 [fùyǒu] 충분히 가지다, 다분하다, 풍부하다

日本
발음 フ, フウ, と-む, とみ
富国 ふこく 부국
巨富 きょふ 거부

## 농사 농

부수 辰/6, 冖/4, 辰/6

農 【英】 agriculture, farming

勸農(권농) 농사를 널리 장려함
歸農(귀농) 농사를 지으려고 농사터로 돌아감

中國
발음 nóng
农业 nóngyè 농업
农村 nóngcūn 농촌

日本
발음 ノウ
農家 のうか 농가
農村 のうそん 농촌

## 일할 로

부수 力/10, 力/5, 力/5

勞 【英】 labor, toil, do manual work

勞力(노력) 힘을 들이어 일을 함
勞使(노사) 노동자와 사용자   功勞(공로) 일에 애쓴 공적

中國
발음 láo
劳动 láodòng 노동, 일, 육체노동
勤劳 qínláo 근로하다, 근면하다, 부지런히 일하다

日本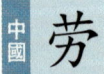
발음 ロウ
労働 ろうどう 노동 (働:日本식 한자)
功労 こうろう 공로

### 밭갈 경

부수 耒/4, 耒/4, 耒/4
〖英〗 plow, cultivate
農耕(농경) 논밭을 갈아 농사를 짓는 일
耕作(경작) 땅를 갈아서 농사일을 함

 中國
발음 gēng
耕地 gēngdì 논밭을 갈다

日本
발음 コウ, たがや-す
耕地 こうち 경지, 경작지

### 고기잡을 어

부수 水(氵)/11, 氵/8, 水/11
〖英〗 to fish, seize
漁夫(어부) 물고기 잡이를 업으로 하는 사람
漁場(어장) 고기잡이를 하는 곳

 中國
발음 yú
漁民 yúmín 어민
漁船 yúchuán 어선

 日本
발음 ギョ, リョウ
漁師 りょうし 고기잡이, 어부
漁業 ぎょぎょう 어업

### 임금 황

부수 白/4, 白/4, 白/4
〖英〗 royal, imperial
教皇(교황) 천주교의 최고 지배자
皇室(황실) 황제의 집안

 中國
발음 huáng
皇后 huánghòu 황후

 日本
발음 コウ, オウ
天皇 てんのう 천황

## 임금 왕

**부수** 玉(王)/0, 王/0, 玉/0

〖英〗 king, ruler, royal

王權(왕권) 국왕의 권력
王朝(왕조) 왕이 직접 다스리는 조정

**中國** **발음** wáng, wàng
王子 wángzǐ 왕자, 복성, 왕공
国王 guówáng 국왕

**日本** **발음** オウ
国王 こくおう 국왕
王女 おうじょ 왕녀, 공주, 왕의 딸, 황족의 여자

## 임금 군

**부수** 口/4, 口/4, 口/4

〖英〗 sovereign, monarch, ruler, chief, prince

君臣有義(군신유의) 임금과 신하의 도리는 같다는 뜻
聖君(성군) 덕이 뛰어나고 어진 임금

**中國** **발음** jūn
君子 jūnzǐ 군자

**日本** **발음** クン, きみ
君 きみ 그대, 자네, 너

## 신하 신

**부수** 臣/0, 臣/0, 臣/0

〖英〗 minister, statesman, official

臣下(신하) 임금을 섬기어 벼슬하는 사람
功臣(공신) 국가에 공로가 있는 신하

**中國** **발음** chén
大臣 dàchén 대신, 중신
臣民 chénmín (군주 국가의) 관리와 백성

**日本** **발음** シン, ジン
大臣 だいじん 대신, 장관

## 장수 장

부수 寸/8, 寸/6, 寸/7
〚英〛 going to, general
獨不將軍(독불장군) 무엇이나 혼자 처리하는 사람
名將(명장) 이름난 장수

| 中國 | 将 | 발음 jiāng, jiàng, qiāng |

将来 jiānglái 장래, 미래, 앞날
将军 jiāngjūn 장군. 장성

| 日本 | 将 | 발음 ショウ |

将来 しょうらい 장래, 미래, 외국에서 가져옴

## 군사 군

부수 車/2, 冖/4, 车/2

〚英〛 army, military, soldiers
軍備(군비) 군사상에 관한 모든 설비
敵軍(적군) 적의 군대

| 中國 | 军 | 발음 jūn |

军事 jūnshì 군사

| 日本 | 軍 | 발음 グン |

軍 ぐん 군, 병의 집단

## 재주 기

부수 手(扌)/4, 扌/4, 手/4
〚英〛 skill, ability, talent, ingenuity
競技(경기) 무술이나 운동 경기로 승부를 겨루는 일
特技(특기) 특별한 기능

| 中國 | 技 | 발음 jì |

车技 chējì (서커스의 일종으로) 자전거 묘기

| 日本 | 技 | 발음 ギ, わざ |

技師 ぎし 기사

## 선비/무사 사

**부수** 士/0, 士/0, 士/0

〖英〗 scholar, gentleman, soldier

士氣(사기) 사람이 단결하여 무슨 일을 할 때의 기세
名士(명사) 세상에 널리 알려진 사람

**발음** shì
护士 hùshi 간호사　　　　士兵 shībīng 병사, 사병
女士 nǚshì 여사, 숙녀, 부인

**발음** シ
博士 はかせ 박사, →はくし

## 장사/헤아릴 상

**부수** 口/8, 口/8, 口/8

〖英〗 commerce, business, trade

商街(상가) 상점이 죽 늘어서 있는 거리
協商(협상) 협의하여 계획함

**발음** shāng
商量 shāngliáng 상의하다, 의논하다, 흥정하다
商业 shāngyè 상업　　　　商品 shāngpǐn 상품, 물품

**발음** ショウ, あきな-う
商売 しょうばい 장사, 직업
商業 しょうぎょう 상업　　　商店 しょうてん 상점, 가게

## 장인/만들 공

**부수** 工/0, 工/0, 工/0

〖英〗 labor, work, worker, laborer

工員(공원) 공장의 노동자
細工(세공) 작은 물건을 만드는 수공

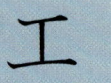

**발음** gōng
工作 gōngzuò 직업. 일자리, 근무. 작업
手工 shǒugōng 수공. 손으로 하는 일

**발음** コウ, ク
工夫·功夫 くふう 여러 가지로 궁리함, 고안함
工業 こうぎょう 공업　　　工学 こうがく 공학

호반 **무** 　부수 止/4, 止/4, 止/4
【英】 military, martial

武士(무사) 무예를 익히고 전쟁에 종사하는 사람
講武(강무) 무도를 가르침

발음 wǔ
武 wǔ 발자국, 선인이 보인 발자취, 무(武), 무력
武功 wǔgōng 무공, 군사상의 공적

발음 ブ, ム
武力 ぶりょく 무력

벼슬 **관** 　부수 宀/5, 宀/5, 宀/5
【英】 official, public servant

官舍(관사) 관청에서 지은 관리의 집
長官(장관) 한 관청의 으뜸 벼슬

발음 guān
官方 guānfāng 정부 당국, 정부측
打官司 dǎguānsi 소송하다, 고소하다, 재판을 걸다

발음 カン
官庁 かんちょう 관청

병사 **병** 　부수 八/5, 八/5, 八/5
【英】 soldier, troops

新兵(신병) 새로 입영한 병정
私兵(사병) 개인이 사사로이 길러 부리는 병사

발음 bīng
兵 bīng 병사, 군인
士兵 shìbīng 사병, 병사

발음 ヘイ, ヒョウ
兵 へい 군대, 군인
用兵 ようへい 용병

10. 사회 **151**

## 마칠/병사 졸

부수 十/6, 十/6, 十/6

【英】 soldier, servant, at last, finally

兵卒(병졸) 하사관 아래의 군인
中卒(중졸) 중학교 졸업의 준말

발음 cù, zú

小卒 xiǎozú 소졸, 졸병, 졸개, 병졸(兵卒)

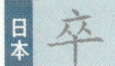

발음 ソツ

卒業 そつぎょう 졸업
何卒 どうぞ 아무쪼록, 부디

## 일 사

부수 亅/7, 一/7, 亅/7

【英】 affair, matter, business, to serve

事實(사실) 실제로 있었던 일 또는 있는 일
事後(사후) 일을 끝낸 뒤

발음 shì

故事 gùshì 고사, 옛날 있었던 일     事先 shìxiān 사전
从事 cóngshì 종사하다, 처리하다, 일을 하다

발음 ジ, ズ, こと

事故 じこ 사고     事前 じぜん 사전
事務所 じむしょ 사무소

## 신선 선

부수 人(亻)/3, 亻/3, 人/3

【英】 Taoist super-being, transcendent, immortal

仙人(선인) 신선
仙風道骨(선풍도골) 신선의 풍채와 도인의 골격

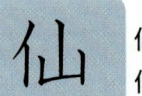

발음 xiān

神仙 shénxiān 신선, 선인(仙人)
仙女 xiānnǚ 선녀

발음 セン

仙境 せんきょう 선경
詩仙 しせん 시선

**수레 거, 수레 차**　부수 車/0, 车/0, 車/0

〖英〗 cart, vehicle, carry in cart

車道(차도) 차가 통행하도록 규정한 도로 구획. 찻길
停車場(정거장) 열차를 정지시켜 여객, 화물을 취급하는 곳

中國　车　발음 chē, jū
列车 lièchē 열차
车场 chēchǎng 차량 기지, 차량 정비소, 차고

日本　車　발음 シャ, くるま
車 くるま 차륜, 수레바퀴, 수레의 총칭
自動車 じどうしゃ 자동차　　　歯車 はぐるま 톱니바퀴

**배 선**　부수 舟/5, 舟/5, 舟/5

〖英〗 ship, boat, vessel

造船(조선) 선박을 건조함
旅客船(여객선) 여객의 운반을 주요 목적으로 한 배

中國　船　발음 chuán
飞船 fēichuán 우주선
船户 chuánhù 뱃사공(집안)

日本　船　발음 セン, ふね, ふな
船便 ふなびん 선편, 배편

**임금/주인 주**　부수 丶/4, 丶/4, 丶/4

〖英〗 master, chief owner, host, lord

主觀(주관) 자기대로의 생각
主流(주류) 사상의 주된 경향

中國　主　발음 zhǔ
主观 zhǔguān 주관, 주관적인
主张 zhǔzhāng 주장, 주장하다, 견해

日本　主　발음 シュ, ス, ぬし, おも
主婦 しゅふ 주부　　　主張 しゅちょう 주장, 지론
主人公 しゅじんこう 주인공

10. 사회　153

## 나그네 려

旅

부수 方/6, 方/6, 方/6
【英】
旅券(여권) 여행자의 신분을 증명하고 보호를 의뢰하는 문서
旅費(여비) 여행하는 데 드는 비용

中國 旅
발음 lǚ
旅游 lǚyóu 여행, 관광, 여행하다  旅行 lǚxíng 여행하다
旅客 lǚkè 여행객, 여객≒客人(kèrén)

日本 旅
발음 リョ, たび
旅 たび 여행
旅行 りょこう 여행

## 손 객

客

부수 宀/6, 宀/6, 宀/6
【英】 guest, traveller, customer
客地(객지) 자기 고장을 떠나 임시로 있는 곳
觀客(관객) 구경하는 사람

中國 客
발음 kè
客观 kèguān 객관, 객관적인
不客气 búkèqi 무례하다, 천만에요, 버릇없다

日本 客
발음 キャク, カク
客 きゃく 손, 손님
客間 きゃくま 응접실, 객실

## 대할 대

對

부수 寸/11, 寸/2, 寸/4
【英】 correct, right, facing, opposed
對決(대결) 두 사람이 서로 맞서서 우열을 결정함
對談(대담) 서로 마주 보고 말함

中國 对
발음 duì
对待 duìdài 상대적인 상황에 처하다, 상대적이다, 대우하다
对手 duìshǒu 상대, 호적수, 호흡이 잘 맞다

日本 対
발음 タイ, ツイ
対 つい 쌍, 짝, →ついく
対立 たいりつ 대립

## 대적할 적

敵

부수 攴(攵)/11, 攵/6, 攵/11
〖英〗 enemy, foe, rival, resist
敵對(적대) 적으로서 맞섬
敵手(적수) 재주나 힘이 맞서는 사람

中國 敌
발음 dí
敌人 dírén 적
敌视 díshì 적대시하다, 적대하다

日本 敵
발음 テキ, かたき
敵 てき 적
敵手 てきしゅ 적수

## 정사 정

政

부수 攴(攵)/5, 攵/5, 攵/5
〖英〗 government, political affairs
政界(정계) 정치 또는 정치가의 사회
行政(행정) 정치를 행함

中國 政
발음 zhèng
政治 zhèngzhì 정치

日本 政
발음 セイ, ショウ, まつりごと
政治 せいじ 정치

## 다스릴 치

治

부수 水(氵)/5, 氵/5, 水/5
〖英〗 govern, regulate, treat (disease)
治安(치안) 나라를 잘 다스려 편안하게 함
完治(완치) 병을 완전히 고침

中國 治
발음 zhì
统治 tǒngzhì 통치, 통치하다

日本 治
발음 ジ, チ, おさ-める, おさ-まる, なお-る, なお-す
自治 じち 자치, 스스로 처리함

### 화할 **협**

부수 十/6, 十/4, 十/6

〖英〗 be united, cooperate

協約(협약) 협의하여 맺은 조약
協議(협의) 서로 상의함

**中國** 协
발음 xié
协调 xiétiáo 조정하다, 협조하다, 조화하다

**日本** 協
발음 キョウ
協力 きょうりょく 협력
協調 きょうちょう 협조

### 힘 **력**

부수 力/0, 力/0, 力/0

〖英〗 power, capability, influence

力說(역설) 자기 뜻을 힘써 말함
力走(역주) 힘껏 달림

**中國** 力
발음 lì
权力 quánlì 권력, 권한, 권세와 실력
力气 lìqi 힘, 완력, 체력

**日本** 力
발음 リョク, リキ, ちから
力 ちから 힘
能力 のうりょく 능력

### 한 가지 **공**

부수 八/4, 八/4, 八/4

〖英〗 together with, all, total

共用(공용) 공동으로 사용함
公共(공공) 사회의 공동 이익을 위하여 힘을 같이함

**中國** 共
발음 gòng
共同 gòngtóng 공동의, 공통의, 함께
一共 yígòng 전부, 모두, 합계

**日本** 共
발음 キョウ, とも
共同 きょうどう 공동
共通 きょうつう 공통

### 한가지/같을 동

**同**

부수 口/3, 口/3, 口/3

〖英〗 same, similar, together with

同感(동감) 같은 느낌
共同(공동) 둘 이상의 사람이 같은 일을 함

발음 tóng, tòng
同意 tóngyì 동의, 승인, 찬성
同学 tóngxué 동창, 학우, 동급생

발음 ドウ, おな-じ
同 どう 같음, 같은
同時 どうじ 동시, 같은 때

### 이룰 성

**成**

부수 戈/3, 戈/2, 戈/2

〖英〗 completed, finished, fixed

構成員(구성원) 어떤 조직을 이루고 있는 인원
結成(결성) 단체의 조직을 형성함

발음 chéng
成功 chénggōng 성공적이다, 성공, 완성
成果 chéngguǒ 성과, 수확, 결실

발음 セイ, ジョウ, な-る, な-す
成分 せいぶん 성분　　成長 せいちょう 성장
成人 せいじん 성인, 어른

### 공 공

**功**

부수 力/3, 力/3, 力/3

〖英〗 achievement, merit, good result

功勞(공로) 일에 애쓴 공적
成功(성공) 뜻을 이룸

발음 gōng
功能 gōngnéng 기능, 작용, 효능
功夫 gōngfu 실력, 무술, 능력

발음 コウ, ク, こさお
功績 こうせき 공적, 공로

## 고를 조 調

**부수** 言/8, 讠/8, 言/8

【英】 transfer, move, change, tune

調和(조화) 이것저것을 서로 잘 어울리게 함
強調(강조) 강력히 주장함

**中國** 调
**발음** diào, tiáo
单调 dāndiào 단조롭다, 단순한 가락, 일방적인 업무 조정
调皮 tiáopí 말을 잘 듣지 않다, 다루기 어렵다, 장난치다

**日本** 調
**발음** チョウ, しら-べる, ととの-う, ととの-える
調理 ちょうり 조리, 요리함
調子 ちょうし 가락, 곡조

## 화할 화 和

**부수** 口/5, 口/5, 口/5

【英】 harmony, peace, peaceful, calm

和親(화친) 서로 의좋게 지내는 정분
不和(불화) 여러 사람이 서로 화합함

**中國**
**발음** hé, hè, hú, huó, huò
和平 hépíng 평화, 부드럽다, 온화하다

**日本** 和
**발음** ワ, オ, やわ-らぐ, やわ-らげる, なご-む, なご-やか
平和 へいわ 평화
和服 わふく 일본옷

## 거느릴/합할 통 統

**부수** 糸/6, 纟/6, 糸/6

【英】 govern, command

統一(통일) 여럿을 몰아서 하나로 만듦
血統(혈통) 골육의 관계

**中國** 统
**발음** tǒng
系统 xìtǒng 계통, 체계, 시스템
统治 tǒngzhì 통치, 통치하다

**日本** 統
**발음** トウ, す-べる
統計 とうけい 통계
伝統 でんとう 전통

합할/닫을 **합**  부수 口/3, 口/3, 口/3

〖英〗 combine, unite, join, gather
合格(합격) 격식에 맞음. 시험에 붙음
合唱(합창) 두 사람 이상이 노래를 부름

발음 gě, hé
合理 hélǐ 도리에 맞다, 합리적이다
結合 jiéhé 결합하다, 결합, 결부

발음 ゴウ, ガッ, カッ, あ-う, あ-わす, あ-わせる
具合 ぐあい 형편, 상태
場合 ばあい 경우, 사정

허물 **죄**  부수 网(罒)/8, 罒/8, 罒/8

〖英〗 crime, sin, vice
罪人(죄인) 죄를 지은 사람
餘罪(여죄) 그 죄 이외의 다른 죄

발음 zuì
受罪 shòuzuì 고생하다. 고난을 당하다. 혼나다
罪犯 zuìfàn 범인, 죄인, 범죄

발음 ザイ, つみ
罪 つみ 죄, 법을 어기는 행위
謝罪(しゃざい) 발음 재생 사죄

법칙 **률**  부수 彳/6, 彳/6, 彳/6

〖英〗 statute, principle, regulation
自律(자율) 스스로 자기를 억제함
調律(조율) 악기의 음을 표준음에 맞추어 고르는 일

발음 lǜ
規律 guīlǜ 법칙, 규칙, 규율
律师 lǜshī 변호사, 스님, 도사

발음 リツ, リチ
法律 ほうりつ 법률

10. 사회

## 법 전 典

부수 八/6, 八/6, 八/6
〖英〗 law, documentation, classic, scripture

佛典(불전) 불경
字典(자전) 한자를 모아 그 뜻을 풀어 놓은 책

**中國** 典
발음 diǎn
词典 cídiǎn 사전
经典 jīngdiǎn 경전, 사상의 표준이 되는 권위 있는 저작

**日本** 典
발음 テン
古典 こてん 고전

## 법식 례 例

부수 人(亻)/6, 亻/6, 人/6
〖英〗 precedent, example, regulation

例示(예시) 예를 들어 보임
先例(선례) 이미 있었던 사례

**中國** 例
발음 lì
例如 lìrú 예를 들면, 예컨대, 예를 들다
比例 bǐlì 비례, 비율, 비중

**日本** 例
발음 レイ, たと-える
例 れい 예, 선례
例外 れいがい 예외

## 증거 증 證

부수 言/12, 讠/5, 言/5
〖英〗 prove, confirm, verify, proof

證言(증언) 사실을 증명하는 말
立證(입증) 증거를 세움

**中國** 证
발음 zhèng
证件 zhèngjiàn(r) 증명서, 증거 서류, 증서
证明 zhèngmíng 증명서, 증명, 증서

**日本** 証
발음 ショウ
証明 しょうめい 증명
保証 ほしょう 보증

## 형벌 형

刑

**부수** 刀(刂)/4, 刂/4, 刀/4
〖英〗 punishment, penalty
減刑(감형) 범인의 확정된 형량을 줄임
實刑(실형) 실제로 받는 형벌

**中國** 刑
**발음** xíng
刑事 xíngshì 형사(민사와 구별됨)
刑罚 xíngfá 형, 형벌

**日本** 刑
**발음** ケイ
刑事 けいじ 형사, 형법의 적용을 받는 사건

## 법 법

法

**부수** 水(氵)/5, 氵/5, 水/5
〖英〗 law, rule, regulation, statute, France
法院(법원) 국가의 사법권을 행사하는 기관
用法(용법) 사용하는 방법

**발음** fǎ
法律 fǎlǜ 법률
语法 yǔfǎ 어법, 문법, 문법 연구

**발음** ホウ, ハッ, ホッ
法 ほう 법, 법률
法則 ほうそく 법칙

## 법칙 칙

則

**부수** 刀(刂)/7, 刂/4, 刀/7
〖英〗 rule, law, regulation
反則(반칙) 법칙이나 규정 등에 어그러짐
原則(원칙) 지켜야 할 근본의 법칙

**中國** 则
**발음** zé
否则 fǒuzé 만약 그렇지 않으면
原则 yuánzé 원칙

**日本** 則
**발음** ソク
法則 ほうそく 법칙

## 귀신 신

**부수** 示(礻)/5, ネ/5, 示/5

〖英〗 spirit, god

神通(신통) 신기하게 깊이 통달함
失神(실신) 정신을 잃음

中國

**발음** shén
神经 shénjīng 신경
神话 shénhuà 신화, 황당무계한 말

日本

**발음** シン, ジン, かみ, かん, こう
神 かみ 신
神経 しんけい 신경

## 부처 불

**부수** 人(亻)/5, 亻/5, 人/2

〖英〗 Buddha, of Buddhism

佛家(불가) 불교를 믿는 사람. 절
佛經(불경) 불교의 경전

中國

**발음** fó, fú
佛法 fófǎ 불교의 교리
佛教 Fójiào 불교

日本

**발음** ブツ, ほとけ
仏 ほとけ 부처, 불타, 고인

## 복 복

**부수** 示(礻)/9, ネ/9, 示/9

〖英〗 happiness, good fortune, blessing

福利(복리) 행운과 이익
萬福(만복) 온갖 복록

中國

**발음** fú
祝福 zhùfú 축복, 축복하다
幸福 xìngfú 행복, 행복하다

日本

**발음** フク
福徳 ふくとく 복덕      福音 ふくいん 복음
祝福 しゅくふく 축복

### 예도 례 禮

**부수** 示(ネ)/13, ネ/1, 示/1
〖英〗 social custom, manners, gift

禮服(예복) 의식 때에 입는 옷
禮節(예절) 예의와 범절   無禮(무례) 예의가 없는 일

#### 中國 礼
**발음** lǐ
礼物 lǐwùù 선물, 예물, 방문 선물
婚礼 hūnlǐ 결혼식, 혼례

#### 日本 礼
**발음** レイ, ライ
礼 れい 예, 예의
礼儀 れいぎ 예의

---

### 정성 성 誠

**부수** 言/7, 讠/6, 言/6
〖英〗 sincere, honest, true, real

誠意(성의) 참되고 정성스러운 뜻
熱誠(열성) 열렬한 정성

#### 中國 诚
**발음** chéng
诚实 chéngshí 성실하다, 진실하다
忠诚 zhōngchéng (국가·친구 등에) 충성하다, 충실하다

#### 日本 誠
**발음** セイ, まこと
誠実 せいじつ 성실

---

### 영화 영 榮

**부수** 木/10, ⺾/6, 木/5
〖英〗 glory, honor, flourish, prosper

榮達(영달) 지위가 높고 귀하게 됨
榮華(영화) 귀하게 되여 몸이 세상에 드러나고 이름이 빛남

#### 中國 荣
**발음** róng
光荣 guāngróng 영광스럽다, 영광, 영예롭다
荣幸 róngxìng 영광스럽다

#### 日本 栄
**발음** エイ, さか-える, は-え, は-える
栄光 えいこう 영광

### 목숨/명령할 명  부수 口/5, 口/5, 口/5

【英】 life, destiny

求命(구명) 사람의 목숨을 구함
致命傷(치명상) 죽음의 원인이 되는 상처

발음 mìng
命令 mìnglìng 명령, 명령하다
生命 shēngmìng 생명, 살아 있는 것 같다, 생동감 있다

발음 メイ, ミョウ, いのち
命 いのち 목숨, 생명
命令 めいれい 명령

### 성품 성  부수 心(忄)/5, 忄/5, 心/5

【英】 nature, character, sex

本性(본성) 본디부터 가진 성질
知性(지성) 인간의 지적 능력

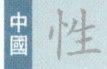

발음 xìng
性格 xìnggé(r) 성격
性別 xìngbié 성별

발음 セイ, ショウ
性別 せいべつ 성별
性能 せいのう 성능

### 거짓/임시 가  부수 人(亻)/9, 亻/9, 人/4

【英】 falsehood

假建物(가건물) 임시로 간단하게 세운 건물
假想(가상) 사실이라고 가정하여 생각하는 것

발음 jiǎ, jià
假裝 jiǎzhuāng 가장하다, 짐짓 …체하다, 숨기다
放暑假 fàngshǔjià 여름방학을 하다

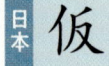

발음 カ, ケ, かり
仮名 かな 일본 문자
仮定 かてい 가정

**법 식**

**부수** 弋/3, 弋/3, 弋/3
〖英〗 style, system, formula, rule
**式順**(식순) 의식 진행의 순서
**始務式**(시무식) 새해 업무를 시작하면서 치르는 식

**발음** shì
**方式** fāngshì 방식, 방법, 일정한 형식·수속
**正式** zhèngshì 정식의, 공식의, 확실히

**발음** シキ
**公式** こうしき 공식

: 11. 생활

## 지낼 력

부수 止/12, 厂/2, 止/10

〖英〗 experience, take place, past, history

歷代(역대) 지내 내려 온 여러 대
歷史(역사) 인류 사회의 변천과 흥망의 과정. 또는 기록

**中國** 历
발음 lì
经历 jīnglì 겪다, 경험하다, 체험하다, 경력, 내력
简历 jiǎnlì 약력, 이력, 이력서    日历 rìlì 일력

**日本** 歷
발음 レキ
歷史 れきし 역사

## 대신할 대

부수 人(亻)/3, 亻/3, 人/3

〖英〗 replace, era, generation

代價(대가) 물건을 산 대신의 값
交代(교대) 서로 번갈아 들어서 대신함

**中國** 代
발음 dài
年代 niándài 시기, 시대, 연대
代表 dàibiǎo 대표, 대표하다, 대표자

**日本** 代
발음 ダイ, タイ, か-わる, か-える, よ, しろ
代金 だいきん 대금
代理 だいり 대리

## 캘 채

부수 手(扌)/8, 采/1, 手/8

〖英〗 collect, gather, pick, pluck

採用(채용) 인재를 등용함
特採(특채) 특별히 채용함

**中國** 采
발음 cǎi, cài
采访 cǎifǎng 탐방하다, 취재하다, 인터뷰하다
采取 cǎiqǔ 채택하다, 취하다, 채용하다

**日本** 採
발음 サイ, と-る
採点 さいてん 채점

**잡을 집** 부수 土/8, 扌/3, 土/8
〖英〗 hold in hand, keep, carry out

**執**
執權(집권) 정권을 잡음
固執(고집) 자기의 의견만 굳게 내세움

中國 **执**
발음 zhí
执行 zhíxíng 집행하다, 실행하다, 실시하다

日本 **執**
발음 シツ, シュウ, と-る
執着 しゅうちゃく 집착
執筆 しっぴつ 집필

**쏠 사** 부수 寸/7, 寸/7, 寸/7
〖英〗 shoot, eject

**射**
反射(반사) 파동이 진행의 방향을 반대로 바꾸는 현상
投射(투사) 빛의 상과 그림자를 스크린 등에 비춰 나타냄

中國 **射**
발음 shè, yè
反射 fǎnsh 반사하다
射手 shèshǒu 사수

日本 **射**
발음 シャ, い-る
発射 はっしゃ 발사

**죽일 살
감할/빠를 쇄** 부수 殳/7, 木/2, 殳/6
〖英〗 kill, slaughter, murder

**殺**
殺害(살해) 남의 생명을 해침
殺氣(살기) 무섭고 거친 기운

中國 **杀**
발음 shā, shài
暗杀 ànshā 암살하다

日本 **殺**
발음 サツ, サイ, セツ, ころ-す
自殺 じさつ 자살

11. 생활

## 이길 승

勝

**부수** 力/10, 月/5, 力/10
【英】 victory, excel
完勝(완승) 완전하게 승리함
名勝地(명승지) 경치 좋기로 이름난 곳

**中國** 胜
**발음** shèng
胜利 shènglì 승리, 성공하다, 성과를 거두다
战胜 zhànshèng 전승하다, 승리하다

**日本** 勝
**발음** ショウ, か－つ, まさ－る
勝 しょう 승, 승리
勝敗 しょうはい 승패

## 패할 패

敗

**부수** 攴/7, 貝/4, 攵/7
【英】 be defeated, decline, fail
敗亡(패망) 싸움에서 져 망함
連敗(연패) 연달아서 패함

**中國** 败
**발음** bài
失败 shībài 패배, 실패, 패배하다

**日本** 敗
**발음** ハイ, やぶ－れる
勝敗 しょうはい 승패
失敗 しっぱい 실패, 실수

## 심을 식

植

**부수** 木/8, 木/8, 木/8
【英】 plant, trees, plants, grow
植木日(식목일) 산림녹화를 위해 정한, 나무 심는 날
植民地(식민지) 본국의 특수 통치를 받는 지역

**中國** 植
**발음** zhí
植物 zhíwù 식물
植树 zhíshù 나무를 심다, 식수하다

**日本** 植
**발음** ショク, う－える, う－わる
植物 しょくぶつ 식물

## 심을 재

부수 木/6, 木/6, 木/6

〖英〗 to cultivate, plant, to care for plants

植栽(식재) 초목을 심어 가꿈
栽植(재식) 농작물이나 초목 따위를 심음

中國 栽
발음 zāi
移栽 yízā (주로 새싹을) 옮겨 심다

日本 栽
발음 サイ, うえる
植栽 しょくさい 식재, 식물을 재배함

## 얻을 득

부수 彳/8, 彳/8, 彳/8

〖英〗 obtain, way, must

得失(득실) 얻음과 잃음    利得(이득) 이익을 얻음
不得不(부득불) 마음이 내키지 아니하나 마지못하여

中國 得
발음 de, dé, děi
得意 déyì 마음에 들다, 뜻을 얻다, 마음먹은 대로 되어 가다
舍不得 shěbude 아쉽다, 미련이 남다, 섭섭하다

日本 得
발음 トク, え-る, う-る
説得 せっとく 설득

## 잃을 실

부수 大/2, 大/2, 大/2

〖英〗 lose, make mistake, neglect

失權(실권) 권리나 권세를 잃음
失笑(실소) 자기도 모르게 나오는 웃음

中國 失
발음 shī
失去 shīqù 잃다, 잃어버리다
失业 shīyè 직업을 잃다, 실업하다, 본업에 매진하지 않다

日本 失
발음 シツ, うしな-う
失恋 しつれん 실연
失敗 しっぱい 실패, 실수

11. 생활

## 그르칠 오

誤

부수 言/7, 讠/7, 言/7
〖英〗 err, make mistake, interfere
誤答(오답) 잘못된 대답을 함
誤認(오인) 잘못 보거나 생각함

中國 误
발음 wù
误会 wùhuì 오해, 오해하다
失误 shīwù 실수를 하다, 잘못 하다, 실수

日本 誤
발음 ゴ, あやま-る
誤解 ごかい 오해

## 쓸 용

用

부수 用/0, ノ/4, 用/0
〖英〗 use, employ, apply, operate
常用(상용) 일상적으로 사용함
活用(활용) 이리저리 잘 응용함

中國 用
발음 yòng
利用 lìyòng 이용, 활용, 응용
日用品 rìyòngpǐn 일용품

日本 用
발음 ヨウ, もち-いる
用 よう 용도, 소용, 용무, 용건, …용, …에
用心 ようじん 조심, 경계  用事 ようじ 볼일, 용건, 용변

## 나타날/지을 저

著

부수 艸(++)/9, ++/8, ++/7
〖英〗 manifest
著名(저명) 이름이 세상에 높이 드러남
著作(저작) 책을 지어냄

中國 著
발음 zhù
著名 zhùmíng 저명하다, 유명하다, 이름이 나다

日本 著
발음 チョ, あらわ-す, いちじる-しい
著書 ちょしょ 저서
著者 ちょしゃ 저자, 작자

## 지을 **작**

作

**부수** 人(亻)/5, 亻/5, 人/5
**〖英〗** make, work, compose, write, act, perform
作動(작동) 기계의 운동 부분의 움직임
造作(조작) 일부러 꾸밈

**中國** 作
**발음** zuō, zuò
作用 zuòyòng 작용, 작용하다, 영향을 미치다
合作 hézuò 합작, 협력, 법식에 맞는 시문

**日本** 作
**발음** サク, サ, つく-る
作製 さくせい 제작, 만듦
作文 さくぶん 작문, 글짓기

## 부를 **초**

招

**부수** 手(扌)/5, 扌/5, 手/5
**〖英〗** beckon, summon
招請(초청) 청하여 부름
自招(자초) 스스로 부름

**中國** 招
**발음** zhāo
招待 zhāodài 접대하다, 봉사하다, 초청하다

**日本** 招
**발음** ショウ, まね-く
招待 しょうたい 초대, 초청

## 기다릴 **대**

待

**부수** 彳/6, 彳/6, 彳/6
**〖英〗** deal with, treat, entertain, receive, wait
期待(기대) 어느 때로 기약하여 성취를 바람
下待(하대) 낮게 대우함

**中國** 待
**발음** dài
等待 děngdài 기다리다, 대기
招待 zhāodài 접대하다, 봉사하다, 초청하다

**日本** 待
**발음** タイ, ま-つ
待合室 まちあいしつ 대합실

## 불 취

부수 口/4, 口/4, 口/4

〖英〗 blow, puff

吹打(취타) 나발, 소라 등을 불고, 징, 북를 치는 군악
歌吹(가취) 노래하고 관악기를 붊

中國 吹
발음 chuī
吹牛 chuīniú 허풍을 떨다. 큰소리치다

日本 吹
발음 スイ, ふ-く
吹雪 ふぶき 눈보라

## 칠 타

부수 手(扌)/2, 扌/2, 手/2

〖英〗 strike, hit, beat, fight, attack

打開(타개) 얽히고 막힌 일을 잘 처리하여 나아갈 길을 엶
强打(강타) 강하게 때림. 치명적인 타격을 가함

中國 打
발음 dá, dǎ
打交道 dǎ jiāodao 왕래하다, 교제하다, 접촉하다
打算 dǎsuan 계획하다, 생각, 계획

日本 打
발음 ダ, う-つ
打者 だしゃ 타자
安打 あんだ 안타

## 세울 건

부수 廴/6, 廴/6, 廴/6

〖英〗 build, establish, erect, found

建議(건의) 의견이나 희망을 상신함
建造(건조) 배, 건물 따위를 만듦

中國 建
발음 jiàn
建设 jiànshè 건설, 건설하다
建立 jiànlì 세우다, 건립하다, 설립하다

日本 建
발음 ケン, コン, た-てる, た-つ
建物 たてもの 건물
建設 けんせつ 건설

## 설 립

**부수** 立/0, 立/0, 立/0
〖英〗 stand, let stand, establish
對立(대립) 둘이 서로 대치하여 버팀
獨立(독립) 남의 힘을 입지 아니하고 홀로 섬

**발음** lì
立方 lìfāng 세제곱, 입방, 삼승　立即 lìjí 즉시, 곧, 당장
成立 chénglì 결성하다, 설치하다, 창립하다

**발음** リツ, リュウ, た-つ, た-てる
立場 たちば 설 곳, 발판, 입장

## 씻을 세

**부수** 水(氵)/6, 氵/6, 水/6
〖英〗 wash, rinse, clean, purify
洗手(세수) 낯을 씻음
洗車(세차) 차체에 묻은 먼지나 흙을 씻음

**발음** xǐ, xiǎn
洗手间 xǐshǒujiān 화장실, 측간, 변소
洗印 xǐyìn 현상·인화하다

**발음** セン, あら-う
洗面 せんめん 세면, 세수

## 목욕할 욕

**부수** 水(氵)/7, 氵/7, 水/7
〖英〗 bathe, wash, bath
浴室(욕실) 목욕실
日光浴(일광욕) 온 몸을 햇빛에 쬐어 건강을 증진시키는 일

**발음** yù
浴室 yùshì 욕실, 목욕탕
浴巾 yùjīn 목욕 수건

**발음** ヨク, あ-びる, あ-びせる
浴衣 ゆかた 목욕을 한 뒤 입는 옷
入浴 にゅうよく 입욕

11. 생활　175

## 살 활

**부수** 水(氵)/6, 氵/6, 水/6

〖英〗 live, exist, survive, lively

快活(쾌활) 명랑하고 활발함
活力素(활력소) 활동하는 힘이 되는 본바탕

**中國** 活
**발음** huó
生活 shēnghuó 생활, 생존하다, 생계
活动 huódòng 활동하다, 운동하다, 움직이다

**日本** 活
**발음** カツ, いきる
活気 かっき 활기　　活火山 かっかざん 활화산
活用 かつよう 활용, 용언·조동사의 어미 변화

## 살 거

**부수** 尸/5, 尸/5, 尸/5

〖英〗 live, dwell, reside

居室(거실) 거처하는 방
住居(주거) 어떤 곳에 자리 잡고 삶

**中國** 居
**발음** jū
居然 jūrán 뜻밖에, 생각 밖에, 의외로

**日本** 居
**발음** キョ, いーる
居間 いま 거실, 거처방
居眠(り) いねむり 앉아 졺, 말뚝잠

## 다스릴/이치 리

**부수** 玉(王)/7, 王/7, 玉/7

〖英〗 reason, logic

理想(이상) 이성에 의하여 생각할 수 있는 최선의 상태
理性(이성) 사물의 이치를 생각하는 능력

**中國** 理
**발음** lǐ
经理 jīnglǐ 경영 관리하다, 지배인, 사장
处理 chǔlǐ 처리하다, 안배하다, 해결하다

**日本** 理
**발음** リ, おさめる, ことわり
理解 りかい 이해
理由 りゆう 이유, 핑계

놀 유   부수 辵(辶)/9, 氵/9, 辶/9
〖英〗 to swim, float, wander

遊說(유세) 의견 또는 정당 등의 주장을 설파하며 돌아다님
外遊(외유) 외국에 여행함

발음 yóu
旅游 lǚyóu 여행, 관광, 여행하다
上游 shàngyóu (강의) 상류(上流), 앞선 목표나 수준

발음 ユウ, ユ, あそ-ぶ
遊園地 ゆうえんち 유원지

살필 성, 덜 생   부수 目/4, 目/4, 目/4
〖英〗 province, save

歸省(귀성) 객지에서 부모를 뵈러 고향에 돌아감

발음 shěng, xǐng
节省 jiéshěng 아끼다, 절약하다, 절감하다
省力 shěnglì 수월하다. 수고롭지 않다

발음 セイ, ショウ, かえり-みる, はぶ-く
文部省 もんぶしょう 문부성
各省 かくしょう 각성, 여러 성

칠 벌   부수 人(亻)/4, 亻/4, 人/4
〖英〗 cut down, subjugate, attack

伐草(벌초) 무덤의 잡초를 베어서 깨끗이 함
殺伐(살벌) 거동이 거칠고 무시무시함

발음 fá
伐 [fá 베다. 벌목하다, 치다, 스스로 자랑하다
步伐 bùfá 대오의 보조(步調), 걸음걸이

발음 バツ, うつ, きる
伐木 ばつぼく 벌목
伐採 ばっさい 벌채, 채벌

11. 생활  177

### 더할 익

**부수** 皿/5, 皿/5, 皿/5
〖英〗 profit, benefit, advantage

權益(권익) 권리와 이익
多多益善(다다익선) 많을수록 더 좋음

**발음** yì
利益 lìyì 이익, 이득

**발음** エキ, ヤク, ます
利益 りえき 이익, 쓸모가 있음
益·益益 ますます 점점 (더), 더욱더

### 날릴 양

**부수** 手(扌)/9, 扌/3, 手/9
〖英〗 scatter, spread, praise

止揚(지양) 더 높은 단계를 위하여 어떠한 것을 하지 아니함
高揚(고양) 북돋우어 드높이는 것

**발음** yáng
表扬 biǎoyáng 표창, 표양, 칭찬하다
发扬 fāyáng 선양하여 발전시키다, 드높이다

**발음** ヨウ, あ-げる, あ-がる
揚水 ようすい 양수, 물을 위로 올림
浮揚 ふよう 부양

### 안을 포

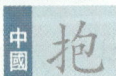

**부수** 手(扌)/5, 扌/5, 手/5
〖英〗 embrace, hold in arms, enfold

旅抱(여포) 객지에서 품게 되는 울적한 느낌

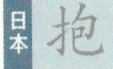

**발음** bào
抱怨 bàoyuàn (불만을 품고) 원망하다
抱负 bàofù 포부. 큰 뜻. 웅지

**발음** ホウ, だ-く, いだ-く, かか-える
辛抱 しんぼう 참고 견딤

## 맞을 영

부수 辵(辶)/4, 辶/4, 辶/4
〖英〗 receive, welcome, greet
迎入(영입) 환영하여 맞아들임
送舊迎新(송구영신) 묵은 해를 보내고 새해를 맞음

 (中國)
발음 yíng
欢迎 huānyíng 환영하다, 즐겁게 받아들이다
迎接 yíngjiē 영접하다, 맞이하다, 출영하다

 (日本)
발음 ゲイ, むか-える
送迎 そうげい 송영
迎合 げいごう 영합

## 일어날 기

부수 走/3, 走/3, 走/3
〖英〗 rise up, stand up, go up, begin
起用(기용) 어떤 사람을 높은 자리에 올려 씀
起源(기원) 사물이 생긴 근원

 (中國)
발음 qǐ
看不起 kànbu qǐ 경멸하다, 깔보다, 업신여기다
对不起 duì bu qǐ 미안합니다, 미안하다, 죄송하다

 (日本)
발음 キ, お-きる, お-こる, お-こす
起床 きしょう 기상

## 엎드릴 복

부수 人(亻)/4, 亻/4, 人/4
〖英〗 bend over, hot seasons
說伏(설복) 알아듣도록 타일러 그렇게 여기게 함
伏地不動(복지부동) 땅 위에 엎드려 움직이지 않음

 (中國)
발음 fú
起伏 qǐfú 기복을 이루다, (정서·감정 등이) 변화하다

 (日本)
발음 フク, ふ-せる, ふ-す
起伏 きふく 기복
伏兵 ふくへい 복병

### 도울 부

**부수** 手(扌)/4, 扌/4, 手/4
**【英】** support, help, protect

扶

扶助(부조) 남의 큰일에 돈이나 물건 등을 도와 줌
相扶(상부) 서로 도움

**中國** 扶
**발음** fú
扶正 fúzhèng 바로잡다. 바로 놓다
手扶 shǒufú 경운기, 핸드 트랙터(手扶拖拉机)의 약칭

**日本** 扶
**발음** フ, たすける
扶助 ふじょ 부조
扶養 ふよう 부양

### 잘 면

**부수** 目/5, 目/5, 目/5
**【英】** close eyes, sleep

眠

永眠(영면) 영원히 잠이 들음, 곧 죽음
休眠(휴면) 쉬고서 아무 것도 하지 아니함

**中國** 眠
**발음** mián
失眠 shīmián 불면, 잠을 이루지 못하다
安眠 ānmián 잘 자다, 죽다, 사망하다

**日本** 眠
**발음** ミン, ねむ-る, ねむ-い
安眠 あんみん 안면

### 만날 우

**부수** 辵(辶)/9, 辶/9, 辶/9
**【英】** meet, come across, encounter

遇

境遇(경우) 부닥친 형편이나 사정
不遇(불우) 좋은 때를 못 만남

**中國** 遇
**발음** yù
待遇 dàiyù 대우, 대우하다, 취급
遇到 yùdào 만나다, 마주치다, 부닥치다

**日本** 遇
**발음** グウ, あう
冷遇 れいぐう 냉우, 냉대
一遇 いちぐう 일우, 한 번 만나는 일

## 거느릴 령

領

부수 頁/5, 页/5, 頁/5

〖英〗 to lead, neck, collar, lead, guide

領空(영공) 영토나 영해 위의 하늘
要領(요령) 사물의 요긴하고 으뜸 되는 줄거리

中國 领
발음 lǐng
领悟 lǐngwù 깨닫다, 이해하다, 납득하다, 터득하다
本领 běnlǐng 기량, 능력, 본령

日本 領
발음 リョウ
領 りょう 영역, 영토
領収 りょうしゅう 영수

## 남길 유

遺

부수 辵(辶)/12, 辶/9, 辶/12

〖英〗 lose, articles lost

遺言(유언) 죽음에 임해서 남기는 말
遺族(유족) 죽은 사람의 뒤에 남은 가족

中國 遗
발음 wèi, yí
遗产 yíchǎn 죽은 사람이 남겨 놓은 재산
遗传 yíchuán 유전하다

日本 遺
발음 イ, ユイ, のこす
遺失 いしつ 유실
拾遺 しゅうい 습유, 빠진 것을 뒤에 보충함

## 밀 추

推

부수 手(扌)/8, 扌/8, 手/8

〖英〗 push, expel, push forward

推進(추진) 밀어 나아가게 함
推理(추리) 사리를 미루어서 생각함

中國 推
발음 tuī
推广 tuīguǎng 널리 보급하다, 확충하다, 일반화하다

日本 推
발음 スイ, お-す
推定 すいてい 추정

## 가질 취

**부수** 又/6, 又/6, 又/6
**〚英〛** take, receive, obtain, select

取得(취득) 자기의 소유로 함
受取人(수취인) 서류나 물건을 받는 사람

**中國** 取
**발음** qǔ
取消 qǔxiāo 취소하다, 제거하다, 없애다

**日本** 取
**발음** シュ, と-る
取材 しゅざい 취재

## 잘 숙 / 별자리 수

**부수** 宀/8, 宀/8, 宀/8
**〚英〛** stop, rest, lodge, stay overnight

宿命(숙명) 선천적으로 타고난 운명
宿所(숙소) 머물러 묵는 곳

**발음** sù, xiǔ, xiù
宿舍 sùshè 숙사, 기숙사
露宿 lùsù 노숙하다

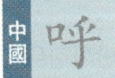
**발음** シュク, やど, やど-る, やど-す
宿 やど 사는 집, 묵을 곳, 숙소, 숙
宿題 しゅくだい 숙제

## 부를 호

**부수** 口/5, 口/5, 口/5
**〚英〛** breathe sigh, exhale, call, shout

呼應(호응) 부름에 대답함
呼出(호출) 불러 냄

**中國** 呼
**발음** hū
打招呼 dǎ zhāohu 인사하다, 알리다, 주의를 주다

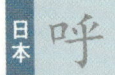
**발음** コ, よ-ぶ
歡呼 かんこ 환호

### 부를 창

부수 口/8, 口/8, 口/8

《英》 sing, chant, call, ditty, song

先唱(선창) 맨 먼저 부름
愛唱曲(애창곡) 즐겨 부르는 곡

발음 chàng
唱歌 chànggē(r) 노래를 부르다, 노래, 창가

발음 ショウ, とな-える
唱歌 しょうか 창가
独唱 どくしょう 독창

### 경사 경

부수 心/11, 广/3, 心/11

《英》 congratulate, celebrate

慶事(경사) 치하할 만한 기쁜 일
慶賀(경하) 경사스러운 일을 치하함

발음 qìng
国庆日 guóqìngrì 건국 기념일

발음 ケイ, よろこぶ
慶祝 けいしゅく 경축
慶事 けいじ 경사

### 마음 심

부수 心/0, 心/0, 心/0

《英》 heart, mind, intelligence, soul

心證(심증) 마음에 받는 인상
心血(심혈) 가지고 있는 최대의 힘

발음 xīn
开心 kāixīn 희롱하다, 놀리다, 유쾌하다
专心 zhuānxīn 몰두하다, 열중하다, 전심하다

발음 シン, こころ
心 しん 마음, 본심, 정신  心当(た)り こころあたり 짐작
中心 ちゅうしん 중심

11. 생활  **183**

## 뜻 의

意

부수 心/9, 心/9, 心/9

【英】 thought, idea, opinion, think

意圖(의도) 장차 하려는 계획
意向(의향) 무엇을 하려는 생각

 中國 意

발음 yì

故意 gùyì(r) 고의로, 일부러, 고의
满意 mǎnyì 만족하다, 만족스럽다, 결의하다

 日本 意

발음 イ

意味 いみ 의미, 뜻
意志·意思 いし 의지, 의사, 뜻

## 뜻 지

志

부수 心/3, 心/3, 心/3

【英】 purpose, will, determination

志向(지향) 뜻이 향하는 방향
立志(입지) 뜻을 세움

 中國 志

발음 zhì

同志 tóngzhì 동지, 같은 이상과 사업을 위해 분투하는 사람
志愿者 zhìyuànzhě 지원자

 日本 志

발음 シ, こころざ-す, こころざし

志望 しぼう 지망
志願 しがん 지원

## 충성 충

忠

부수 心/4, 心/4, 心/4

【英】 loyalty, devotion

忠告(충고) 충심으로 남의 허물을 경계함
忠孝(충효) 충성과 효도

 中國 忠

발음 zhōng

忠诚 zhōngchéng 충성하다
忠烈 zhōngliè 충성스럽고 절개가 굳다

 日本 忠

발음 チュウ

忠実 ちゅうじつ 충실
忠誠 ちゅうせい 충성

**효도 효** 부수 子/4, 子/4, 子/4
〖英〗filial piety, obedience, mourning

孝婦(효부) 효성스러운 며느리
孝誠(효성) 마음을 다하여 부모를 섬기는 정성

 발음 xiào
孝顺 xiàoshùn 효도하다, 효성스럽다

 발음 コウ
孝行 こうこう 효행, 효도

**은혜 은** 부수 心/6, 心/6, 心/6
〖英〗kindness, mercy, charity

恩德(은덕) 은혜로 입은 신세
恩人(은인) 신세 진 사람

 발음 ēn
恩怨 ēnyuàn 은혜와 원한, 은원
恩爱 ēn'ài (부부간의) 금슬이 좋다, 애정이 깊다

 발음 オン
恩恵 おんけい 은혜

**은혜 혜** 부수 心/8, 心/8, 心/6
〖英〗favor, benefit

施惠(시혜) 은혜를 베풂
恩惠(은혜) 베풀어 주는 신세와 혜택

 발음 huì
优惠 yōuhuì 특혜의, 우대의
实惠 shíhuì 실리, 실익, 실속 있다

 발음 ケイ, エ, めぐむ
知恵 ちえ 지혜, 꾀
恩恵 おんけい 은혜

11. 생활

### 권세 권

**부수** 木/18, 木/2, 木/11

〖英〗 power, right, authority

權限(권한) 권리의 범위
教權(교권) 스승으로서의 권위

**발음** quán
权力 quánlì 권력
权利 quánlì 권리

**발음** ケン, ゴン
権利 けんり 권리

### 위엄 위

**부수** 女/6, 女/6, 女/6

〖英〗 power, powerful, dominate

威勢(위세) 맹렬한 기세
威信(위신) 위엄과 신용

**발음** wēi
权威 quánwēi 권위, 권위자
威风 wēifēng 위풍, 위엄, 당당하다

**발음** イ
権威 けんい 권위
示威 じい 시위

### 큰/덕 덕

**부수** 彳/12, 彳/12, 彳/11

〖英〗 ethics, morality, virtue

美德(미덕) 아름다운 덕행
恩德(은덕) 은혜로 입은 신세

**발음** dé
道德 dàodé 도덕, 도덕적이다, 윤리

**발음** トク
道德 どうとく 도덕

말씀 **화** 부수 言/6, 讠/6, 言/6
〖英〗 speech, talk, language, dialect

會話(회화) 서로 만나서 이야기함
訓話(훈화) 교훈이나 훈시하는 말

발음 huà
对话 duìhuà 대화, 마주 보며 이야기하다, 대화하다
笑话 xiàohua 우스갯소리, 비웃다, 우스운 이야기

발음 ワ, はな-す, はなし
世話 せわ 도와 줌, 보살핌
話題 わだい 화제

차례 **서** 부수 广/4, 广/4, 广/4
〖英〗 series, serial order, sequence

序列(서열) 차례를 정하여 늘어놓음
序曲(서곡) 가극, 성극에서 개막 전에 연주하는 기악곡

발음 xù
序言 xùyán 서문. 서언. 머리말
顺序 shùnxù 순서, 차례, 차례차례로

발음 ジョ
序論 じょろん 서론
順序 じゅんじょ 순서

말씀 **설**, 달랠 **세** 부수 言/7, 讠/7, 言/7
〖英〗 speak, say, talk

說得(설득) 여러 가지로 설명하여 납득시킴
說敎(설교) 종교의 교의를 설명함

발음 shuì, shuō, yuè
说明 shuōmíng 설명, 해설, 말하다
解说员 jiěshuōyuán 해설자, 나레이터

발음 セツ, ゼイ, と-く
説明 せつめい 설명

11. 생활 **187**

## 칼 도

**부수** 刀/0, 刀/0, 刀/0
**〖英〗** knife, old coin, measure

# 刀

長刀(장도) 긴 칼
短刀(단도) 짧은 칼

**中國** 刀
**발음** dāo
大刀 dàdāo (자루가 길고 날 폭이 넓은) 큰 칼, 대도
刀子 dāozi 작은 칼

**日本** 刀
**발음** トウ, かたな
刀 かたな 외날의 칼

---

## 활 궁

**부수** 弓/0, 弓/0, 弓/0
**〖英〗** bow, curved, arched

# 弓

洋弓(양궁) 서양(西洋) 활 또는, 그 활로 겨루는 경기
弓手(궁수) 활을 쏘는 사람이나 군사

**中國** 弓
**발음** gōng
弓形 gōngxíng 활꼴, 궁형
洋弓 yánggōng 양궁

**日本** 弓
**발음** キュウ, ゆみ
洋弓 ようきゅう 양궁

---

## 과녁 적

**부수** 白/3, 白/3, 白/3
**〖英〗** of, target

# 的

私的(사적) 사사로운
知的(지적) 지식 있는

**中國** 的
**발음** de, dí, dì
目的 mùdì 목적
的士 díshì 택시(taxi)

**日本** 的
**발음** テキ, まと
目的 もくてき 목적
的中 てきちゅう 적중

## 기운 기

부수 气/6, 气/0, 气/2
〚英〛 air, gas, steam, vapor, spirit
氣運(기운) 시세의 돌아가는 형편
人氣(인기) 사람의 기개

발음 qì
生气 shēngqì 화내다, 성내다, 생기　　勇气 yǒngqì 용기
小气 xiǎoqi 인색하다, 쩨쩨하다, 옹졸하다

발음 キ, ケ
気味 きみ 기미, 경향
気温 きおん 기온

## 형세 세

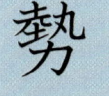
부수 力/11, 力/6, 力/11
〚英〛 power, force, tendency
大勢(대세) 세상이 돌아가는 형편
實勢(실세) 실제의 세력

발음 shì
形势 xíngshì 지세, 형편, 정세
手势 shǒushì 손짓. 손시늉. 손동작

발음 セイ, いきお-い
勢力 せいりょく 세력

## 걸음 보

부수 止/3, 止/3, 止/4
〚英〛 advance, make progress, enter
散步(산보) 바람을 쐬기 위해 이리저리 거닒
初步(초보) 보행의 첫걸음. 학문, 기술 등의 첫걸음

발음 bù
进步 jìnbù 진보하다, 진보적이다, 진보
散步 sànbù 산보하다

발음 ホ, ブ, フ, ある-く, あゆ-む
步道 ほどう 보도, 인도

## 무리/걸을 도

부수 彳/7, 彳/7, 彳/7

〖英〗 disciple, follower

無爲徒食(무위도식) 아무 하는 일 없이 먹기만 함
信徒(신도) 일정한 종교를 믿으며 그 교단에 속해 있는 사람

中國
발음 tú
徒 tú 빈, 아무것도 없는, 근거가 없는, 다만, 겨우, 공연히
徒弟 túdì 도제, 제자

日本
발음 ト
徒歩 とほ 도보

## 무리/같을 등

부수 竹/6, 竹/6, 竹/6

〖英〗 rank , wait, equal

等級(등급) 위, 아래를 구별한 등수
降等(강등) 등급이나 계급을 내림

中國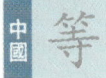
발음 děng
等待 děngdài 기다리다, 대기
平等 píngděng 평등, 대등, 동일한 대우를 받다

日本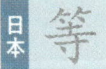
발음 トウ, など, ひとしい
等 とう 등급, 품등
等分 とうぶん 등분

## 줄 선

부수 糸/9, 纟/5, 糸/9

〖英〗 line, thread, wire

點線(점선) 점을 줄지어 찍어서 된 선
水平線(수평선) 하늘과 바다가 맞닿아 보이는 선

中國
발음 xiàn
占线 zhànxiàn 통화중이다
视线 shìxiàn 시선, 눈길, 주의력

日本
발음 セン
線 せん 선, 가늘고 긴 것
一番線 いちばんせん 1번선

## 모/방법 방

**方**

부수 方/0, 方/0, 方/0
〖英〗 a square, rectangle, a region, local
方針(방침) 앞으로 일을 처리나갈 방향과 계획
近方(근방) 근처

中國 方
발음 fāng
平方 píngfāng 제곱, 평방    方法 fāngfǎ 방법, 수단
方便 fāngbiàn 편리하다, 넉넉하다, 적당하다

日本 方
발음 ホウ, かた, ならべる, まさに
方角 ほうがく 방위, 수단   方方 かたがた 제현, 여러분
方面 ほうめん 방면, 그 근방, 분야

## 조각 편

**片**

부수 片/0, 片/0, 片/0
〖英〗 slice, splinter, strip
片肉(편육) 얇게 썬 수육
片道(편도) 가고 오는 길 중 어느 한 쪽

中國 片
발음 piān, piàn
动画片 dònghuàpiān 만화 영화, 애니메이션
明信片 míngxìnpiàn 엽서, 우편엽서   名片 míngpiàn 명함

日本 片
발음 ヘン, かた, きれ, ひれ
片道 かたみち 편도, 한쪽, 일방
破片 はへん 파편

→ *일본어 方·片(かた)은 함께 '결말, 처리'를 뜻함

## 향기 향

**香**

부수 香/0, 香/0, 香/0
〖英〗 fragrant, sweet smelling, incense
香氣(향기) 향기로운 냄새
香油(향유) 향기로운 냄새가 나는 기름

中國 香
발음 xiāng
香水 xiāngshuǐ 향수
香火 xiānghuǒ 사찰 안의 향과 등촉

日本 香
발음 コウ, キョウ, か, かお-り, かお-る
香水 こうすい 향수
香料 こうりょう 향료

## 절 배

### 拜

부수 手/5, 手/5, 手/4
〖英〗 do obeisance, bow
崇拜(숭배) 우러러 공경함
禮拜(예배) 신이나 부처 앞에 경배하는 의식

**中國** 拜
발음 bài
拜年 bàinián 세배하다, 새해 인사를 드리다
礼拜天 lǐbàitiān 일요일

**日本** 拜
발음 ハイ, おがむ
拜見 はいけん 배견, 삼가 봄

## 재주 재

### 才

부수 手(扌)/0, 扌/0, 手/0
〖英〗 only just, talent
才致(재치) 눈치 빠른 재주
秀才(수재) 뛰어난 재주

**中國** 才
발음 cái
人才 réncái 인재, 아름답고 단정한 모습, 인품
天才 tiāncái 천재

**日本** 才
발음 サイ, ザイ
才能 さいのう 재능　　　　天才 てんさい 천재
三才 さんさい 세 살, 삼 세

## 이름/부를 호

### 號

부수 虍/7, 口/2, 口/2
〖英〗 mark, sign, symbol, number
番號(번호) 차례를 나타내는 호수
赤信號(적신호) 위험 신호

**中國** 号
발음 háo, hào
信号 xìnhào 신호, 신호 전파
口号 kǒuhào 구호, 슬로건(slogan)

**日本** 号
발음 ゴウ, さけぶ
記号 きごう 기호
国号 こくごう 국호

쇠북 종　　부수 金/12, 钅/4, 金/12
〚英〛 clock, bell
自鳴鐘(자명종) 정한 때에 저절로 울려 시간을 알리는 시계
打鐘(타종) 종을 침　→　*한국에서는 '쇠북 종'으로, 鐘과 鍾의 둘 다 씀

鐘

 中國 钟
발음 zhōng
分钟 fēnzhōng 분　　钟 zhōng 종, 시간, 탁상시계
钟点 zhōngdiǎn 시각, 정해진 시간

 日本 鐘
발음 ショウ, かね
鐘 かね 종, 종소리
鐘声 しょうせい 종성

풍년 풍　　부수 豆/6, ㅣ/3, 豆/6
〚英〛 abundant, lush, bountiful, plenty
豊盛(풍성) 넉넉하고 많음
豊作(풍작) 풍년이 든 농사　→　*豐이 원래 글자로 한중일 모두 이의 줄임 형태이다

豊

 中國 丰
발음 fēng
丰富 fēngfù 풍부하다, 풍부하게하다, 많다

 日本 豊
발음 ホウ, ゆた-か
豊年 ほうねん 풍년
豊富 ほうふ 풍부

모양 형　　부수 彡/4, 彡/4, 彡/4
〚英〛 form, shape, appearance
形容(형용) 사물의 생긴 모양
造形(조형) 형태를 이루어 만듦

形

 中國 形
발음 xíng
形成 xíngchéng 형성하다, 이루다, 구성하다
形式 xíngshì 형식, 형태

 日本 形
발음 ケイ, ギョウ, かた, かたち
正方形 せいほうけい 정방형, 정사각형
形式 けいしき 형식

## 풍속 속

**[부수]** 人(亻)/7, 亻/7, 人/7
**[英]** social customs, vulgar, unrefined

俗談(속담) 옛적부터 내려오는 민간의 격언
俗語(속어) 통속적인 저속한 말

**[발음]** sú
风俗 fēngsú 풍속
俗话 súhuà 속담. 옛말

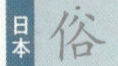

**[발음]** ゾク
世俗 せぞく 세속
低俗 ていぞく 저속

## 말씀 담

**[부수]** 言/8, 讠/8, 言/8
**[英]** talk, conversation

談笑(담소) 웃으면서 이야기함
俗談(속담) 예부터 전해져 내려오는 민간의 격언

**[발음]** tán
洽谈 qiàtán 협의하다, 상담하다
谈判 tánpàn 담판, 회담, 교섭

**[발음]** ダン
相談 そうだん 상담, 상의, 의논

## 소리 음

**[부수]** 音/0, 音/0, 音/0
**[英]** sound, tone, pitch, pronunciation

音節(음절) 소리마디
發音(발음) 소리를 냄

**[발음]** yīn
声音 shēngyīn(r) 성음, 목소리, 소리
口音 kǒuyīn 구음, 입소리

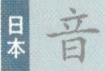

**[발음]** オン, イン, おと, ね
五十音 ごじゅうおん 가나(かな)의 50개 음
音楽 おんがく 음악

### 소리 성

부수 耳/11, 士/4, 士/4
〖英〗 sound, voice, noise, tone, music
聲量(성량) 목소리의 울리는 양
名聲(명성) 세상에 널리 떨친 이름

발음 shēng
声音 shēngyīn(r) 성음, 목소리, 소리
声调 shēngdiào 말투, 어조, 음조

발음 セイ, ショウ, こえ, こわ
声 こえ 소리, 한자의 음
発声 はっせい 발성

### 종이 지

부수 糸/4, 纟/4, 糸/4
〖英〗 paper
用紙(용지) 어떤 일에 쓰이는 종이
紙面(지면) 종이의 표면

발음 zhǐ
报纸 bàozhǐ 신문, 신문지, 신문 용지
白纸 báizhǐ 백지, 흰 종이

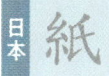

발음 シ, かみ
表紙 ひょうし 표지

### 바늘 침

부수 金/2, 钅/2, 金/2
〖英〗 needle, pin
針線(침선) 바느질
分針(분침) 시계의 분을 가리키는 긴 바늘

발음 zhēn
针对 zhēnduì 겨누다, 대하다, 견주다
打针 dǎzhēn 주사를 놓다, 주사하다

발음 シン, はり
方針 ほうしん 방침
針路 しんろ 침로, 나아갈 길

## 구슬 옥

**玉**

부수 玉(王)/0, 王/1, 玉/0
〖英〗 jade, precious stone, gem
白玉(백옥) 흰 빛깔의 옥
玉體(옥체) 임금의 몸

**中國** 玉
발음 yù
玉米 yùmǐ 옥수수, 옥수수 열매
金玉 jīnyù 금과 옥, 진귀한 보물

**日本**
발음 ギョク, たま
玉 たま 옥, 주옥, 진주
玉酒 ぎょくしゅ 옥주

## 베/펼 포, 보시 보

**布**

부수 巾/2, 巾/2, 巾/2
〖英〗 cotton cloth, textiles, linen
布敎(포교) 종교를 널리 폄
流布(유포) 세상에 널리 퍼짐

**中國** 布
발음 bù
公布 gōngbù 공포하다, 공표하다
分布 fēnbù 분포하다, 널려 있다

**日本** 布
발음 フ, ぬの
財布 さいふ 돈지갑
布団 ふとん 포단, 이부자리

## 옷 의

**衣**

부수 衣/0, 衣/0, 衣/0
〖英〗 clothes, clothing, cover, skin
內衣(내의) 속옷
上衣(상의) 저고리, 상체에 입는 옷. 윗옷

**中國** 衣
발음 yī, yì
衣服 yīfu 옷, 의복

**日本** 衣
발음 イ, ころも
衣服 いふく 의복, 옷
衣食住 いしょくじゅう 의식주

## 가죽 혁

부수 革/0, 革/0, 革/0

〖英〗 leather, animal hides

革新(혁신) 제도나 방식을 고쳐서 새롭게 함
皮革(피혁) 날가죽과 무두질한 가죽의 총칭

**中國** 발음 gé, jí
改革 gǎigé 개혁, 개혁하다
革命 gémìng 혁명하다, 혁명적이다, 혁명

**日本** 발음 カク, かわ
革 かわ 가죽
革製品 せいひん 가죽 제품

# 12. 경제

## 면할 면

**부수** 儿/6, 儿/5, 儿/6

〖英〗 spare, excuse from, avoid

免除(면제) 책임이나 의무를 벗어나게 해 줌
放免(방면) 풀어 내어 줌, 석방(釋放)

**中國** 免
**발음** miǎn
免费 miǎnfèi 무료로 하다, 무상으로 하다, 공짜로 하다
不免 bùmiǎn 면할 수 없다, 피치 못하다

**日本** 免
**발음** メン, まぬか-れる
免許 めんきょ 면허

## 허락할 허

**부수** 言/4, 讠/4, 言/4

〖英〗 allow, permit, promise, betroth

許容(허용) 허락하여 받아들임
認許(인허) 인정하여 허락함

**中國** 许
**발음** xǔ
许多 xǔduō 대단히 많은, 허다한, 좋다

**日本** 許
**발음** キョ, ゆる-す
許可 きょか 허가

## 재목 재

**부수** 木/3, 木/3, 木/3

〖英〗 material, stuff, timber

素材(소재) 예술 작품의 근본이 되는 재료
人材(인재) 학식, 능력이 뛰어난 사람

**中國** 材
**발음** cái
教材 jiàocái 교재
材料 cáiliào 자료, 재료, 감

**日本** 材
**발음** ザイ
材木 ざいもく 재목, 목재
材料 ざいりょう 재료, 원료, 자재, 자료, 데이터

### 헤아릴 료

부수 斗/6, 斗/6, 斗/6
〖英〗 consider, conjecture

無料(무료) 요금이 필요 없음
手數料(수수료) 어떠한 일을 돌보아 준 데에 대한 보수

中國
발음 liào
原料 yuánliào 원료, 감, 소재
饮料 yǐnliào 음료

日本
발음 リョウ
料金 りょうきん 요금
料理 りょうり 요리

### 막을 방

부수 阜(阝)/4, 阝/4, 阝/4
〖英〗 defend, prevent

防風(방풍) 바람을 막아냄
防火(방화) 불이 나지 않도록 미리 단속함

中國
발음 fáng
国防 guófáng 국방
预防 yùfáng 예방, 예방하다

日本
발음 ボウ, ふせ-ぐ
防犯 ぼうはん 방범
防止 ぼうし 방지

### 갖출 비

부수 人(亻)/10, 夂/5, 人/10
〖英〗 prepare, ready, perfect

備考(비고) 참고하기 위해 준비해 놓음
對備(대비) 어떤 일에 대응할 준비를 함

中國
발음 bèi
具备 jùbèi 갖추다, 구비하다
责备 zébèi 책하다, 꾸짖다, 탓하다

日本
발음 ビ, そな-える, そな-わる
予備 よび 예비, '予備役'의 준말
完備 かんび 완비

## 베풀 시 施

부수 方/5, 方/5, 方/5

〖英〗 grant, bestow, give, act, name

施工(시공) 공사를 시행함
施賞(시상) 상품이나 상금을 줌

### 中國 施
발음 shī
设施 shèshī 시설, 시책, 조치를 취하다
施加 shījiā (압력이나 영향 등을) 주다, 가하다

### 日本 施
발음 シ, セ, ほどこ-す
実施 じっし 실시

## 베풀 설 設

부수 言/4, 讠/4, 言/4

〖英〗 build, establish, display

改設(개설) 새로 수리하거나 기구를 변경하여 설치함
增設(증설) 더 베풂

### 中國 设
발음 shè
设计 shèjì 계책을 꾸미다, 흉계를 꾸미다, 설계
设备 shèbèi 갖추다, 설비하다, 설비

### 日本 設
발음 セツ, もう-ける
設計 せっけい 설계
開設 かいせつ 개설

## 힘쓸 면 勉

부수 力/8, 力/7, 力/8

〖英〗 endeavor, make effort

勸勉(권면) 알아듣도록 타일러서 힘쓰게 함
勤勉(근면) 부지런하게 힘씀

### 中國 勉
발음 miǎn
勉 miǎn 힘쓰다, 애쓰다, 격려하다
勉强 miǎnqiǎng 간신히(억지로) …하다, 마지못하다

### 日本 勉
발음 ベン
勉学 べんがく 면학          勤勉 きんべん 근면
勉強 べんきょう 공부, (학업·일 따위에) 열심히 힘을 기울임

## 쌓을 저

**貯**

부수 貝/5, 贝/4, 貝/5
〔英〕 store, stockpile
貯水(저수) 물을 모아 둠

中國 貯
발음 zhù
贮备 zhùbèi 저축하다, 저장하다, 저장 물품
冬贮 dōngzhù (수확물을) 겨울 동안 저장하다

日本 貯
발음 チョ
貯金 ちょきん 저금

## 지을 제

**製**

부수 衣/8, 刂/6, 衤/8
〔英〕 system, establish, overpower
製作(제작) 재료를 가지고 물건을 만듦
手製品(수제품) 손으로 만든 물품

中國 制
발음 zhì
制造 zhìzào 만들다, 제조하다, 조성하다

*中國은 '制'와 '製'를 '制'로 통합함

日本 製
발음 セイ
製造 せいぞう 제조
製品 せいひん 제품

## 지을 조

**造**

부수 辵(辶)/7, 辶/7, 辶/7
〔英〕 construct, build, make
造景(조경) 경치를 아름답게 꾸밈
改造(개조) 고쳐 다시 만듦

中國 造
발음 zào
造成 zàochéng 조성하다, 만들다, 발생시키다
制造 zhìzào 만들다, 제조하다, 조성하다

日本 造
발음 ゾウ, つく-る
人造 じんぞう 인조, 인공
造船 ぞうせん 조선

## 빌/빌릴 차

**부수** 人/8, 亻/8, 人/8

〖英〗 borrow, lend, make pretext of

借

借名(차명) 남의 이름을 빌려서 씀
借入(차입) 돈이나 물건을 꾸거나 빌려 들임

**中國** 借
**발음** jiè
借用 jièyòng borrow 차용하다, 빌려서 쓰다
借助 jièzhù 도움을 받다, 힘을 빌리다

**日本** 借
**발음** シャク, か-りる
借金 しゃっきん 차금, 돈을 꿈

## 팔 매

**부수** 貝/8, 十/6, 士/4

〖英〗 sell, betray

賣

賣盡(매진) 남김없이 다 팔림
非賣品(비매품) 팔지 않는 물품

**中國** 卖
**발음** mài
出卖 chūmài 배반하다, 팔아먹다, 배신하다
买卖 mǎimai 사업, 장사, 교역, 매매, 거래

**日本** 売
**발음** バイ, う-る, う-れる
売(り)場 うりば 파는 곳, 판매장
売買 ばいばい 매매

## 살 매

**부수** 貝/5, 乙/5, 貝/5

〖英〗 buy, purchase

買

買收(매수) 몰래 금품 등으로 남을 꾀어 제 편을 만듦
不買(불매) 사지 아니함

**中國** 买
**발음** mǎi
现买 xiànmǎi 현금으로 구매하다
买单 mǎidān 계산하다, 지불하다, 계산서

**日本** 買
**발음** バイ, か-う
買(い)物 かいもの 물건을 삼
買(い)上(げ) かいあげ 수매(收買), 정부가 민간에서 사들임

## 업 업

**부수** 木/9, 业/0, 木/9
**〖英〗** industry, profession, business

業體(업체) 사업이나 기업의 주체
生業(생업) 살아가기 위해 하는 일

### 中國 业
**발음** yè
工业 gōngyè 공업　　农业 nóngyè 농업
作业 zuòyè 숙제, 과제, 작업

### 日本 業
**발음** ギョウ, ゴウ, わざ
業 ぎょう 업, 학문, 공부, 일, 근무
失業 しつぎょう 실업

## 힘쓸 무

**부수** 力/9, 力/3, 力/9
**〖英〗** affairs, business, must, should

任務(임무) 맡은 사무 또는 업무
休務(휴무) 직무를 하루나 한동안 쉼

### 中國 务
**발음** wù
服务员 fúwùyuán 종업원, 웨이터, 안내원
业务 yèwù 업무, 일, 실무　　义务 yìwù 의무, 무보수, 봉사

### 日本 務
**발음** ム, つとめる
公務공무 こうむ 공무
義務 ぎむ 의무

## 거둘 수

**부수** 攴(攵)/2, 攵/2, 又/2
**〖英〗** gather together, collect, harvest

收集(수집) 거두어 모음
領收證(영수증) 돈이나 물건을 받아들인 표로 쓰는 증서

### 中國 收
**발음** shōu
收拾 shōushi 거두다, 정돈하다, 수습하다
收入 shōurù 받다, 받아들이다, 수록하다

### 日本 収
**발음** シュウ, おさめる, おさまる
収入 しゅうにゅう 수입

## 받을 수

**부수** 又/6, 又/6, 又/6
**〖英〗** receive, accept, get

受惠(수혜) 은혜를 입음
收受(수수) 거두어서 받음

### 中國 受
**발음** shòu
感受 gǎnshòu 받다, 인상, 느낌
接受 jiēshòu 받아들이다, 수락하다, 받다

### 日本 受
**발음** ジュ、う-ける、う-かる
受付 うけつけ 접수함, 접수처

## 줄 급

**부수** 糸/6, 纟/6, 糸/6
**〖英〗** give, by, for (someone)

給水(급수) 물을 공급함
發給(발급) 발생하여 줌

### 中國 给
**발음** gěi, jǐ
给以 gěiyǐ …을[를] 주다, …을[를] 당하다
给水 jǐshuǐ 급수하다, 생활용수를 대 주다

### 日本 給
**발음** キュウ
給食 きゅうしょく 급식
給与 きゅうよ 급여

## 더불/줄 여

**부수** 臼/7, 一/2, 一/2
**〖英〗** and, with, to, for, give, grant

關與(관여) 관계하여 참여함
賞與金(상여금) 보너스

### 中國 与
**발음** yú, yǔ, yù
参与 cānyù 참여하다, 개입하다, 가담하다
相与 xiāngyǔ 서로, 함께, 같이, 사귀다, 교제하다

### 日本 与
**발음** ヨ、あたえる、あずかる、くみする
参与 さんよ 참여
与党 よとう 여당

### 가릴 선

**부수** 辵(辶)/12, 辶/6, 辶/12

〖英〗 choose, select, elect, election

選出(선출) 여럿 가운데서 가려 냄
當選(당선) 선거에 뽑힘

**中國** 选
**발음** xuǎn
选举 xuǎnjǔ 선거, 선출, 선거하다
选择 xuǎnzé 선택하다, 선택, 셀렉팅

**日本** 選
**발음** セン, えらぶ
選手 せんしゅ 선수

---

### 들 거

**부수** 手/14, 丶/8, 手/6

〖英〗 raise, lift up, recommend

擧動(거동) 일에 나서서 움직이는 태도
擧名(거명) 이름을 들어 말함

**中國** 举
**발음** jǔ
举行 jǔxíng 거행하다, 개최하다, 실시하다
选举 xuǎnjǔ 선거, 선출, 선거하다

**日本** 挙
**발음** キョ, あ-げる, あ-がる
選挙 せんきょ 선거

---

### 쉴 휴

**부수** 人(亻)/4, 亻/4, 人/4

〖英〗 rest, stop, retire

休講(휴강) 강의를 쉼
休學(휴학) 학업을 쉼

**中國** 休
**발음** xiū
退休 tuìxiū 퇴직, 도태되다, 퇴직하다
休息 xiūxi 휴식, 휴양, 휴업

**日本** 休
**발음** キュウ, やす-む, やす-まる, やす-める
連休 れんきゅう 연휴
休業 きゅうぎょう 휴업

12. 경제 **207**

## 모일 회

**부수** 曰/9, 人/4, 人/4

〖英〗 assemble, meet together, meeting

開會(개회) 회의나 회합을 시작함
面會(면회) 직접 얼굴을 맞대고 만나봄

**발음** huì, kuài

体会 tǐhuì 체득, 이해, 체득하다
会议 huìyì 회의

**발음** カイ, エ, あ-う

会計 かいけい 회계
会見 かいけん 회견

## 납/펼 신

**부수** 田/0, 田/0, 田/0

〖英〗 to state to a superior, report, extend

申告(신고) 국민이 행정 관청에 일정한 사실을 보고하는 일
申請(신청) 신고하여 청구함

**발음** shēn

申请 shēnqǐng 신청, 요구하다, 청구하다
重申 chóngshēn 거듭 표명하다, 재차 천명하다

**발음** シン, もう-す

申告 しんこく 신고, 관청 따위에 알림
申請 しんせい 신청

## 고할/아뢸 고

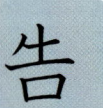

**부수** 口/4, 口/4, 口/4

〖英〗 tell, announce, inform, accuse

告白(고백) 숨김없이 사실대로 말함
告示(고시) 알릴 것을 써서 게시함

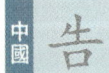

**발음** gào

告别 gàobié 작별 인사를 하다, 헤어지다
报告 bàogào 보고, 리포트, 진술

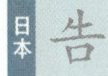

**발음** コク, つ-げる

報告 ほうこく 보고, 복명
申告 しんこく 신고, 관청 따위에 알림

**다툴 경**　부수 立/15, 立/5, 立/15

〖英〗 contend, vie, compete

競走(경주) 일정한 거리를 두고 동시에 달리어 빠름을 다툼
競進(경진) 서로 다투어 앞으로 나아감

　발음 jìng
竞争 jìngzhēng 경쟁, 경쟁하다

日本 競　발음 キョウ, ケイ, きそ-う, せ-る
競争 きょうそう 경쟁

---

**다툴 쟁**　부수 爪/4, 刀/4, 亅/5

〖英〗 dispute, contend

爭點(쟁점) 논쟁의 중심이 되는 중요한 점
爭取(쟁취) 다투어 빼앗아 가짐

　발음 zhēng, zhèng
争论 zhēnglùn 쟁론, 논쟁, 논쟁하다

　발음 ソウ, あらそ-う
論争 ろんそう 논쟁

---

**정할 정**　부수 宀/5, 宀/5, 宀/5

〖英〗 decide, settle, fix

定
設定(설정) 새로 만들어 정해 둠
指定(지정) 이것이라고 가리켜 정함

　발음 dìng
固定 gùdìng 고정된, 일정한, 고정하다
规定 guīdìng 규정하다, 규정, 정하다

　발음 テイ, ジョウ, さだ-める, さだ-まる, さだ-か
定価 ていか 정가
定期 ていき 정기

## 갑 가

價

부수 人(亻)/13, 亻/4, 人/6

〖英〗 price, value

評價(평가) 물건값을 헤아려 매김
呼價(호가) 팔거나 사려는 물건의 값을 부름

中國 价

발음 jià, jiè, jie
价格 jiàgé 가격
评价 píngjià 평가, 판단하다, 평가하다

日本 価

발음 カ, あたい
価格 かかく 가격
価値 かち 가치, 값

## 깨뜨릴 파

破

부수 石/5, 石/5, 石/5

〖英〗 break, ruin, destroy

破格(파격) 격식을 깨뜨림
看破(간파) 보아서 속내를 알아차림

中國 破

발음 pò
破产 pòchǎn 파산하다, 파탄하다, 탄로 나다

日本 破

발음 ハ, やぶ-る, やぶ-れる
破産 はさん 파산

## 낳을 산

産

부수 生/6, 亠/4, 生/6

〖英〗 give birth, bring forth, produce

資産(자산) 개인 또는 법인의 토지, 건물, 금전의 총칭
增産(증산) 생산을 늘림

中國 产

발음 chǎn
产生 chǎnshēng 생기다, 출산, 낳다
产品 chǎnpǐn 제품, 산물, 생산품

日本 産

발음 サン, う-む, う-まれる, うぶ
産業 さんぎょう 산업
産地 さんち 산지

### 더할 가

**부수** 力/3, 力/3, 力/3
〖英〗 add to, increase

加算(가산) 더하여 셈하는 것
加熱(가열) 물질에 더운 기운을 줌

**발음** jiā
增加 zēngjiā 증가하다, 늘리다, 더하다
参加 cānjiā 참가하다, 참여하다, 참석하다

**발음** カ, くわ-える, くわ-わる
加減 かげん 가감, 더하기와 빼기
加工 かこう 가공

### 덜 감

**부수** 水(氵)/9, 氵/9, 水/9
〖英〗 decrease, subtract, diminish

減量(감량) 분량이나 무게가 주는 것
減産(감산) 생산이 주는 것

**발음** jiǎn
减少 jiǎnshǎo 적어지다, 감소하다, 줄다

**발음** ゲン, へ-る, へ-らす
加減 かげん 가감, 더하기와 빼기

### 쇠 철

**부수** 金/13, 钅/5, 金/5
〖英〗 iron, strong

鐵工(철공) 쇠를 다루는 공업
古鐵(고철) 오래 되어 못쓰게 된 쇠붙이

**발음** tiě
地铁 dìtiě 지하철

**발음** テツ
鉄道 てつどう 철도
私鉄 してつ 사철, 민영 철도

12. 경제

## 물건 物

**부수** 牛/4, 牜/4, 牛/4
**〖英〗** thing, substance, creature

俗物(속물) 속된 물건. 교양이 부족하고 야비한 사람
貨物(화물) 여객, 우편물 이외의 운송 목적물의 총칭

**中國**
**발음** wù
动物 dòngwù 동물　　　物质 wùzhì 물질
人物 rénwù 인물, 인물화, 문학·예술 작품에서의 인물

**日本**
**발음** ブツ, モツ, もの
物理 ぶつり 물리　　　物音 ものおと 소리
物語 ものがたり 이야기

## 물건 品

**부수** 口/6, 口/6, 口/6
**〖英〗** article, product, commodity

生必品(생필품) 생활에 꼭 필요한 물건
部品(부품) 기계 따위의 어떤 부분에 쓰이는 물건

**中國**
**발음** pǐn
日用品 rìyòngpǐn 일용품
作品 zuòpǐn 작품, 방법, 수법

**日本**
**발음** ヒン, しな
部品 ぶひん 부품
品物 しなもの 물품, 물건

## 바탕 質

**부수** 貝/8, 贝/4, 貝/8
**〖英〗** matter, material, substance

異質(이질) 성질이 다름
低質(저질) 품질이 낮음

**中國**
**발음** zhì
性质 xìngzhì 성질, 성격, 천성
质量 zhìliàng 질량, 질, 품질

**日本**
**발음** シツ, シチ, チ
質問 しつもん 질문
素質 そしつ 소질

## 재물 재

**財**

부수 貝/3, 贝/3, 貝/3
〖英〗 wealth, valuables, riches
財政(재정) 개인, 기업 등의 경제 사정
財貨(재화) 재물

中國 **财**
발음 cái
财产 cáichǎn 재산, 자산

日本 **財**
발음 ザイ, サイ
財産 ざいさん 재산
財布 さいふ 돈지갑

## 재물 화

**貨**

부수 貝/4, 贝/4, 貝/4
〖英〗 goods, commodities, products
外貨(외화) 외국의 화폐
百貨店(백화점) 여러 가지 상품을 파는 큰 규모의 상점

中國 **货**
발음 huò
私货 sīhuò 밀수품, 밀매품
财货 cáihuò 재물, 재화

日本 **貨**
발음 カ
通貨 つうか 통화
貨物 かもつ 화물, 물품, '貨物列車'의 준말

## 도장 인

**印**

부수 卩/4, 卩/3, 卩/4
〖英〗 print, seal, stamp, chop, mark
印本(인본) 인쇄한 책
印朱(인주) 도장을 찍는 데 쓰는 붉은 빛의 재료

中國 **印**
발음 yìn
印象 yìnxiàng 인상
复印 fùyìn 복사, 복제, 번각

日本 **印**
발음 イン, しるし
目印 めじるし 안표, 표지, 표적
矢印 やじるし 화살표

## 세금 세

부수 禾/7, 禾/7, 禾/7
〖英〗 tax

**稅**

所得稅(소득세) 개인의 소득에 대하여 부과되는 국세

中國 **税**
발음 shuì
国税 guóshuì 국세-'地方税(지방세)와 구별됨
税收 shuìshōu 세수, 세금 수입

日本 **税**
발음 ゼイ
税金 ぜいきん 세금
税関 ぜいかん 세관

## 기름 유

부수 水(氵)/5, 氵/5, 水/5
〖英〗 oil, fat, grease

**油**

給油(급유) 기관에 가솔린 등을 보급하는 일
産油國(산유국) 원유를 생산하는 나라

中國 **油**
발음 yóu
石油 shíyóu 석유
生油 shēngyóu 새 기름, 땅콩기름

日本 **油**
발음 ユ, あぶら
油 あぶら 기름, 머릿기름, 활력소
原油 げんゆ 원유

## 은 은

부수 金/6, 钅/6, 金/6
〖英〗 silver, cash, money

**銀**

銀貨(은화) 은돈
金銀房(금은방) 금은을 가공 매매하는 가게

中國 **银**
발음 yín
银行 yínháng 은행
银钱 yínqián 은화, 돈, 금전

日本 **銀**
발음 ギン
銀行 ぎんこう 은행

## 돈 전

부수 金/8, 钅/5, 金/6
〖英〗 money, currency, coins
銅錢(동전) 구리로 만든 돈
無錢旅行(무전여행) 여비 없이 하는 여행

발음 qián
本钱 běnqián (장사·도박에서의) 본전, 원금, 자본금

발음 セン, ぜに
金銭 きんせん 금전, 돈, 화폐

## 이을 접

부수 手(扌)/8, 扌/8, 手/8
〖英〗 receive, connect
接待(접대) 손님을 맞아 대접함
面接(면접) 서로 대면하여 만나 봄

발음 jiē
接受 jiēshòu 받아들이다, 수락하다, 받다
接近 jiējìn 접근하다, 가까이하다, 가깝다

발음 セツ, つ-ぐ
接近 せっきん 접근

## 싸움 전

부수 戈/12, 戈/5, 戈/9
〖英〗 war, fighting, battle
舌戰(설전) 말다툼
接戰(접전) 서로 맞부딪쳐 싸움

발음 zhàn
战争 zhànzhēng 전쟁

발음 セン, いくさ, たたか-う
大戰 たいせん 대전, 세계 대전
戰爭 せんそう 전쟁

# 13. 평가

## 강할 강 強

**부수** 弓/8, 弓/9, 弓/8
〖英〗 strong, powerful

強勸(강권) 억지로 권하는 것 → *한국에서는 強과 强 둘 다 쓰인다
強調(강조) 강력히 주장함

### 中國 强
**발음** jiàng, qiáng, qiǎng
强调 qiángdiào 강조하다
强制 qiángzhì (정치력이나 경제력 등으로) 강제하다

### 日本 強
**발음** キョウ, ゴウ, つよ-い, つよ-まる, つよ-める, し-いる
強化 きょうか 강화
強力 きょうりょく 강력, 폭력

## 약할 약 弱

**부수** 弓/7, 弓/7, 弓/7
〖英〗 weak, fragile, delicate

弱肉強食(약육강식) 약한 사람은 강한 사람에게 먹힘
弱化(약화) 세력이 약하여 짐

### 中國 弱
**발음** ruò
弱点 ruòdiǎn 약점, 단점
削弱 xuēruò 약화되다, 약해지다

### 日本 弱
**발음** ジャク, よわ-い, よわ-る, よわ-まる, よわ-める
弱点 じゃくてん 약점
弱小 じゃくしょう 약소

## 귀할 귀 貴

**부수** 貝/5, 贝/5, 貝/5
〖英〗 expensive, costly, valuable

貴重(귀중) 소중히 여김
高貴(고귀) 지위가 높고 귀함

### 中國 贵
**발음** guì
贵族 guìzú 귀족, 특수한 권리를 누리는 사람
难能可贵 nánnéngkěguì 쉽지 않은 일을 해내어 대견스럽다

### 日本 貴

**발음** キ, たっと-い, とうと-い, たっと-ぶ, とうと-ぶ
貴方·貴下 あなた 당신, 귀하, 여보
貴人 きじん 귀인

## 가난할 빈

부수 貝/4, 贝/4, 貝/4
〖英〗 poor, impoverished
貧民(빈민) 가난한 백성
淸貧(청빈) 청렴하고 결백하여 가난함

발음 pín
贫困 pínkùn 빈곤하다, 곤궁하다
贫气 pínqi 수다스럽다, 잔소리하다, 어색하다

발음 ヒン, ビン, まず-しい
貧困 ひんこん 빈곤

## 부지런할 근

부수 力/11, 力/11, 力/10
〖英〗 industrious, diligent, attentive
勤勉(근면) 부지런히 힘씀
轉勤(전근) 근무처를 옮김

발음 qín
勤奋 qínfèn 근면하다, 꾸준하다
勤劳 qínláo 근로하다, 근면하다

발음 キン, ゴン, つと-める, つと-まる
勤務 きんむ 근무

## 급할 급

부수 心/5, 心/5, 心/5
〖英〗 quick, quickly, urgent, pressing
急求(급구) 급히 구함
急增(급증) 갑자기 증가함

발음 jí
急忙 jímáng 급하다, 바쁘다, 분주하다
着急 zháojí 조급해하다, 안달하다, 안타까워하다

발음 キュウ, いそ-ぐ
急 きゅう 위급, 긴급
急行 きゅうこう 급행

## 맞을 적

부수 辵(辶)/11, 辶/6, 辶/11

〖英〗 go, reach, appropriate, suitable

適格(적격) 어떤 격식이나 자격에 알맞음
適當(적당) 정도가 알맞게 적합함

中國
발음 shì
适应 shìyìng 적합하다, 적당하다, 적응
适合 shìhé 적합하다, 알맞다, 적절하다

日本
발음 テキ
適用 てきよう 적용
快適 かいてき 쾌적

## 마땅 당

부수 田/8, ⺌/3, ⺌/3

〖英〗 bear, accept, undertake, just

當然(당연) 이치로 보아 마땅히 그러할 것임
當場(당장) 무슨 일이 일어난 바로 그곳

中國
발음 dāng, dàng
当代 dāngdài 당대, 중화 인민 공화국 건국 이후의 시기
当地 dāngdì 현지, 당지, 그 지방

日本
발음 トウ, あ-たる, あ-てる
当日 とうじつ 당일
当番 とうばん 당번

## 순수할 순

부수 糸/4, 纟/4, 糸/4

〖英〗 pure, clean, simple

純潔(순결) 마음과 몸이 깨끗함
純眞(순진) 마음이 순박하고 진실함

中國
발음 chún
单纯 dānchún 단순하다, 오로지, 단순히
清纯 qīngchún 청순하다, 맑고 깨끗하다

日本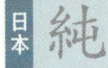
발음 ジュン
純情 じゅんじょう 순정, 티 없이 순진한 마음

## 빼어날 수

**부수** 禾/2, 禾/2, 禾/2
【英】 ear of grain, floweringt, refined, graceful

優秀(우수) 뛰어나고 빼어남

### 中國
**발음** xiù
秀气 xiùqi 수려하다. 어여쁘다
秀才 xiùcai 생원. 수재

### 日本
**발음** シュウ, ひいーでる
秀作 しゅうさく 수작, 걸작

## 장할 장

**부수** 士/4, 士/3, 士/3
【英】 sturdy, large

壯談(장담) 확신을 갖고 자신 있게 하는 말
壯士(장사) 기개와 체질이 썩 굳센 사람

### 中國
**발음** zhuàng
壮观 zhuàngguān 장관, 경관이 훌륭하고 장대하다
壮烈 zhuàngliè 장렬하다.

### 日本
**발음** ソウ
壮行 そうこう 장행, 출발을 성대히 함

## 매울/세찰 렬

**부수** 火(灬)/6, 灬/6, 火/6
【英】 intense, fiery, violent, vehement, ardent

强烈(강렬) 세차고 맹렬함
先烈(선열) 정의를 위해 싸우다가 죽은 열사

### 中國
**발음** liè
热烈 rèliè 열렬하다, 뜨겁다
强烈 qiángliè 강렬하다, 선명하다, 뚜렷하다

### 日本
**발음** レツ
烈士 れっし 열사

## 어질/좋을 량

**부수** 艮/1, 艮/1, 艮/1

〖英〗 good, virtuous, respectable

良心(양심) 참되고 변하지 않는 본성을 닦음
改良(개량) 나쁜 점을 고치어 좋게 함

**발음** liáng
良好 liánghǎo 양호하다, 좋다, 만족스럽다
善良 shànliáng 선량하다, 착하다, 어질다

**발음** リョウ, よい
良好 りょうこう 양호

## 순할/좇을 순

**부수** 頁/3, 页/3, 頁/3

〖英〗 obey, submit to, go along with

順應(순응) 경우에 따라 이에 적응함
順從(순종) 순순히 복종함

**발음** shùn
順利 shùnlì 순조롭다     孝順 xiàoshùn 효도하다
順便 shùnbiàn …하는 김에, 내친김에

**발음** ジュン
順序 じゅんじょ 순서
順順 じゅんじゅん 차례차례, 차차

## 높을 숭

**부수** 山/8, 山/8, 山/8

〖英〗 esteem, honor

崇慕(숭모) 우러러 사모함
崇拜(숭배) 우러러 공경함

**발음** chóng
崇高 chónggāo 숭고하다, 고상하다
崇敬 chóngjìng 숭경하다, 존경하고 사모하다

**발음** スウ, あがめる
崇高 すうこう 숭고
崇敬 すうけい 숭경

## 엄할 엄

**嚴**

부수 口/17, 一/6, 厂/15

〖英〗 strict, rigorous, rigid, stern

嚴禁(엄금) 엄하게 금함
嚴選(엄선) 엄정히 가려 냄

발음 yán
严格 yángé 엄격하다, 엄하다, 엄격히 하다
严重 yánzhòng 심각하다, 중대하다, 모질다

발음 ゲン, ゴン, おごそ-か, きび-しい
厳然 げんぜん 엄연
厳父 げんぷ 엄부, 엄친

## 클 위

**偉**

부수 人(亻)/9, 亻/4, 人/10

〖英〗 great, robust, extraordinary

偉容(위용) 훌륭하고 뛰어난 용모나 모양
偉業(위업) 위대한 사업이나 업적

발음 wěi
伟大 wěidà 위대하다, 크게 뛰어나다, 매우 훌륭하다
伟力 wěilì 위력, 거대한 힘

발음 イ, えら-い
偉人 いじん 위인

## 날랠 용

**勇**

부수 力/7, 力/7, 力/7

〖英〗 brave, courageous, fierce

勇士(용사) 용맹스러운 사람
武勇談(무용담) 싸움에서 용감하게 공을 세운 이야기

발음 yǒng
勇敢 yǒnggǎn 용감하다
勇气 yǒngqì 용기

발음 ユウ, いさ-む
勇気 ゆうき 용기

## 어질 인

**부수** 人(亻)/2, 亻/2, 人/2
〖英〗 humaneness, benevolence, kindness

**仁**
殺身成仁(살신성인) 옳은 일을 위해 목숨을 버림

**中國** 仁
**발음** rén
仁德 réndé 어진 덕, 인덕

**日本** 仁
**발음** ジン, ニ
仁政 じんせい 인정, 어진 정치

## 사랑 자

**부수** 心/9, 心/9, 心/9
〖英〗 kind, charitable

**慈**
慈悲心(자비심) 사랑하고 가엽게 여기는 마음
慈愛(자애) 아랫사람에게 베푸는 자비로운 사랑

**中國** 慈
**발음** cí
慈善 císhàn 동정심이 많다, 남을 배려하다

**日本** 慈
**발음** ジ, いつく-しむ
慈善 じぜん 자선
慈父 じふ 자부

## 성인/거룩할 성

**부수** 耳/7, 土/2, 耳/7
〖英〗 holy, sacred

**聖**
聖恩(성은) 임금의 거룩한 은혜
神聖(신성) 신과 같이 성스러움

**中國** 圣
**발음** shèng
神圣 shénshèng 신성하다, 성스럽다
圣人 shèngrén 성인, 천자. 임금.

**日本** 聖
**발음** セイ, ひじり
聖人 せいじん 성인
聖賢 せいけん 성현

224

**어질 현** 　부수 貝/8, 贝/4, 貝/9

〖英〗 virtuous, worthy

賢人(현인) 어진 사람
先賢(선현) 옛날의 어진 선비

中國 贤　　발음 xián
贤惠 xiánhuì 어질고 총명하다
贤德 xiándé 선량한 성품

日本 賢　　발음 ケン, かしこ-い
賢明 けんめい 현명

---

**바를 정** 　부수 止/1, 止/1, 止/1

〖英〗 right, proper, correct

正義(정의) 알맞은 도리
公正(공정) 공평하고 올바름

中國 正　　발음 zhēng, zhěng, zhèng
正式 zhèngshì 정식의, 공식의, 확실히
正好 zhènghǎo 꼭 알맞다, 딱 좋다, 마침

日本 正　　발음 セイ, ショウ, ただ-しい, ただ-す, まさ
正式 せいしき 정식
正月 しょうがつ 정월, 설, 정초의 쉬는 기간

---

**옳을 의** 　부수 羊/7, ノ/2, 羊/7

〖英〗 right conduct, righteousness

義理(의리) 사람으로서 지킬 바른 도리
義士(의사) 의리와 지조를 굳게 지키는 사람

中國 义　　발음 yì
义务 yìwù 의무, 무보수, 봉사
意义 yìyì 뜻, 의미, 의의

日本 義　　발음 ギ
義務 ぎむ 의무　　　意義 いぎ 의의, 뜻
義兄弟 ぎきょうだい 의형제, 처남, 매부

13. 평가 **225**

## 참 진

**부수** 目/5, 目/5, 目/5

〖英〗 real, actual, true, genuine

眞價(진가) 참된 값어치
眞情(진정) 진실하고 애틋한 마음

**中國**

**발음** zhēn

真实 zhēnshí 진실하다, 진실한, 참된
天真 tiānzhēn 천진하다, 순진하다, 꾸밈없다

**日本**

**발음** シン, ま

真面目 まじめ 진심, 진정, 착실함, 성실함
真逆 まさか 위급한 사태에 직면함, 설마

## 착할 선

善

**부수** 口/9, 口/9, 口/9

〖英〗 good, virtuous, charitable, kind

善處(선처) 사안에 따라 적절하게 처리함
親善(친선) 서로 친하여 사이가 좋음

**中國**

**발음** shàn

善良 shànliáng 선량하다, 착하다, 어질다
完善 wánshàn 완전하다, 완벽하다, 완전하게 하다

**日本**

**발음** ゼン, よーい

善 ぜん 선, 올바르고 착함

## 아름다울 미

美

**부수** 羊/3, 羊/3, 羊/3

〖英〗 beautiful, pretty

美觀(미관) 아름답고 훌륭한 광경
美談(미담) 아름다운 행실의 이야기

**中國**

**발음** měi

完美 wánměi 완미하다, 매우 훌륭하다
美妙 měimiào 아름답다, 훌륭하다, 더없이 좋다

**日本** 美

**발음** ビ, うつくーしい

美容 びよう 미용
美人 びじん 미인

### 한가할 한

부수 門/4, 门/4, 門/4
【英】 fence, guard, defend, idle time
閑暇(한가) 할 일이 없어 몸과 틈이 있음
等閑(등한) 대수롭지 않게 여겨 내버려 둠

中國 闲
발음 xián
空闲 kòngxián 한가하다, 여가, 겨를
休闲 xiūxián 묵히다, 휴한하다, 휴식 오락 활동

日本 閑
발음 カン
閑居 かんきょ 한거
安閑 あんかん 안한, 안이, 편안하고 한가함

### 바쁠 망

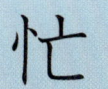

부수 心(忄)/3, 忄/3, 心/3
【英】 busy, pressed for time
多忙(다망) 매우 바쁨. 일이 매우 많음
忙中閑(망중한) 바쁜 가운데에서도 한가로운 때

中國 忙
발음 máng
连忙 liánmáng 급히, 얼른, 바삐
急忙 jímáng 급하다, 바쁘다, 분주하다

日本 忙
발음 ボウ, いそが-しい
忙殺 ぼうさつ 망쇄, 매우 분주함, 일에 쫓김

### 편할 편 / 똥오줌 변

부수 人(亻)/7, 亻/7, 人/7
【英】 convenience, ease, expedient
便利(편리) 편하고 이로우며 이용하기가 쉬움
便法(편법) 간편하고 손쉬운 방법

中國 便
발음 biàn, pián
方便 fāngbiàn 편리하다, 넉넉하다, 적당하다
顺便 shùnbiàn(r) …하는 김에, 내친김에

日本 便
발음 ベン, ビン, たよ-り
便 びん 편지, 소식, 나름
便所 べんじょ 변소, 뒷간

### 이할/날카로울 리

부수 刀(刂)/5, 刂/5, 刀/5

〖英〗 gains, advantage, profit, benefit

利得(이득) 이익을 얻음
權利(권리) 어떤 일을 하거나 안 할 수 있는 자격이나 능력

발음 lì
流利 liúlì 유창하다    利息 lìxī 이자, 이식, 변리
胜利 shènglì 승리, 성공하다, 성과를 거두다

발음 り, き-く
利用 りよう 이용
利口 りこう 영리함, 똑똑함

### 성할 성

부수 皿/7, 皿/6, 皿/6

〖英〗 abundant, flourishing, contain

盛業(성업) 사업이 번창함
盛行(성행) 매우 성하게 유행함

발음 chéng, shèng
盛 chéng (용기 등에) 물건을 담다
丰盛 fēngshèng (음식 등이) 풍성하다, 성대하다

발음 セイ, ジョウ, も-る, さか-る, さかん
盛冬 せいとう 성동, 한겨울

### 옳을 가

부수 口/2, 口/2, 口/2

〖英〗 may, can

可否(가부) 옳은가 그른가의 여부
可決(가결) 회의에서 제출된 의안을 옳다고 결정하는 것

발음 kě, kè
可能 kěnéng 가능하다, 가능성, 아마
可见 kějiàn …을 볼 수 있다    可是 kěshì 그러나, 하지만

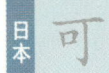

발음 カ, べし, よい
可決 かけつ 가결
可成·可也 かなり 제법, 어지간히, 상당히

## 이/옳을 시

부수 日/5, 日/5, 日/5

〖英〗 yes, right, to be, this, that

是認(시인) 옳다고 인정함
是正(시정) 잘못된 것을 바로 잡음

**中國** 是
발음 shì
可是 kěshì 그러나, 하지만  凡是 fánshì 무릇, 대강
要是 yàoshi 만일 …이라면, 만약 …하면, 만약…라면

**日本** 是
발음 ゼ、これ
是非 ぜひ 시비, 옳고 그름
是·此れ·之 これ 이것, 이  是正 ぜせい 시정

## 위태할 위

부수 㔾/4, 㔾/4, 㔾/4

〖英〗 dangerous, precarious, high

危重(위중) 병세가 무겁고 위태로움
危急(위급) 위태롭고 급함

**中國** 危
발음 wēi
危害 wēihài 손상시키다, 위해, 해를 끼치다
安危 ānwēi 안위, 안전과 위험

**日本** 危
발음 キ、あぶーない、あやーうい、あやーぶむ
安危 あんき 안위

## 악할 악
## 미워할 오

부수 心/8, 心/6, 心/7

〖英〗 evil, wicked, bad, foul

惡談(악담) 남의 일을 나쁘게 말하는 것
害惡(해악) 해가 되는 나쁜 일

**中國** 恶
발음 ě、wū、wù
恶心 ěxin 구역이 나다, 속이 메스껍다
恶化 èhuà 악화되다

**日本** 悪
발음 アク、オ、わるーい
悪化 あっか 악화

## 곤할/졸릴 곤

부수 囗/4, 囗/4, 囗/4

〖英〗 difficulty

困境(곤경) 어려운 경우나 처지
勞困(노곤) 피곤하여 나른함

발음 kùn
困难 kùnnan 어렵다, 곤란, 어려움

발음 コン, こま-る
貧困 ひんこん 빈곤

## 어려울 난

부수 隹/11, 隹/2, 隹/10

〖英〗 difficult, arduous, hard, unable

難局(난국) 어려운 판국
難易度(난이도) 어려움과 쉬움의 정도

발음 nán, nàn, nuó
困难 kùnnan 어렵다, 곤란, 어려움
难看 nánkàn 보기 싫다, 떳떳하지 못하다, 면목이 없다

발음 ナン, かた-い, むずか-しい
難 なん 어려움, 화, 재난
非難 ひなん 비난

## 바꿀 역, 쉬울 이

부수 日/4, 日/4, 日/4

〖英〗 change, easy

難易度(난이도) 어려움과 쉬움의 정도
易經(역경) 주역

발음 yì
交易 jiāoyì 교역하다, 거래하다, 장사
容易 róngyì 쉽다, 용이하다, 하기 쉽다

발음 エキ, イ, やさ-しい
安易 あんい 안이
難易 なんい 난이

### 완전할 완  부수 宀/4, 宀/4, 宀/4

〖英〗 complete, finish, settle, whole

完備(완비) 빠짐없이 완전히 구비함
完治(완치) 병을 완전히 고침

발음 wán
完美 wánměi 완미하다, 완전하여 결함이 없다, 매우 훌륭하다
完善 wánshàn 완전하다, 완벽하다, 완전하게 하다

발음 カン, まっとうする
完了 かんりょう 완료
完成 かんせい 완성

### 길할 길  부수 口/3, 口/3, 口/3

〖英〗 lucky, propitious, good

吉運(길운) 좋은 운수
吉鳥(길조) 어떤 길할 일이 생김을 미리 알려 준다는 새

발음 jí
大吉 dàjí 대길하다

발음 キチ, キツ, よし
吉 きち 길함, 경사스러움, 좋은 일
不吉 ふきつ 불길

### 정할/찧을 정  부수 米/8, 米/8, 米/8

〖英〗 essence, semen, spirit

精潔(정결) 순수하고 깨끗함
精誠(정성) 참되고 성실한 마음

발음 jīng
精力 jīnglì 정력
精神 jīngshén 정신, 주지, 원기

발음 セイ, ショウ
精神 せいしん 정신

### 공평할/공변될 공

부수 八/2, 八/2, 八/2
【英】 fair, equitable, public

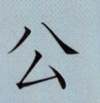

公權力(공권력) 국민에 대하여 명령하고 강제하는 권력
公式(공식) 공적인 방식

발음 gōng
公开 gōngkāi 공개, 공개적이다
公里 gōnglǐ 킬로미터

발음 コウ, おおやけ
公共 こうきょう 공공     公立 こうりつ 공립
公務員 こうむいん 공무원

### 특별할 특

부수 牛/6, 牛/6, 牛/6
【英】 special, unique, distinguished

特講(특강) 특별히 베푸는 강의
特權(특권) 특별한 권리

발음 tè
独特 dútè 독특하다, 특수하다
特点 tèdiǎn 특색, 특징, 특성

발음 トク
特急 とっきゅう 특급, '特別急行'의 준말
特長 とくちょう 특장, 특별한 장점

### 요긴할 요

부수 襾(覀)/3, 覀/3, 襾/3
【英】 necessary, essential

要素(요소) 사물의 성립에 필요 불가결한 성분
要員(요원) 필요한 인원

발음 yāo, yào
要求 yāoqiú 요구, 요망, 요구하다
重要 zhòngyào 중요하다

발음 ヨウ, いーる
要求 ようきゅう 요구
要点 ようてん 요점

### 어릴 유

부수 幺/2, 幺/2, 幺/2
〖英〗 infant, young child
幼兒(유아) 어린아이
幼子(유자) 어린 자식

발음 yào, yòu
幼儿园 yòu'éryuán 유아원, 유치원
幼虫 yòuchóng 곤충의 유생

발음 ヨウ, おさな-い
幼児 ようじ 유아

### 깨끗할 정

부수 水(氵)/8, 氵/6, 水/6
〖英〗 clean, pure, cleanse
自淨(자정) 자력으로 오염을 지워 없애는 일
淸淨(청정) 맑고 깨끗함

발음 jìng
净水 jìngshuǐ 깨끗한 물, 정수, 정화수

발음 ジョウ, きよい
浄化 じょうか 정화
洗浄 せんじょう 세정, 세척

### 얕을 천

부수 水(氵)/8, 氵/5, 水/6
〖英〗 shallow, not deep
淺學(천학) 학식이 얕음
日淺(일천) 경험이 쌓이지 않은 상태에 있음

발음 jiān, qiǎn
浅见 qiǎnjiàn 얕은 견해. 천박한 생각

발음 セン, あさ-い
深浅 しんせん 심천, 깊고 얕음

### 사나울 폭 / 모질 포

부수 日/11, 日/11, 日/11
【英】 violent, brutal
暴動(폭동) 집단행동으로 질서를 어지럽게 하는 일
暴言(폭언) 난폭하게 하는 말

 中國
발음 bào
暴力 bàolì 폭력
暴露 bàolù 폭로하다. 드러내다

 日本
발음 ボウ, バク, あば-く, あば-れる
暴力 ぼうりょく 폭력

### 남을 여

부수 食/7, 人(亻)/5, 人/5
【英】 surplus, excess, remainder
餘暇(여가) 겨를
餘生(여생) 나머지의 목숨

 中國
발음 yú
多余 duōyú 여분의, 나머지의, 쓸데없는
业余 yèyú 여가의, 근무 시간 외의, 아마추어의

 日本
발음 ヨ, あま-る, あま-す
余所・他所 よそ 딴 곳, 남의 집
余裕 よゆう 여유

### 예 고

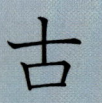

부수 口/2, 口/2, 口/2
【英】 old, classic, ancient
古物(고물) 오래 된 물건
太古(태고) 아주 오랜 옛날

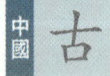 中國
발음 gǔ
古老 gǔlǎo 오래되다, 고로, 진부하다
古典 gǔdiǎn 전고, 고전, 고대의 의식

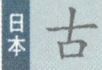 日本
발음 コ, ふる-い, ふる-す
古里 ふるさと 고향
古典 こてん 고전

**오랠 구** 　부수 ノ/2, ノ/2, ノ/2

〖英〗 long time (ago), time passage, grow late

永久(영구) 시간이 무한이 계속되는 일
持久力(지구력) 어떤 일을 오래 해낼 수 있는 힘

 　발음 jiǔ
持久 chíjiǔ 오래 유지되다, 지속되다

 　발음 キュウ, ク, ひさ-しい
永久 えいきゅう 영구

# 14. 상태

## 매울 신

**부수** 辛/0, 辛/0, 辛/0

**【英】** spicy, bitter, toilsome

辛勝(신승) 경기 등에서 간신히 이김
香辛料(향신료) 맵거나 향기로운 맛을 더하는 조미료

**발음** xīn
辛苦 xīnku 고생스럽다, 고되다, 고생
辛勤 xīnqín 부지런하다, 근면하다

**발음** シン, から-い
香辛料 こうしんりょう 향신료
辛苦 しんく 신고

## 달 감

**부수** 甘/0, 一/4, 甘/0

**【英】** sweetness, sweet, tasty

甘受(감수) 불만 없이 달게 받는 것
甘言(감언) 남의 마음에 들도록 꾸미는 말

**발음** gān
苦尽甘来 kǔjìngānlái 고진감래, 고생끝에 낙이 온다
心甘 xīngān 마음속으로 원하다, 기꺼워하다

**발음** カン, あま-い, あま-える, あま-やかす
甘味 かんみ 감미

## 가벼울 경

**부수** 車/7, 车/5, 車/5

**【英】** light, easy, simple, gentle

輕減(경감) 감하여 가볍게 함
輕視(경시) 가볍게 봄

**발음** qīng
年轻 niánqīng 젊다, 어리다    轻易 qīngyì 제멋대로이다
轻松 qīngsōng 수월하다, 가볍다, 부담이 없다

**발음** ケイ, かる-い, かろ-やか
軽重 けいちょう 경중
軽易 けいい 경이, 손쉬움, 경시함, 업신여김

## 무거울/거듭 중

**重**

부수 里/2, 里/2, 里/2
〖英〗 heavy, double
重點(중점) 중시해야 할 점
嚴重(엄중) 엄격하고 정중함

발음 chóng, zhòng
严重 yánzhòng 심각하다, 중대하다, 모질다
重新 chóngxīn 다시, 재차, 거듭

발음 ジュウ, チョウ, え, おも-い, かさ-ねる, かさ-なる
重量 じゅうりょう 중량, 무게
重視 じゅうし 중시

## 높을 고

**高**

부수 高/0, 亠/8, 高/0
〖英〗 high, tall
高潔(고결) 성품이 고상하고 숭결함
高聲(고성) 높은 목소리

발음 gāo
高级 gāojí 고급, 고급의   高速公路 gāosù gōnglù 고속도로
提高 tígāo 제고하다, 향상시키다, 높이다

발음 コウ, たか-い, たか, たか-まる, たか-める
高校 こうこう 고교      高度 こうど 높이
高速 こうそく 고속

## 낮을 저

**低**

부수 人/5, 亻/5, 人/5
〖英〗 low, to lower, hang, bend, bow
低價(저가) 헐한 값
低級(저급) 낮은 등급

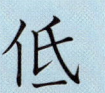
발음 dī
降低 jiàngdī 내리다, 인하하다, 낮아지다

발음 テイ, ひく-い, ひく-める, ひく-まる
低下 ていか 저하, 내려감, 정도가 떨어짐
最低 さいてい 최저, 최하

14. 상태

## 굳을 견 堅

부수 土/8, 土/4, 土/9

〖英〗hard, strong, firm, resolute

堅强(견강) 매우 굳세고 강함
堅果(견과) 굳은 열매. 도토리, 밤, 은행 등

**中國** 坚
발음 jiān
坚强 jiānqiáng 굳세다, 꿋꿋하다, 완강하다
坚决 jiānjué 단호하다, 결연하다

**日本** 堅
발음 ケン, かた-い
堅 けん 견고함[한 것], 투구와 갑옷.
堅固 けんご 견고

## 굳을 고 固

부수 口/5, 口/5, 口/5

〖英〗to become solid, solidify

固有(고유) 본디부터 있음
固着(고착) 굳게 붙음

**中國**
발음 gù
固体 gùtǐ 고체
固定 gùdìng 고정된, 일정한, 고정하다

**日本**
발음 コ, かた-める, かた-まる, かた-い
固 かた- 단단한, 된, 굳은
固定 こてい 고정

## 맑을 청 清

부수 水(氵)/8, 氵/8, 水/8

〖英〗clear, pure, clean, peaceful

淸明(청명) 날씨가 맑고 밝음
百年河淸(백년하청) 오래되어도 사물이 이루어지기 어려움

**中國**
발음 qīng
清淡 qīngdàn 담백하다, 산뜻하다, 연하다

**日本**
발음 セイ, ショウ, きよ-い, きよ-まる, きよ-める
清潔 せいけつ 청결
清書 せいしょ 청서, 정서

## 깨끗할 결

부수 水(氵)/12, 氵/6, 水/12

〖英〗 clean, purify, pure

高潔(고결) 성품이 고상하고 순결함
不潔(불결) 깨끗하지 못하고 더러움

### 中國 洁
발음 jié
纯洁 chúnjié 순결하다, 순수하고 맑다
清洁 qīngjié 깨끗하다, 청결하다

### 日本 潔
발음 ケツ, いさぎよ-い
清潔 せいけつ 청결

## 새 신

부수 斤/9, 斤/9, 斤/9

〖英〗 new, recent, fresh, modern

新式(신식) 새로운 형식
更新(갱신) 다시 새로워 짐

### 中國 新
발음 xīn
新闻 xīnwén 뉴스, 새로운 일, 신기한 일
重新 chóngxīn 다시, 재차, 거듭

### 日本 新
발음 シン, あたら-しい, あら-た, にい
新幹線 しんかんせん 신간선
新人 しんじん 신인, 신참

## 예 구

부수 臼/12, 日/1, 日/1

〖英〗 old, ancient, former, past

舊面(구면) 안 지 오래된 얼굴
親舊(친구) 오래 두고 가깝게 사귀는 사람

### 中國 旧
발음 jiù
旧式 jiùshì 구형의, 구식의, 재래식의

### 日本 旧
발음 キュウ
旧 きゅう 그전의 상태;본디 상태

14. 상태

## 넓을 광

**부수** 广/12, 广/0, 广/2

〖英〗 wide, extensive, broad

廣告(광고) 세상에 널리 알림
廣義(광의) 넓은 의미

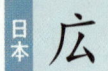 中國

**발음** guǎng

广告 guǎnggào 광고, 선전
推广 tuīguǎng 널리 보급하다, 확충하다, 일반화하다

日本 広

**발음** コウ、ひろい、ひろまる、ひろめる、ひろがる、ひろげる

広告 こうこく 광고
広場 ひろば 광장

## 평평할 평

**부수** 干/2, 一/4, 干/2

〖英〗 flat, level, even, peaceful

平均(평균) 가지런하게 고름
平易(평이) 까다롭지 않고 알기 쉽거나 손쉬움

 中國 平

**발음** píng

平时 píngshí 보통 때, 평소, 평상시
平常 píngcháng 평소, 보통이다, 평범하다

日本 平

**발음** ヘイ、ビョウ、たいら、ひら

不平 ふへい 불평
平仮名 ひらがな 한자의 초서체에서 만들어진 일본 글자

## 고를 균

**부수** 土/4, 土/4, 土/4

〖英〗 equal, even, fair, all, also

均等(균등) 고르고 가지런하여 차별이 없음
均質(균질) 성질이 같음

 中國 均

**발음** jūn

年均 niánjūn 연평균의
平均 píngjūn 평균하다, 고르게 하다, 균등히 하다

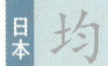 日本 均

**발음** キン、ならす

平均 へいきん 평균, 여럿이 고름, 균형, 평형
均分 きんぶん 균분

## 많을 다

**부수** 夕/3, 夕/3, 夕/3
〖英〗 much, many, more than, over

多讀(다독) 많이 읽음
多幸(다행) 운수가 좋음

**발음** duō

多余 duōyú 여분의, 나머지의　　多么 duōme 얼마나, 어느 정도
多少 duōshǎo 얼마, 많고 적음, 분량

**발음** タ, おお-い

多分 たぶん 양·정도가 많거나 큼

## 적을/젊을 소

**부수** 小/1, 小/1, 小/1
〖英〗 few, less, inadequate

少量(소량) 적은 분량
減少(감소) 줄여서 적어짐

**발음** shǎo, shào

减少 jiǎnshǎo 적어지다, 감소하다, 줄다
至少 zhìshǎo 최소한, 적어도

**발음** ショウ, すく-ない, すこ-し

少女 しょうじょ 소녀　　　　　　少年 しょうねん 소년
少少 しょうしょう 소소, 조금, 약간　小包 こづつみ 소포

## 긴 장

**부수** 長/0, ノ/3, 長/0
〖英〗 long, chief

長指(장지) 가운뎃손가락
長足(장족) 빠르게 나아가는 걸음

**발음** cháng, zhǎng

长城 chángchéng 만리장성, 별 이름, 국방
校长 xiàozhǎng 학교장, 교장

**발음** チョウ, なが-い

長短 ちょうたん 장단, 긴 것과 짧은 것
長方形 ちょうほうけい 직사각형

## 짧을 단 短

부수 矢/7, 矢/7, 矢/7

〖英〗 short, brief, deficient, lacking

短時日(단시일) 짧은 시일
短點(단점) 낮고 모자라는 점

**中國** 短
발음 duǎn
短信 duǎnxìn 짧은 편지, 문자 메시지

**日本** 短
발음 タン, みじか-い
短所 たんしょ 단처, 단점, 결점
短期 たんき 단기

## 큰 대 大

부수 大/0, 大/0, 大/0

〖英〗 big, great, vast, large, high

大同小異(대동소이) 거의 같고 조금 다름
大路(대로) 폭이 넓은 길

**中國** 大
발음 dà, dài
大家 dàjiā 대가, 명문, 권위자
大夫 dàfū 대부, 의사    大象 dàxiàng 코끼리

**日本** 大
발음 ダイ, タイ, おお, おお-きい, おお-いに
大家(大屋) おおや 셋집 주인, 본채
大変 たいへん 몹시, 매우

## 작을 소 小

부수 小/0, 小/0, 小/0

〖英〗 small, tiny, insignificant

小數(소수) 적은 수효
小食(소식) 음식을 적게 먹음

**中國** 小
발음 xiǎo
小气 xiǎoqi 인색하다, 쩨쩨하다, 옹졸하다
小姐 xiǎojie 아가씨, 양    小说 xiǎoshuō(r) 소설

**日本** 小
발음 ショウ, ちい-さい, こ, お
小母 おば 아주머니, 남의 어른 여자
小説 しょうせつ 소설

멀 원　부수 辵(辶)/10, 辶/4, 辶/10
〚英〛 distant, remote

遠近(원근) 멀고 가까움
遠洋(원양) 육지에서 멀리 떨어진 넓은 바다

발음　yuǎn
远志 yuǎnzhì 원지. 원대한 뜻. 큰 뜻
远视 yuǎnshì 원시(안).

遠
발음　エン, オン, とおーい
遠足 えんそく 소풍
永遠 えいえん 영원

가까울 근　부수 辵(辶)/4, 辶/4, 辶/4
〚英〛 close, near

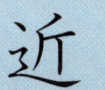
近方(근방) 근처
近海(근해) 육지에 가까운 바다

발음　jìn
近代 jìndài 근대, 근세, 자본주의 시대
最近 zuìjìn 최근, 요즈음, 일간

발음　キン, ちかーい
近今 きんこん 요즈음, 최근
近代 きんだい 근대

길 영　부수 水/1, 水/1, 水/1
〚英〛 long, perpetual, eternal, forever

永住權(영주권) 그 나라에 영주할 수 있는 권리
永眠(영면) 영원히 잠듦

발음　yǒng
永远 yǒngyuǎn 언제까지나, 길이길이, 영원하다
永生 yǒngshēng 영원히 살아 있다, 일생, 평생

발음　エイ, ながーい
永久 えいきゅう 영구
永遠 えいえん 영원

## 둥글 단

부수 口/11, 口/3, 口/3
【英】sphere, ball, circle, mass, group, unite

團結(단결) 많은 사람이 한데 뭉침
入團(입단) 어떤 단체에 가입함

 발음 tuán
集团 jítuán 집단, 단체, 무리
团圆 tuányuán 흩어졌다가 다시 모이다, 동글동글하다

 발음 ダン, トン
団地 だんち 단지(아파트)
団体 だんたい 단체

## 밝을 명

부수 日/4, 日/4, 日/4
【英】

明快(명쾌) 밝고 말끔하여 기분이 좋음
證明(증명) 어떤 사항, 판단 등의 진위를 증거를 들어 밝힘

 발음 míng
明白 míngbai 분명하다, 명백하다, 총명하다
明天 míngtiān 내일, 앞날    明信片 míngxìnpiàn 엽서

 발음 メイ, ミョウ, あかり, あかるい, あかるむ, あからむ, あきらか, あける, あく, あくる, あかす
明日 あした 내일
明後日 あさって 모레

## 어두울 암

부수 日/9, 日/9, 日/9
【英】dark, obscure

暗算(암산) 기구를 쓰지 않고 머릿속으로 계산함
暗殺(암살) 몰래 사람을 죽임

 발음 àn
暗示 ànshì 암시하다
暗暗 àn'àn 몰래, 혼자, 은밀하게, 암암리에

 발음 アン, くら-い
暗記 あんき 암기

가늘 **세** 〔부수〕 糸/5, 糹/5, 糸/5
〖英〗 fine, tiny, slender, thin

細密(세밀) 세세하고 꼼꼼함
細分(세분) 여럿으로 잘게 나눔

〔발음〕 xì
详细 xiángxì 상세하다, 자세하다, 위세하다
细节 xìjié 자세한 사정, 세부, 세목

〔발음〕 サイ, ほそ-い, ほそ-る, こま-か, こま-かい
細流 さいりゅう 세류, 작은 시내

빽빽할/비밀 **밀** 〔부수〕 宀/8, 宀/8, 宀/8
〖英〗 dense, thick, close, intimate

密接(밀접) 사이가 뜨지 않고 가까이 맞닿음
密閉(밀폐) 꼭 막음

〔발음〕 mì
严密 yánmì 빈틈없다, 치밀하다, 긴밀하다
密码 mìmǎ 비밀 번호, 암호, 패스워드    密度 mìdù 밀도

〔발음〕 ミツ, こまやか, ひそか, みそか
密林 みつりん 밀림
密接 みっせつ 밀접

따뜻할 **난** 〔부수〕 日/9, 日/9, 日/9
〖英〗 warm, genial

暖流(난류) 온도가 높고 염분이 많은 해류
暖房(난방) 방을 덥게 함

〔발음〕 nuǎn
暖和 nuǎnhuo 따뜻하다, 따뜻하게 하다, 불을 쬐다
温暖 wēnnuǎn 따뜻하다, 따뜻하게 하다, 따스하다

〔발음〕 ダン, あたたか, あたたかい, あたたまる, あたためる
暖房 だんぼう 난방
温暖 おんだん 온난

14. 상태 **247**

## 찰 랭

**冷**

부수 冫/5, 冫/5, 冫/5
〖英〗 cold, cool, lonely
冷待(냉대) 푸대접　　冷情(냉정) 매정하고 쌀쌀함
冷水(냉수) 데우지 아니한 맹물

**中國 冷**
발음 lěng
冷静 lěngjìng 조용하다, 냉정하다, 침착하다
冷气 lěngqì 차가운 기류, 에어컨.

**日本 冷**
발음 レイ, つめたい, ひえる, ひや, ひやす, ひやかす, さめる, さます
冷房 れいぼう 냉방
冷笑 れいしょう 냉소

## 더울 서

**暑**

부수 日/9, 日/8, 日/8
〖英〗 hot
寒暑(한서) 추위와 더위, 겨울과 여름
烈暑(열서) 몹시 혹독한 더위

**中國 暑**
발음 shǔ
放暑假 fàngshǔjià 여름방학을 하다
暑热 shǔrè (한여름의) 무더위. 한더위

**日本 暑**
발음 ショ, あつーい
暑月 しょげつ 음력 6월의 별칭, 여름철
暑気 あつけ 여름의 더위

## 서늘할 량

**涼**

부수 水(氵)/8, 冫/8, 水/8
〖英〗 cool, cold
涼風(양풍) 서늘한 바람
涼天(양천) 서늘한 일기

**中國 凉**
발음 liáng, liàng
凉快 liángkuai 시원하다, 서늘하다, 선선하다
着凉 zháoliáng 감기에 걸리다

**日本 涼**
발음 リョウ, すずーしい, すずーむ
涼秋 りょうしゅう 양추, 서늘한 가을

**따뜻할 온** 〔부수〕 水/10, 氵/9, 水/9

〖英〗 warm

保溫(보온) 일정한 온도를 보전함
常溫(상온) 늘 일정한 온도

〔발음〕 wēn
溫暖 wēnnuǎn 따뜻하다, 따뜻하게 하다, 따스하다
溫度 wēndù 온도

〔발음〕 オン, あたか, あたたかい, あたたまる, あたためる
溫度 おんど 온도
溫室 おんしつ 온실

**찰 한** 〔부수〕 宀/9, 宀/9, 宀/9

〖英〗 cold, wintry, chilly

寒氣(한기) 추운 기운. 추위
寒害(한해) 심한 추위로 농작물이 입는 해

〔발음〕 hán
寒假 hánjià 겨울 방학

〔발음〕 カン, さむ-い
寒水 かんすい 한수, 냉수, 찬물

**굽을 곡** 〔부수〕 曰/2, 曰/2, 曰/2

〖英〗 crooked, bent, wrong, false

曲藝(곡예) 줄타기, 곡마 등으로서 여러 가지 재주를 부림
曲解(곡해) 잘못 해석함

〔발음〕 qū, qǔ
曲折 qūzhé 굽다, 구불구불하다
曲子 qǔzi 노래, 가곡, 악보, 멜로디

〔발음〕 キョク, ま-がる, ま-げる
曲線 きょくせん 곡선

14. 상태  **249**

## 곧을 직

부수 目/3, 目/3, 目/3
〖英〗 straight, erect, vertical

直通(직통) 두 지점 간에 장애가 없이 바로 통함
直進(직진) 곧게 나아감

발음 zhí
一直 yìzhí 똑바로, 곧바로, 줄곧
直接 zhíjiē 직접, 직접적, 직접의

발음 チョク, ジキ, ただ-ちに, なお-す, なお-る
直 じき 직접, 곧
直線 ちょくせん 직선

## 빌 허

부수 虍/6, 虍/5, 虍/5
〖英〗 false, empty

虛無(허무) 아무 것도 없이 텅 빔
虛費(허비) 헛되게 없앰

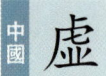

발음 xū
虛心 xūxīn 허심하다, 겸허하다
空虛 kōngxū 공허하다, 텅 비다

발음 キョ, コ, むなしい
空虛 くうきょ 공허
空虛 くうきょ 공허

## 빌/하늘 공

부수 穴/3, 穴/3, 穴/3
〖英〗 empty, hollow, bare, deserted

空想(공상) 이루어질 수 없는 헛된 생각
空虛(공허) 속이 텅 빔

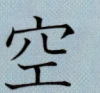

발음 kōng, kòng
空气 kōngqì 공기, 분위기, 여론
空调 kōngtiáo 에어컨디셔너, 공기를 조절하다, 에어컨

발음 クウ, そら, あ-く, あ-ける, から
空 から 빔, 공, 허공    空 くう 하늘
空港 くうこう 공항

**깊을 심** 부수 水(氵)/8, 氵/8, 水/8

〖英〗 deep, depth, far, very, extreme

深海(심해) 깊은 바다
深化(심화) 깊이 되어 감

발음 shēn
资深 zīshēn 경력이 오랜. 베테랑의
深度 shēndù 깊이. 심도

발음 シン, ふか-い, ふか-まる, ふか-める
深夜 しんや 심야

---

**두터울 후** 부수 厂/7, 厂/7, 厂/7

〖英〗 thick, substantial

厚待(후대) 후한 대접
厚謝(후사) 후하게 사례함

발음 hòu
雄厚 xiónghòu (인력·물자 등이) 풍부하다, 충분하다

발음 コウ, あつ-い
厚意 こうい 후의

---

**고울 선** 부수 魚/6, 鱼/6, 魚/6

〖英〗 fresh, delicious, attractive

鮮度(선도) 신선한 정도
生鮮(생선) 말리거나 절이지 아니한 물고기

발음 xiān, xiǎn
新鲜 xīnxiān 신선하다, 싱싱하다, 새롭다
海鲜 hǎixiān 신선한 어패류, 또는 그 요리, 해산물

발음 セン, あざ-やか
鮮明 せんめい 선명
新鮮 しんせん 신선

14. 상태 251

## 부드러울 유 　부수 木/5, 木/5, 木/5

柔

【英】 soft, gentle

柔弱(유약) 몸이나 마음이 약함
柔和(유화) 성질이 부드럽고 온화함

**中國** 柔
　발음 róu
　温柔 wēnróu 온유하다, 따뜻하고 상냥하다
　柔和 róuhé 연하고 부드럽다, 보드랍다

**日本** 柔
　발음 ジュウ, ニュウ, やわ－らか, やわ－らかい
　柔道 じゅうどう 유도

## 빠를 속 　부수 辵(辶)/7, 辶/7, 辶/7

速

【英】 quick, prompt, speedy

速攻(속공) 재빠른 동작으로 빨리빨리 공격함
速讀(속독) 빨리 읽음

**中國** 速
　발음 sù
　速度 sùdù 속도, 템포
　加速 jiāsù 가속하다, 속도를 내다

**日本** 速
　발음 ソク, はや－い, はや－める, すみ－やか
　速達 そくたつ 속달
　速力 そくりょく 속력

## 채울/가득할 충 　부수 儿/4, 儿/4, 儿/4

充

【英】 fill, be full

充當(충당) 모자라는 것을 채워 메움
充足(충족) 일정한 분량에 차거나 채움

**中國** 充
　발음 chōng
　充分 chōngfèn 충분하다, 충분히, 완전히

**日本** 充
　발음 ジュウ, あ－てる
　充実 じゅうじつ 충실

**높을 존**    부수 寸/9, 寸/9, 寸/9

〖英〗 respect, revere

尊貴(존귀) 지위가 높고 귀함
尊屬(존속) 부모와 같은 항렬 이상의 혈족

발음 zūn
尊敬 zūnjìng 존경, 존경하다, 존경할 만하다
尊重 zūnzhòng 존중하다, 중시하다, 엄숙하고 무게가 있다

발음 ソン, たっと-い, とうと-い, たっと-ぶ, とうと-ぶ
尊重 そんちょう 존중

---

**빛날 화**    부수 艸(艹)/7, 十/4, 艹/7

〖英〗 flowery, illustrious, Chinese

榮華(영화) 귀하게 되어 몸이 세상에 드러나고 이름이 빛남
散華(산화) 꽃다운 목숨이 전장에서 죽음

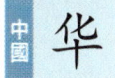
발음 huā, huá, huà
精华 jīnghuá 정화, 정수
华贵 huáguì 화려하고 귀중하다

발음 カ, ケ, はな
中華 ちゅうか 중화

---

**클 태**    부수 大/1, 大/1, 大/1

〖英〗 very, too, much, big, extreme

太半(태반) 절반이 지남. 보통 3분의 2이상을 가리킴
太初(태초) 천지가 개벽한 처음

발음 tài
太阳 tàiyáng 태양, 해
太太 tàitai 처. 아내

발음 タイ, タ, ふと-い, ふと-る
太陽 たいよう 태양, 해

클 태　　부수 水/5, 水/6, 水/5
　　　　〖英〗 great, exalted, superior

泰山(태산) 높고 큰 산
國泰民安(국태민안) 나라가 태평하고 백성이 살기가 평안함

발음 tài
泰国 Tàiguó 태국(Thailand)
泰斗 tàidǒu 태산북두, 태두, 권위자

발음 タイ
泰然 たいぜん　태연

---

클 거　　부수 工/2, 工/1, 工/2
　　　　〖英〗 large, great

巨金(거금) 거액의 돈
巨物(거물) 큰 물건. 중요한 위치에 있는 사람

발음 jù
巨大 jùdà 거대하다

발음 キョ
巨人 きょじん 거인

# 15. 감정

**쓸/괴로울 고**

부수 艸(艹)/5, 艹/5, 艹/5

〖英〗 bitter, hardship, suffering

苦

苦樂(고락) 괴로움과 즐거움
苦心(고심) 몹시 마음을 태움

中國 苦

발음 kǔ

辛苦 xīnku 고생스럽다, 고되다, 고생
痛苦 tòngkǔ 고통스럽다, 괴롭다, 고통

日本 苦

발음 ク, くるしい, くるしむ, くるしめる, にがい, にがる

苦心 くしん 고심　　　苦情 くじょう 괴로운 사정
苦痛 くつう 고통

---

**즐길 락, 노래 악, 좋아할 요**

부수 木/11, ノ/4, 木/9

〖英〗 happy, glad, enjoyable, music

樂

樂勝(낙승) 힘 안들이고 수월하게 이김
同苦同樂(동고동락) 괴로움과 즐거움을 함께 함

中國 乐

발음 lè, yào, yuè

音乐 yīnyuè 음악
乐观 lèguān 낙관, 낙관적, 낙관적이다

日本 楽

발음 ガク, ラク, たの-しい, たの-しむ

音楽 おんがく 음악

---

**기쁠 희**

부수 口/9, 口/9, 口/9

〖英〗 like, love, enjoy, joyful thing

喜

喜悲(희비) 기쁨과 슬픔
歡喜(환희) 기쁘고 즐거움

中國 喜

발음 xǐ

喜欢 xǐhuan 좋아하다, 즐겁다, 기쁘다

日本 喜

발음 キ, よろこ-ぶ

喜悦 きえつ 희열

## 슬플 비

**悲**

부수 心/8, 心/9, 心/8
〖英〗 sorrow, grief, sorry, sad
悲歌(비가) 슬프고 애절한 노래
悲運(비운) 슬픈 운명

中國 悲
발음 bēi
悲观 bēiguān 비관적이다, 비관
悲哀 bēi'āi 슬프고 애통하다

日本 悲
발음 ヒ, かな-しい, かな-しむ
悲観 ひかん 비관

## 편안 안

**安**

부수 宀/3, 宀/3, 宀/3
〖英〗 peaceful, tranquil, quiet
安住(안주) 자리 잡고 편히 삶
問安(문안) 웃어른께 안부를 여쭘

中國 安
발음 ān
安静 ānjìng 조용하다, 고요하다, 평온하다
不安 bù'ān 불안하다, 편안치 않다, 미안하다

日本 安
발음 アン, やす-い
安易 あんい 안이
安全 あんぜん 안전

## 고요할 정

**靜**

부수 靑(青)/8, 青/6, 青/6
〖英〗 quiet, still, motionless, gentle
靜物(정물) 움직이지 않는 물건
靜觀(정관) 조용히 사태의 추이를 관찰함

中國 静
발음 jìng
冷静 lěngjìng 조용하다, 냉정하다, 침착하다

日本 静
발음 セイ, ジョウ, しず, しずか, しずまる, しずめる
静止 せいし 정지
安静 あんせい 안정

### 일/흥겨울 흥

**부수** 臼/9, 八/4, 臼/9

〖英〗 thrive, prosper, flourish

新興(신흥) 새로 일어남
餘興(여흥) 놀이 끝에 남은 흥

**발음** xīng, xìng
高兴 gāoxìng 좋아하다, 기쁘다, 유쾌하다

**발음** コウ, キョウ, おこ-る, おこ-す
興味 きょうみ 흥미

---

### 쾌할/즐거울 쾌

**부수** 心(忄)/4, 忄/4, 心/4

〖英〗 rapid, quick, speedy, swiftness

輕快(경쾌) 마음이 홀가분하고 상쾌함
痛快(통쾌) 아주 유쾌함

**발음** kuài
快乐 kuàilè 즐겁다, 유쾌하다, 만족하다

**발음** カイ, こころよ-い
快適 かいてき 쾌적
明快 めいかい 명쾌

---

### 좋을 호

**부수** 女/3, 女/3, 女/3

〖英〗 good, excellent, fine, well

好感(호감) 좋게 여기는 감정
絶好(절호) 다시 없이 좋음

**발음** hǎo, hào
不好意思 bùhǎoyìsi 부끄럽다, …하기가 곤란하다
好处 hǎochù 장점, 이익, 이로운 점

**발음** コウ, この-む, す-く
好調 こうちょう 호조, 순조

**슬플 애** 부수 口/6, 口/6, 口/6

〖英〗 sad, mournful, pitiful, pity

哀惜(애석) 슬프고 아깝게 여김
哀痛(애통) 슬프고 가슴 아파함

中國
발음 āi
悲哀 bēi'āi 슬프고 애통하다, 비애
哀歌 āigē 슬프게 노래하다, 엘레지, 슬픈 노래

日本
발음 アイ, あわ-れ, あわ-れむ
悲哀 ひあい 비애

**기쁠 환** 부수 欠/18, 欠/2, 欠/11

〖英〗 happy, pleased, glad, joy, enjoy

歡待(환대) 반기어 후하게 대접함
歡呼(환호) 기뻐서 큰 소리를 지름

中國
발음 huān
欢迎 huānyíng 환영하다, 즐겁게 받아들이다
喜欢 xǐhuan 좋아하다, 즐겁다, 기쁘다

日本
발음 カン
歓迎 かんげい 환영
歓楽 かんらく 환락

**느낄 감** 부수 心/9, 心/9, 心/9

〖英〗 feel, perceive, emotion

感想(감상) 예술 작품을 음미함
實感(실감) 실물에 접할 때 일어나는 생생한 느낌

中國
발음 gǎn
感动 gǎndòng 감동하다, 감동시키다
感谢 gǎnxiè 감사, 감사하다

日本
발음 カン
感 かん 감, 느낌    感動 かんどう 감동
感心 かんしん 감심, 감탄, 질림

15. 감정 **259**

## 울 읍

**부수** 水(氵)/5, 氵/5, 水/5
**[英]** cry, sob, weep

泣請(읍청) 울면서 간절히 청함
哀泣(애읍) 슬프게 욺

**中國**
**발음** qì
悲泣 bēiqì 슬프게 흐느끼다
感泣 gǎnqì 감읍하다, 감격의 눈물을 흘리다

**日本** 泣
**발음** キュウ, な-く
感泣 かんきゅう 감읍, 감격하여 욺

## 사랑 애

**부수** 心/9, 爫/6, 心/9
**[英]** love, be fond of, like

愛犬(애견) 개를 사랑함
愛唱曲(애창곡) 즐겨 부르는 곡

**中國**
**발음** ài
敬爱 jìng'ài 경애하다, 존경하고 사랑하다, 경애
亲爱 qīn'ài 친애하다, 사랑하다

**日本**
**발음** アイ, いとしい, いとしむ, めでる
愛情 あいじょう 애정, 사랑　　友愛 ゆうあい 우애
愛弟子 まなでし 사랑하는 제자

## 뜻 정

情

**부수** 心(忄)/8, 忄/8, 心/8
**[英]** feeling, sentiment, emotion

愛情(애정) 사랑하는 마음
情報(정보) 사정이나 정황에 관한 소식

**中國**
**발음** qíng
同情 tóngqíng 동정, 찬성, 공감
事情 shìqing 일, 사건, 볼일　　情景 qíngjǐng 광경, 정경

**日本**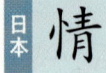
**발음** ジョウ, セイ, なさ-け
情報 じょうほう 정보
友情 ゆうじょう 우정

## 생각 사

부수 心/5, 心/5, 心/5
〖英〗 think, consider, ponder
思考方式(사고방식) 문제를 해석, 구명하는 방식
意思(의사) 마음먹은 생각

발음 sāi, sī
不好意思 bùhǎoyìsi 부끄럽다, …하기가 곤란하다
思想 sīxiǎng 사상, 의식    思考 sīkǎo 사고, 사색, 사유

발음 シ, おも-う
思想 しそう 사상
相思 そうし 상사

## 생각 상

부수 心/9, 心/9, 心/9
〖英〗 think, speculate, miss, want to
空想(공상) 이루어질 수 없는 헛된 생각
發想(발상) 어떤 생각이 떠오름

발음 xiǎng
感想 gǎnxiǎng 감상    想念 xiǎngniàn 그리워하다
思想 sīxiǎng 사상, 의식, 생각

발음 ソウ, ソ, おもい, おもう
想像 そうぞう 상상
愛想 あいそ 붙임성, 정나미, 대접

## 한 한

부수 心(忄)/6, 忄/6, 心/6
〖英〗 hatred, dislike
餘恨(여한) 남은 원한
痛恨(통한) 매우 한탄함

발음 hèn
怨恨 yuànhèn 미워하다, 적개심

발음 コン, うら-む, うら-めしい
怨恨 えんこん 원한

## 울 명

부수 鳥/3, 鸟/3, 鳥/3
【英】cry of bird, make sound
自鳴(자명) 저절로 소리가 남. 제풀에 울거나 울림
鳴動(명동) 울리어서 진동함

발음 míng
共鸣 gòngmíng 공명
悲鸣 bēimíng 슬피 울다, 처량하게 울다, 비명

발음 メイ, な-く, な-る, な-らす
悲鳴 ひめい 비명

## 근심 수

부수 心/9, 心/9, 心/9
【英】anxiety, to worry about
鄕愁(향수) 고향을 그리워하는 마음이나 시름
愁心(수심) 근심하는 마음

발음 chóu
发愁 fāchóu 걱정하다, 근심하다, 우려하다
哀愁 āichóu 슬프다, 우수에 젖다

발음 シュウ, うれ-える, うれ-い
哀愁 あいしゅう 애수

## 생각 념

부수 心/4, 心/4, 心/4
【英】think of, recall, study
念頭(염두) 생각의 시초
信念(신념) 굳게 믿어 의심하지 않는 마음

발음 niàn
思念 sīniàn 그리워하다    信念 xìnniàn 신념, 믿음
想念 xiǎngniàn 그리워하다

발음 ネン, おもう
念 ねん 주의함, 오래 전부터의 희망
無念 むねん 무념, 아무 생각이 없음

## 근심 우   부수 心/11, 忄/4, 心/11

〘英〙 sad, grieved
憂愁(우수) 우울과 수심
患憂(환우) 병 또는 근심, 걱정

**中國** 忧   발음 yōu
无忧无虑 wúyōuwúlǜ 아무런 근심〔걱정〕이 없다
忧思 yōusī 우려하다, 걱정하다

**日本** 憂   발음 ユウ, うれ-える, うれ-い, う-い
憂国 ゆうこく 우국

## 근심/앓을 환   부수 心/7, 心/7, 心/7

〘英〙 suffer, worry about
病患(병환) 병을 높여 이르는 말
外患(외환) 외적의 침범으로 인한 근심이나 재앙

**中國** 患   발음 huàn
患者 huànzhě 환자, 병자
患病 huànbìng 병에 걸리다, 병을 앓다

**日本** 患   발음 カン, わずら-う
患者 かんじゃ 환자

## 하고자할 욕   부수 欠/7, 欠/7, 欠/7

〘英〙 desire, want, long for, intend
欲求(욕구) 본능적으로 구하는 생리적, 심리적 상태
意欲(의욕) 목표에 대해 적극적으로 작용하는 일.

**中國** 欲   발음 yù
欲望 yùwàng 욕망
禁欲 jìnyù 욕망을 억제하다, 금욕하다

**日本** 欲   발음 ヨク, ほっ-する, ほ-しい
食欲 しょくよく 식욕

## 원망할 원

**부수** 心/5, 心/5, 心/5

【英】 hatred, enmity, resentment

怨聲(원성) 원망하는 소리
民怨(민원) 국민의 원망

**中國** **발음** yuàn
恩怨 ēnyuàn 은혜와 원한
怨恨 yuànhèn 미워하다, 증오하다, 증오심

**日本** **발음** エン, オン, うらむ
私怨 しえん 사원
宿怨 しゅくえん 숙원

## 아낄 석

**부수** 心(忄)/8, 忄/8, 心/8

【英】 pity, regret

惜別(석별) 서로 떨어지기를 서운하게 여김
賣惜(매석) 시세가 오를 것을 알고 팔기를 꺼리는 일

**中國** **발음** xī
可惜 kěxī 섭섭하다, 아쉽다, 애석하다
爱惜 àixī 아끼다, 소중하게 여기다, 매우 귀여워하다

**日本** **발음** セキ, お-しい, お-しむ
惜敗 せきはい 석패
愛惜 あいせき 애석, 아끼고 사랑함

## 다행 행

**부수** 干/5, 土/5, 干/5

【英】 good fortune

幸運兒(행운아) 좋은 운수를 만난 사람
千萬多幸(천만다행) 아주 다행함

**中國** **발음** xìng
幸福 xìngfú 행복, 행복하다
幸运 xìngyùn 행운, 운이 좋다, 좋은 운수

**日本** **발음** コウ, さいわ-い, さち, しあわ-せ
幸福 こうふく 행복
不幸 ふこう 불행, 행복하지 않음

## 놀랄 경

[부수] 馬/13, 忄/8, 馬/13

〖英〗 frighten, surprise

驚異(경이) 놀라서 이상히 여김
驚歎(경탄) 몹시 감탄함

### 中國 惊

[발음] jīng

吃惊 chījīng 놀라다
惊动 jīngdòng 놀라게 하다

### 日本 驚

[발음] キョウ, おどろ-く, おどろ-かす

驚異 きょうい 경이

## 성낼 노

[부수] 心/5, 心/5, 心/5

〖英〗 anger, rage, passion, angry

怒氣(노기) 성이 난 얼굴 빛
怒發大發(노발대발) 대단히 성을 냄

### 中國 怒

[발음] nù

怒 nù 분노하다, 격노하다, 화내다, 기세가 강성하다
暴怒 bàonù 격노하다, 분노가 폭발하다

### 日本 怒

[발음] ド, いか-る, おこ-る

怒り いかり 분노, 노여움
怒気 どき 노기

## 우러를 앙

[부수] 人(亻)/4, 亻/4, 人/4

〖英〗 raise the head to look, admire

推仰(추앙) 높이 받들어 우러름
仰望(앙망) 우러러 바람

### 中國 仰

[발음] yǎng

信仰 xìnyǎng 신앙, 신앙하다, 숭배하다

### 日本 仰

[발음] ギョウ, コウ, あお-ぐ, おお-せ

信仰 しんこう 신앙

## 참을 인

[부수] 心/3, 心/3, 心/3
〖英〗 endure, bear, suffer, forbear
忍苦(인고) 괴로움을 참음
忍冬(인동) 겨우살이덩굴

[발음] rěn
忍不住 rěnbu zhù 참을 수 없다, …하지 않을 수 없다
容忍 róngrěn 용인하다, 참고 견디다

[발음] ニン, しの-ぶ, しの-ばせる
容忍 ようにん 용인

## 묘할 묘

[부수] 女/4, 女/4, 女/4
〖英〗 mysterious, subtle
妙味(묘미) 미묘한 풍취. 묘한 맛
妙案(묘안) 좋은 생각. 뛰어난 고안

[발음] miào
巧妙 qiǎomiào 교묘하다    奇妙 qímiào] 기묘하다
美妙 měimiào, 아름답다, 훌륭하다

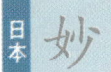

[발음] ミョウ
妙 みょう 인지가 미치지 못할 정도로 뛰어남
妙手 みょうしゅ 묘수, 명수, 명인, 썩 뛰어난 수

## 웃음 소

[부수] 竹/4, 竹/4, 竹/4
〖英〗 smile, laugh
談笑(담소) 웃으면서 이야기함
失笑(실소) 자기도 모르게 나오는 웃음

[발음] xiào
笑话 xiàohua 우스갯소리, 비웃다, 우스운 이야기
可笑 kěxiào 가소롭다, 우습다

[발음] ショウ, わら-う, え-む
大笑 たいしょう 대소

# 16. 판단

## 의논할 의 議

부수 言/13, 讠/3, 言/13
〖英〗 consult, talk over, discuss
同議(동의) 의견이나 주의가 같은 의론
相議(상의) 서로 의논함

中國 议
발음 yì
建议 jiànyì 건의, 제의, 제안
议论 yìlùn 의론하다, 비평하다, 의론

日本 議
발음 ギ
議長 ぎちょう 의장
議論 ぎろん 의논

## 논할 론 論

부수 言/8, 讠/4, 言/8
〖英〗 debate, discuss, discourse
論題(논제) 논의할 문제
反論(반론) 남의 논설이나 비난에 대하여 반박함

中國 论
발음 lún, lùn
结论 jiélùn 결론, 단안, 귀결     论文 lùnwén 논문
无论 wúlùn …에도 불구하고, …에 관계없이

日本 論
발음 ロン
論文 ろんぶん 논문
論争 ろんそう 논쟁

## 의지할 의 依

부수 人(亻)/6, 亻/6, 人/6
〖英〗 rely on, be set in
依存(의존) 의지하고 있음
依支(의지) 몸을 기대고 있음

中國 依
발음 yī
依然 yīrán 의연하다, 전과 다름이 없다, 여전하다

日本 依
발음 イ, エ
帰依 きえ 귀의
依然 いぜん 의연

268

### 지탱할/가지 지

부수 支/0, 十/2, 支/0

〖英〗 disperse, pay, support, branch

支佛(지불) 값을 치러줌
依支(의지) 몸을 기대어 부지함

中國

발음 zhī

支持 zhīchí 지지하다, 힘써 견디다, 지탱하다
一支笔 yì zhī bǐ 한 자루의 펜

日本

발음 シ, ささ-える

支給 しきゅう 지급
支度·仕度 したく 채비, 준비

### 구원할 구

부수 攴(攵)/7, 攵/7, 攵/7

〖英〗 save, rescue

救國(구국) 위태한 나라를 구하여 냄
救命(구명) 목숨을 건져줌

中國

발음 jiù

救 jiù 구하다, 구제하다, 구조하다, 막다, 제지하다
救护车 jiùhùchē 구급차

日本

발음 キュウ, すく-う

救助 きゅうじょ 구조

### 도울 조

부수 力/5, 力/5, 力/5

〖英〗 help, aid, assist

助言(조언) 옆에서 말을 덧붙여 도움
內助(내조) 아내가 남편을 도와줌

中國

발음 zhù

助理 zhùlǐ 보조하다, 보좌하다, 보좌인, 보좌관
助手 zhùshǒu 조수

日本

발음 ジョ, たす-ける, たす-かる, すけ

助手 じょしゅ 조수, 조교
助教授 じょきょうじゅ 조교수

## 맺을 결

부수 糸/6, 纟/6, 糸/6

〖英〗knot, tie, join, connect

結

歸結(귀결) 끝을 맺음
連結(연결) 잇대어 맺음

中國 结
발음 jiē, jié
结果 jiēguǒ 열매가 맺다, 결실, 결과
结婚 jiéhūn 결혼하다   结实 jiēshí 굳다, 단단하다, 질기다

日本 結
발음 ケツ, むす-ぶ, ゆ-う, ゆ-わえる
結果 けっか 결과    結婚 けっこん 결혼
結構 けっこう 훌륭함, 좋음

## 모을 집

부수 隹/4, 隹/4, 隹/4

〖英〗assemble, collect together

集

集計(집계) 모아서 합계함
集約(집약) 한데 모아서 요약함

中國 集
발음 jí
集体 jítǐ 집단, 단체, 집단 소유제
集中 jízhōng 집중하다, 모으다, 모이다

日本 集
발음 シュウ, あつ-まる, あつ-める, つど-う
集金 しゅうきん 집금, 수금
集合 しゅうごう 집합, 한 자리에 모음

## 참여할 참

부수 厶/9, 厶/6, 厶/6

〖英〗take part in, intervene, ginseng

參

參拜(참배) 무덤, 기념비 앞에서 경의나 추모의 뜻을 나타냄
持參(지참) 무엇을 가지고 가서 참석함

中國 参
발음 cān, cēn, shēn
参考 cānkǎo 참고하다, 참고, 참조하다
参与 cānyù 참여하다, 개입하다, 가담하다

日本 参
발음 サン, まい-る
参加 さんか 참가
参考 さんこう 참고

## 생각할 고 考

부수 老(耂)/2, 耂/2, 老/2
〖英〗examine, test, investigate

考證(고증) 옛 문헌 등을 상고하여 증거를 가지고 설명함
備考(비고) 참고하기 위해 준비해 둠

발음 kǎo
考试 kǎoshì 시험, 고사, 시험을 치다
思考 sīkǎo 사고, 사색, 사유

발음 コウ, かんが-える
考証 こうしょう 고증
思考 しこう 사고

## 청할 청 請

부수 言/8, 讠/8, 言/8
〖英〗ask, request, invite, please

請婚(청혼) 결혼하기를 청함
不請客(불청객) 청하지 않았는데도 온 손님

발음 qǐng
申请 shēnqǐng 신청, 요구하다, 청구하다
请客 qǐngkè 한턱내다, 손님을 초대하다, 한턱냄

발음 セイ, シン, こ-う, う-ける
申請 しんせい 신청
請求 せいきゅう 청구, 요구

## 맺을/대략 약 約

부수 糸/3, 纟/3, 糸/3
〖英〗treaty, agreement, covenant

約定(약정) 일을 약속하여 정함
期約(기약) 때를 정하여 약속함

발음 yāo, yuē
约会 yuēhuì 만날 약속을 하다, 만날 약속, 약속하다
节约 jiéyuē 절약하다, 아끼다, 절감하다

발음 ヤク
約束 やくそく 약속
予約 よやく 예약

## 한중일 공용한자 808자

### 믿을 신

**부수** 人(亻)/7, 亻/7, 人/7
〖英〗 trust, believe, letter

信念(신념) 굳게 믿는 마음    過信(과신) 지나치게 믿음
信任(신임) 믿고 일을 맡기는 일

**中國**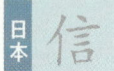
**발음** xìn
短信 duǎnxìn 짧은 편지, 문자 메시지
信号 xìnhào 신호, 신호 전파

**日本** **발음** シン, まこと
信用 しんよう 신용            信義 しんぎ 신의
信号 しんごう 신호

### 받들 봉

**부수** 大/5, 大/5, 大/5
〖英〗 serve, respect

奉養(봉양) 부모나 조부모를 받들어 모심
奉祝(봉축) 공경하는 마음으로 축하함

**中國**
**발음** fèng
奉迎 fèngyíng 영접하다, 맞이하다
信奉 xìnfèng 신봉하다, 믿다

**日本**
**발음** ホウ, ブ, たてまつ-る
信奉 しんぽう 신봉
奉公 ほうこう 봉공

### 사례할 사

**부수** 言/10, 讠/10, 言/10
〖英〗 thank, decline

謝過(사과) 잘못에 대해 용서를 빎
謝恩(사은) 받은 은혜를 감사히 여겨 사례함

**中國**
**발음** xiè
感谢 gǎnxiè 감사, 감사하다
谢谢 xièxie 감사합니다, 고맙습니다, 사례의 말을 하다

**日本**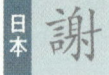
**발음** シャ, あやま-る
感謝 かんしゃ 감사

## 사양할 양

**부수** 言/17, 讠/3, 言/13

〖英〗 allow, permit, yield, concede

讓

移讓(이양) 남에게 옮기어 줌
讓受(양수) 넘겨받음

让
**발음** ràng
让步 ràngbù 양보하다
转让 zhuǎnràng 양도하다, 넘겨주다

譲
**발음** ジョウ, ゆず-る
譲歩 じょうほ 양보
分譲 ぶんじょう 분양

## 판단할 판

**부수** 刀/5, 刂/5, 刀/5

〖英〗 judge, discriminate, conclude

判

判讀(판독) 뜻을 헤아려 읽음
判定(판정) 판별하여 결정함

判
**발음** pàn
谈判 tánpàn 담판, 회담, 교섭

判
**발음** ハン, バン
判事 はんじ 판사

## 결단할 결

**부수** 水(氵)/4, 冫/4, 水/4

〖英〗 decide, determine, judge

決

決議(결의) 회의에서 의안이나 제의 등의 가부를 결정함
未決(미결) 아직 결정되지 않음

决
**발음** jué
决定 juédìng 결정하다, 결정, 규정하다
解决 jiějué 해결하다, 소멸하다, 없애 버리다

決
**발음** ケツ, き-める, き-まる
決行 けっこう 결행
決心 けっしん 결심

## 빌 축

**부수** 示/5, ネ/5, 示/5

〖英〗 best wishes, pray for happiness

祝

祝歌(축가) 축하하는 뜻으로 부르는 노래
祝願(축원) 잘 되게 해 달라고 바라며 비는 일

**中國** 祝
**발음** zhù
祝福 zhùfú 축복, 축복하다
祝贺 zhùhè 축하, 축하하다, 경하하다

**日本** 祝
**발음** シュク, シュウ, いわ－う
祝日 しゅくじつ 축일

---

## 하례할 하

**부수** 貝/5, 贝/5, 貝/5

〖英〗 congratulate, send present

賀

致賀(치하) 남의 경사에 대하여 축하의 말을 함
年賀狀(연하장) 새해의 축하 글이나 그림이 담긴 편지

**中國** 贺
**발음** hè
祝贺 zhùhè 축하, 축하하다, 경하하다

**日本**
**발음** ガ
祝賀 しゅくが 축하

---

## 바랄/드물 희

**부수** 巾/4, 巾/4, 巾/4

〖英〗 rare, hope, expect, strive for

希

希求(희구) 무엇을 바라고 요구함
希願(희원) 기대하여 바람

**中國** 希
**발음** xī
希望 xīwàng 희망, 희망하다, 원망

**日本**
**발음** キ
希望 きぼう 희망

**바랄 망** 부수 月/7, 月/7, 月/7

〖英〗 to look at, to hope, expect, gaze

望鄕(망향) 고향을 바라보고 그리워함
觀望(관망) 형세를 바라봄

발음 wàng
失望 shīwàng 희망을 잃다, 실망하다, 낙담하다
希望 xīwàng 희망, 희망하다, 원망

발음 ボウ, モウ, のぞ-む
望遠 ぼうえん 망원
欲望 よくぼう 욕망

---

**닦을 수** 부수 人(亻)/8, 亻/7, 人/8

〖英〗 study, repair, cultivate

修交(수교) 나라 간에 교제를 맺음
硏修(연수) 연구하고 닦음

발음 xiū
修改 xiūgǎi 바로잡아 고치다, 개정하다, 바로잡다
修理 xiūlǐ 수리하다, 수선하다

발음 シュウ, シュ, おさ-める, おさ-まる
修正 しゅうせい 수정
修士 しゅうし 석사, 가톨릭의 수사

---

**사귈 교** 부수 亠/4, 亠/4, 亠/4

〖英〗 mix, intersect, exchange, deliver

交易(교역) 물품을 서로 교환함
絶交(절교) 교제를 끊음

발음 jiāo
交流 jiāoliú 교류하다, 교차하여 흐르다, 엇흐르다
外交 wàijiāo 외교

발음 コウ, まじわる, まじえる, まじる, まざる, まぜる, かう, かわす
交番 こうばん '交番所'의 준말, 교번
交通 こうつう 교통

16. 판단 **275**

## 풀 해

**부수** 角/6, 角/6, 角/6

〖英〗loosen, unfasten, untie, explain

解

解說(해설) 알도록 풀어서 밝힘
和解(화해) 다투던 일을 풂

**中國** 解
**발음** jiě, jiè, xiè
解決 jiějué 해결하다, 소멸하다, 없애 버리다
解放 jiěfàng 해방하다, 자유롭게 되다, 속박에서 벗어나다

**日本** 解
**발음** カイ, ゲ, と-く, と-かす, と-ける
解決 かいけつ 해결
解放 かいほう 해방

## 사라질 소

**부수** 水(氵)/7, 氵/7, 水/7

〖英〗vanish, die out

消

消燈(소등) 등불을 끔
消盡(소진) 사라져 다 없어짐

**中國** 消
**발음** xiāo
消費 xiāofèi 소비, 다 써 버리다, 쓰다
消息 xiāoxi 뉴스, 보도    消化 xiāohuà 소화하다, 소화

**日本** 消
**발음** ショウ, き-える, け-す
消化 しょうか 소화, 음식물을 잘 삭임

## 고칠 개

**부수** 支(攵)/3, 攵/3, 攵/3

〖英〗change, alter

改

改良(개량) 더 낫거나 편리하게 고치는 것
改造(개조) 고쳐 다시 만듦

**中國** 改
**발음** gǎi
改正 gǎizhèng 개정, 정정    改革 gǎigé 개혁, 개혁하다
修改 xiūgǎi 바로잡아 고치다, 개정하다, 바로잡다

**日本** 改
**발음** カイ, あらた-める, あらた-まる
改善 かいぜん 개선
改正 かいせい 개정

**원할 원**　　부수 頁/10, 心/10, 頁/10

〚英〛 desire, sincere, honest, virtuous
願書(원서) 허가를 얻기 위하여 내는 서류
民怨(민원) 국민의 소원이나 청원

 발음 yuàn
愿望 yuànwàng 원망, 희망, 원하고 바람
愿意 yuànyi 희망하다, …하기를 바라다, 동의하다

 발음 ガン, ねが−う
願(い) ねがい 원함, 소원

**권할 권**　　부수 力/18, 力/2, 力/11

〚英〛 recommend, advise, urge
勸學(권학) 학문을 권면함
强勸(강권) 억지로 권함

 발음 quàn
劝解 quànjiě (싸움 등을) 말리다
劝农 quànnóng 권농하다. 농업을 장려하다

발음 カン, すす−める
勧告 かんこく 권고

**공경 경**　　부수 攴(攵)/9, 攵/8, 攵/9

〚英〛 respect, honor
敬老(경로) 노인을 공경함
敬語(경어) 공경하는 뜻을 나타내는 말

 발음 jìng
敬爱 jìng'ài 경애하다

 발음 ケイ, うやま−う
敬語 けいご 경어, 높임말
敬意 けいい 경의

16. 판단　277

## 다할/극진할 극

**부수** 木/8, 木/3, 木/8

〖英〗 extreme, utmost, furthest, final

極致(극치) 극단에 이른 경지
極限(극한) 궁극의 한계

### 中國 极
**발음** jí
极度 jídù 극도, 극한, 최고도
消极 xiāojí 소극적이다, 의기소침하다, 부정적이다

### 日本 極
**발음** キョク, ゴク, きわ-める, きわ-まる, きわ-み
南極 なんきょく 남극

## 다할 진

**부수** 皿/9, 尸/3, 尸/3

〖英〗 exhaust, use up

賣盡(매진) 남김없이 다 팔림
消盡(소진) 사라져 다 없어짐

### 中國 尽
**발음** jǐn, jìn
尽量 jǐnliàng(r) 되도록, 양을 다하다, 양을 다 채우다
尽力 jìnlì 힘을 다하다, 온 힘을 다하다

### 日本 尽
**발음** ジン, つ-くす, つ-きる, つ-かす
尽 じん(음력) 그믐날, 말일
尽日 じんじつ 진일, 진종일, 그믐

## 갚을/알릴 보

**부수** 土/9, 扌/4, 土/9

〖英〗 report, tell, announce

報答(보답) 남이 호의나 은혜를 갚음
通報(통보) 통지하여 보고함

### 中國 报
**발음** bào
报纸 bàozhǐ 신문, 신문지, 신문 용지
报名 bàomíng 신청하다, 지원하다, 이름을 올리다

### 日本 報
**발음** ホウ, むく-いる
報告 ほうこく 보고, 복명

**응할 응** 부수 心/13, 广/4, 心/3

〖英〗 should, ought to, must

應援(응원) 곁들여 도와 줌
因果應報(인과응보) 선악의 인업에 응하여 과보가 있음

발음 yīng, yìng
答应 dāying 대답하다, 응답하다, 동의하다
反应 fǎnyìng 반응, 반응하다  应用 yìngyòng 사용하다, 응용

발음 オウ
応用 おうよう 응용
応接間 おうせつま 응접실

**옷/입을 복** 부수 月/4, 月/4, 月/4

〖英〗 clothes, wear, dress

服用(복용) 약을 먹음
服從(복종) 남의 명령 또는 의사에 좇음

발음 fú, fù
服务员 fúwùyuán 종업원, 웨이터, 안내원
服从 fúcóng 복종, 종속, 복종하다    衣服 yīfu 옷, 의복

발음 フク
服 ふく 옷, 양복
礼服 れいふく 예복

**좇을 종** 부수 彳/8, 人/2, 彳/7

〖英〗 from, by, since

從事(종사) 일에 마음과 힘을 다함
從前(종전) 지금보다 이전

발음 cóng
服从 fúcóng 복종, 종속, 복종하다
从来 cónglái 지금까지, 여태껏, 이제까지

발음 ジュウ, ショウ, ジュ, したがーう, したがーえる
従兄弟·従姉妹 いとこ 사촌, 종형제
従軍 じゅうぐん 종군

16. 판단 **279**

### 지킬 보

부수 人(亻)/7, 亻/7, 人/7
〖英〗 protect, safeguard, defend, care
保安(보안) 안전을 유지함
保溫(보온) 일정한 온도를 보전함

中國 발음 bǎo
保证 bǎozhèng 보증하다, 확보하다, 보증
保持 bǎochí 유지하다, 보지하다, 지키다

日本 발음 ホ, たも-つ
保証 ほしょう 보증
保存 ほぞん 보존

### 지킬 수

부수 宀/3, 宀/3, 宀/3
〖英〗 defend, protect, guard
守則(수칙) 행동, 절차 등 지켜야할 사항을 정한 규칙
固守(고수) 굳게 지킴

中國 발음 shǒu
保守 bǎoshǒu 보수적이다, 고수하다
防守 fángshǒu (외부의 공격을) 수비하다, 방어하다

日本 발음 シュ, ス, まも-る, もり
守備 しゅび 수비

### 본받을 효

부수 攴(攵)/6, 攵/6, 力/6
〖英〗 result, effect
發效(발효) 효과가 발생함
實效(실효) 실제의 효과. 확실한 효험

中國 발음 xiào
效果 xiàoguǒ 효과

日本 발음 コウ, き-く
効果 こうか 효과
効力 こうりょく 효력

### 이을/받들 승

부수 手/4, 手/4, 手/4

〚英〛 inherit, receive, succeed

承服(승복) 납득함
傳承(전승) 계통을 전하여 계승함

발음 chéng
承受 chéngshòu 감당하다, 이어받다, 계승하다
承认 chéngrèn 승인하다, 동의하다, 허가하다

발음 ショウ, うけたまわーる
承認 しょうにん 승인

### 한할 한

부수 阜(阝)/6, 阝/6, 阝/6

〚英〛 boundary, limit

限定(한정) 한하여 정함
局限(국한) 어느 국부에 한정함

발음 xiàn
限制 xiànzhì 속박하다, 제약하다, 규제하다

발음 ゲン, かぎーる
期限 きげん 기한
限度 げんど 한도, 한계

### 금할 금

부수 示/8, 示/8, 示/8

〚英〛 restrict, prohibit, forbid

禁食(금식) 음식을 먹지 않음
禁止(금지) 못하게 함

발음 jīn, jìn
禁止 jìnzhǐ 금지, 금지하다

발음 キン
禁煙 きんえん 금연
禁止 きんし 금지

16. 판단 **281**

## 꾸짖을 책

責 부수 貝/4, 贝/4, 貝/4
〖英〗 one's responsibility, duty
責務(책무) 직책과 임무
重責(중책) 무거운 책임

中國 责 발음 zé
责任 zérèn 책임

日本 責 발음 セキ, せ-める
責任 せきにん 책임

## 해할 해

害 부수 宀/7, 宀/7, 宀/7
〖英〗 injure, harm, destroy, kill
加害(가해) 남에게 해를 끼침
水害(수해) 큰물 때문에 받는 해

中國 害 발음 hài, hé
危害 wēihài 손상시키다, 위해, 해를 끼치다
利害 lìhai 무섭다, 사납다, 무시무시하다, 상대하기 어렵다

日本 害 발음 ガイ
利害 りがい 이해
被害 ひがい 피해

## 관계할 관

關 부수 門/11, ソ/4, 門/6
〖英〗 frontier pass, close, relation
關與(관여) 관계하여 참여함
難關(난관) 일을 해나가기 어려운 고비

中國 关 발음 guān
关心 guānxīn 관심을 갖다, 관심을 기울이다, 관심
没关系 méi guānxi 괜찮다, 문제없다, 관계가 없다

日本 関 발음 カン, せき
関東 かんとう 관동      関西 かんさい 관서
関係 かんけい 관계

### 가질 지

持

**부수** 手/6, 扌/6, 手/6
【英】 sustain, support
持病(지병) 고치기 어려운 병
所持(소지) 가지고 있음

中國 持
**발음** chí
保持 bǎochí 유지하다, 보지하다, 지키다

日本 持
**발음** ジ, も-つ
持参 じさん 지참
気持(ち) きもち 마음, 기분, 어느 정도, 약간

### 통달할 달

達

**부수** 辵(辶)/9, 辶/3, 辶/9
【英】 arrive at, reach, intelligent
達成(달성) 뜻한 바를 이룸
未達(미달) 어떤 한도에 이르지 못함

中國 达
**발음** dá, tà
达 dá 도달하다. 도착하다. 이르다. 달성하다
表达 biǎodá (자신의 사상이나 감정을) 나타내다, 표현하다

日本 達
**발음** タツ
発達 はったつ 발달
速達 そくたつ 속달

16. 판단 **283**

# 17. 이동

## 한중일 공용한자 808자

### 날 출

**부수** 凵/3, 凵/3, 凵/3
〖英〗 go out, send out, stand, produce
出發(출발) 길을 떠나 나감
出世(출세) 숨었던 사람이 세상에 나옴

**발음** chū, chu
出口 chūkǒu 말을 꺼내다, 항구를 떠나다, 수출하다
出生 chūshēng 출생, 몸을 바치다, 출생하다

**발음** シュツ, スイ, で-る, だ-す
外出 がいしゅつ 외출, 나들이
出席 しゅっせき 출석

### 들 입

**부수** 入/0, 入/0, 入/0
〖英〗 enter, come in(to), join
入門(입문) 어떤 학문에 처음으로 들어감
入住(입주) 새로 지은 집 등에 들어가 삶

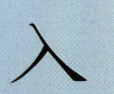

**발음** rì, rù
入口 rùkǒu 입으로 들어가다, 입구, 입항하다
收入 shōurù 받다, 받아들이다, 수록하다

**발음** ニュウ, い-る, い-れる, はい-る
入場 にゅうじょう 입장
入学 にゅうがく 입학, 학교에 들어감

### 갈 거

**부수** 厶/3, 厶/3, 厶/3
〖英〗 go away, leave, depart
去來(거래) 금전을 대차하거나 물품을 매매하는 일
過去(과거) 지나간 때

**발음** qù
去世 qùshì 세상을 떠나다, 사망하다, 작고하다
去年 qùnián 작년, 지난 해, 전년

**발음** キョ, コ, さ-る
去年 きょねん 거년, 지난해, 작년

## 올 래

**부수** 人/6, 木/3, 木/3

〖英〗 come, return

來往(내왕) 오고 감    將來(장래) 앞으로 닥쳐올 때, 앞날
招來(초래) 불러옴, 그렇게 되게 함

### 中國 来

**발음** lái

后来 hòulái 후, 그 뒤에    看来 kànlai 보기에, 보니까
来不及 lái bu jí 미치지 못하다, 손쓸 틈이 없다

### 日本 来

**발음** ライ, く-る, きた-る, きた-す

来年 らいねん 내년
来日 らいにち 내일, 외국인이 일본에 옴

## 붙을/입을 착

**부수** 目/7, 目/6, 目/7

〖英〗 make move, take action

着陸(착륙) 비행기가 육지에 내림
着手(착수) 일에 손을 대어 시작함

### 中國 着

**발음** zhāo, zháo, zhe, zhuó

着急 zháojí 조급해하다, 안달하다, 안타까워하다
接着 jiēzhe 받다, 잇따라, 연이어

### 日本 着

**발음** チャク, ジャク, き-る, き-せる, つ-く, つ-ける

着物 きもの 옷, 의복
下着 したぎ 속옷, 내의

## 벗을 탈

**부수** 肉(月)/7, 月/7, 肉/7

〖英〗 take off, undress

脫落(탈락) 빠져 버림
脫出(탈출) 몸을 빼쳐 도망함

### 中國 脱

**발음** tuō

解脱 jiětuō 해탈하다, 어려움으로부터 벗어나다

### 日本 脱

**발음** ダツ, ぬ-ぐ, ぬ-げる

脱線 だっせん 탈선, 궤도를 벗어나다

17. 이동

## 물러날 퇴

**부수** 辵(辶)/6, 辶/6, 辶/6

〖英〗 step back, retreat, withdraw

退場(퇴장) 무대 등에서 물러나옴
退治(퇴치) 물리쳐서 아주 없애버림

### 中國 退
**발음** tuì
退步 tuìbù 퇴보하다, 후퇴하다, 악화하다
退休 tuìxiū 퇴직, 도태되다, 퇴직하다

### 日本 退
**발음** タイ, しりぞ-く, しりぞ-ける
退院 たいいん 퇴원
退学 たいがく 퇴학

## 지날/글 경

**부수** 糸/7, 纟/5, 糸/5

〖英〗 classic works, pass through

經歷(경력) 겪어 지내온 일들
經費(경비) 일을 경영하는 데 필요한 비용

### 中國 经
**발음** jīng, jìng
经济 jīngjì 경제, 국민 경제에 유익하거나 해로운, 살림살이
经理 jīnglǐ 경영 관리하다, 지배인, 사장

### 日本 経
**발음** ケイ, キョウ, へ-る
経済 けいざい 경제
経験 けいけん 경험

## 지날/허물 과

**부수** 辵(辶)/9, 辶/3, 辶/9

〖英〗 pass, pass through, go across

過誤(과오) 잘못
謝過(사과) 잘못에 대해 용서를 빎

### 中國 过
**발음** guō, guò, guo
过去 guòqù 지나가다, 지나다
经过 jīngguò 경유하다, 통과하다

### 日本 過
**발음** カ, す-ぎる, す-ごす, あやま-つ, あやま-ち
過程 かてい 과정
過去 かこ 과거

**돌이킬/돌아올 반** 　부수 又/2, 又/2, 又/2
〖英〗 reverse, opposite, contrary, anti

反應(반응) 어떤 자극에 의하여 어떤 현상이 생기는 일
正反對(정반대) 전적으로 반대되는 일

　발음 fǎn
反对 fǎnduì 반대, 반대하다, 찬성하지 않다
反而 fǎn'ér 오히려, 그런데　反正 fǎnzhèng 어차피, 결국

　발음 ハン, ホン, タン, そ-る, そ-らす
反対 はんたい 반대
反省 はんせい 반성

**오를 등** 　부수 癶/7, 豆/5, 癶/7
〖英〗 rise, mount, board, climb

登校(등교) 학교에 감　　登山(등산) 산에 오름
登場(등장) 무슨 일에 어떤 사람이 나타남

　발음 dēng
登记 dēngjì 등기, 등록, 체크인
登录 dēnglù 등록하다. 기입하다. 기재하다. 로그인하다.

　발음 トウ, ト, のぼ-る
登山 とざん 등산
登場 とうじょう 등장

**이를/다다를 도** 　부수 刀(刂)/6, 刂/6, 刀/6
〖英〗 go to, arrive, been to, arrive

到達(도달) 정한 곳에 다다름. 목적한 데에 미침
當到(당도) 어떠한 곳이나 일에 닿아서 이름

　발음 dào
到处 dàochù 도처, 이르는 곳, 가는 곳
受到 shòudao …을 받다

　발음 トウ
到頭 とうとう 드디어, 결국, 마침내

### 미칠 급

**부수** 又/2, ノ/2, 又/1
**〖英〗** extend, reach, come up to, and

言及(언급) 어떤 일과 관련하여 말함
及第(급제) 과거에 합격함

**발음** jí
及格 jígé 합격하다
及时 jíshí 시기적절하다, 때맞다, 즉시

**발음** キュウ, およ-ぶ, およ-び, およ-ぼす
普及 ふきゅう 보급

---

### 탈 승

**부수** ノ/9, ノ/9, ノ/8
**〖英〗** ride, ascend

乘用車(승용차) 사람이 타는 자동차
乘務員(승무원) 차, 배, 비행기 안에서 일을 보는 사람

**발음** chéng, shèng
乘坐 chéngzuò 타다
乘客 chéngkè 승객

**발음** ジョウ, の-る, の-せる
乗客 じょうきゃく 승객

---

### 내릴 강
### 항복할 항

**부수** 阜(阝)/6, 阝/6, 阝/7
**〖英〗** descend, fall, drop

降等(강등) 등급, 계급이 내림
降雪量(강설량) 일정한 시간과 장소에 내리는 눈의 분량

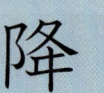

**발음** jiàng, xiáng
降落 jiàngluò 낙하하다, 착륙하다, 떨어지다

**발음** コウ, お-りる, お-ろす, ふ-る
下降 かこう 하강, 내려옴

### 옮길/운수 운

부수 辵(辶)/9, 辶/4, 辶/9

〖英〗 run, luck, fortune

運行(운행) 운전하며 진행함
氣運(기운) 시세가 돌아가는 형편

발음 yùn
命运 mìngyùn 운명, 발전 변화의 추세
运用 yùnyòng 운용, 활용, 응용

발음 ウン, はこ-ぶ
運動 うんどう 운동

### 움직일 동

부수 力/9, 力/4, 力/9

〖英〗 move, happen

感動(감동) 깊이 느끼어 마음이 움직임
變動(변동) 변하여 움직임

발음 dòng
动物 dòngwù 동물
行动 xíngdòng 걷다, 행동하다, 행동

발음 ドウ, うご-く, うご-かす
動物園 どうぶつえん 동물원
動作 どうさ 동작

### 옮길 이

부수 禾/6, 禾/6, 禾/6

〖英〗 change place, shift, move about

推移(추이) 일이나 형편이 차차 옮아 가거나 변해 감
移植(이식) 옮겨 심음

발음 yí
移动 yídòng 이동, 이동하다
移民 yímín 이민하다, 이민한 사람

발음 イ, うつ-る, うつ-す
移動 いどう 이동

## 살 주

**부수** 人(亻)/5, 亻/5, 人/5
〖英〗 reside, live at, dwell

### 住

住宅(주택) 사람들이 들어 사는 집
入住(입주) 새로 지은 집에 들어가 삶

**中國** 住
**발음** zhù
居住 jūzhù 거주하다
常住 chángzhù 상주하다, 항상 〔늘〕 거주하다

**日本** 住
**발음** ジュウ, す-む, す-まう
住居 じゅうきょ 주거
住所(住処) じゅうしょ 주소

## 달릴 주

**부수** 走/0, 走/0, 走/0
〖英〗 walk, run

### 走

走行(주행) 바퀴가 달린 탈것이 달려감
獨走(독주) 남을 앞질러 혼자 달림

**中國**
**발음** zǒu
走私 zǒusī 밀수하다
行走 xíngzǒu 걷다, 길을 가다

**日本** 走
**발음** ソウ, はし-る
走路 そうろ 주로
競走 きょうそう 경주

## 다닐 행, 항렬 항

**부수** 行/0, 行/0, 行/0
〖英〗 go, walk, move, travel, circulate

### 行

行先地(행선지) 가는 목적지
擧行(거행) 명령에 따라 시행함

**中國** 行
**발음** háng, hàng, héng, xíng
流行 liúxíng 유행, 성행, 넓게 퍼지다
自行车 zìxíngchē 자전거

**日本** 行
**발음** コウ, ギョウ, アン, い-く, ゆ-く, おこな-う
流行 りゅうこう 유행
行動 こうどう 행동, 행위

## 머무를 정

**부수** 人(亻)/9, 亻/9, 人/9
〖英〗 stop, suspend, delay

停年(정년) 퇴직하도록 정해진 연령
停會(정회) 회의를 정지함

**中國**
**발음** tíng
停止 tíngzhǐ 정지하다, 중지하다, 멎다

**日本**
**발음** テイ
停電 ていでん 정전
停留所 ていりゅうじょ 정류장

## 그칠 지

**부수** 止/0, 止/0, 止/0
〖英〗 stop, halt

廢止(폐지) 실시하던 제도 등을 치워서 그만 둠
行動擧止(행동거지) 몸을 움직여 하는 모든 것

**中國**
**발음** zhǐ
停止 tíngzhǐ 정지하다, 중지하다, 멎다

**日本**
**발음** シ, と-まる, と-める
中止 ちゅうし 중지
防止 ぼうし 방지

## 나아갈 진

**부수** 辵(辶)/8, 辶/4, 辶/8
〖英〗 advance, make progress

進路(진로) 앞으로 나아가는 길
行進(행진) 앞으로 걸어 나아감

**中國**
**발음** jìn
改进 gǎijìn 개진, 개량, 개수
进步 jìnbù 진보적이다, 진보, 진보하다

**日本**
**발음** シン, すす-む, すす-める
進行 しんこう 진행, 앞으로 나아감
前進 ぜんしん 전진

17. 이동

## 나아갈/이룰 취

**부수** 尤/9, 尤/9, 尤/9

〖英〗 just, simply, to come, go to

就

就業(취업) 직업을 얻음
成就(성취) 목적한 대로 일을 이룸

**中國**
**발음** jiù
成就 chéngjiù 성취, 성과, 성취하다

**日本**
**발음** シュウ, ジュ, つ-く, つ-ける
就任 しゅうにん 취임

## 나타날 현

**부수** 玉(王)/7, 王/4, 玉/7

〖英〗 appear, manifest, become visible

現

現象(현상) 눈앞에 나타나 보이는 사물의 형상
現存(현존) 눈앞에 있음

**中國**
**발음** xiàn
体现 tǐxiàn 구현하다, 체현하다, 구체적으로 드러내다
现代 xiàndài 현대, 사회주의 시대, 현시대

**日本**
**발음** ゲン, あらわ-れる, あらわ-す
現金 げんきん 현금, 현찰
現実 げんじつ 현실

## 전할 전

**부수** 人(亻)/11, 亻/4, 人/4

〖英〗 propagate, transmit

傳

傳受(전수) 전하여 받음
遺傳(유전) 끼치어 내려옴

**中國**
**발음** chuán, zhuàn
传说 chuánshuō 소문, 전설, 이리저리 말이 전해지다
传统 chuántǒng 전통, 보수적인, 케케묵은

**日本**
**발음** デン, つた-わる, つた-える, つた-う
伝記 でんき 전기
伝統 でんとう 전통

날 **비**　부수 飛/0, 乙/2, 飛/0
〖英〗 fly, go quickly, dart, high

飛上(비상) 날아오름
雄飛(웅비) 기운차고 용기 있게 활동함

발음 fēi
起飞 qǐfēi 이륙하다, 날아오르다, 급속히 발전해 가다
飞船 fēichuán 우주선　　飞机 fēijī 비행기, 항공기

발음 ヒ, と-ぶ, と-ばす
飛行 ひこう 비행

흩을 **산**　부수 支(攵)/8, 攵/8, 攵/8
〖英〗 scatter, disperse, break up

散在(산재) 여기저기 흩어져 있음
解散(해산) 모인 사람이 헤어짐

발음 sǎn, sàn
散步 sànbù 산보하다, 산책하다
分散 fēnsàn 분산하다. 흩어지다

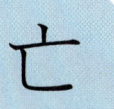
발음 サン, ち-る, ち-らす, ち-らかす, ち-らかる
散歩 さんぽ 산보, 산책

망할/달아날/죽을 **망**　부수 亠/1, 亠/1, 亠/1
〖英〗 death, destroyed, lose, perish

未亡人(미망인) 남편이 죽고 홀로 사는 여인
敗家亡身(패가망신) 가산을 탕진하고 몸을 망침

발음 wáng
死亡 sǐwáng 사망. 멸망. 파국
亡命 wángmìng 도망하다. 망명하다.

발음 ボウ, モウ, な-い
興亡 こうぼう 흥망
亡者 もうじゃ 망자

### 던질 투

**投**

부수 手(扌)/4, 扌/4, 手/4
【英】throw, cast

投球(투구) 공을 던짐
投藥(투약) 병에 알맞은 약재를 투여함

中國 投
발음 tóu
投入 tóurù 돌입하다, 뛰어들다

日本 投
발음 トウ, な-げる
投書 とうしょ 투서, 투고

### 향할/길잡을 향

**向**

부수 口/3, 口/3, 口/3
【英】toward, direction, trend

意向(의향) 무엇을 하려는 생각
指向(지향) 지정하여 그쪽으로 향하게 함

中國 向
발음 xiàng
方向 fāngxiàng 방향, 정세, 상태

日本 向
발음 コウ, む-く, む-ける, む-かう, む-こう
向上 こうじょう 향상
方向 ほうこう 방향

### 갈 왕

**往**

부수 彳/5, 彳/5, 彳/5
【英】go, depart, past, formerly

說往說來(설왕설래) 서로 변론하여 옥신각신 함
右往左往(우왕좌왕) 이랬다 저랬다 갈팡질팡 함

中國 往
발음 wǎng
往往 wǎngwǎng(r) 왕왕, 늘, 항상
交往 jiāowǎng 왕래하다. 교제하다, 교제, 왕래

日本 往
발음 オウ
往復 おうふく 왕복, 왕래, 교제

보낼 **송**　부수 辵(辶)/6, 辶/6, 辶/6
〚英〛 see off, send off, dispatch

送舊迎新(송구영신) 묵은 해를 보내고 새해를 맞음
運送(운송) 물품을 나르고 보내는 일

발음　sòng
发送 fāsong 장례를 치르다
白送 báisòng 헛되이 쓰다, 무료로 증정하다

발음　ソウ, おく-る
送金 そうきん 송금
送別 そうべつ 송별

끌 **인**　부수 弓/1, 弓/1, 弓/1
〚英〛 to pull, draw out, attract
引上(인상) 물건 값, 요금, 봉급 등을 올림
引出(인출) 예금, 저금을 찾아냄

발음　yǐn
引起 yǐnqǐ 끌다, 야기하다, 일으키다
引用 yǐnyòng 인용하다, 임용하다

발음　イン, ひ-く, ひ-ける
引用 いんよう 인용
引退 いんたい 은퇴, 일선에서 물러남

머무를 **류**　부수 田/5, 田/5, 田/5
〚英〛 halt, stay, remain
保留(보류) 일이나 안건의 결정을 미루어서 머물러 둠
殘留(잔류) 남아서 처져 있음

발음　liú
留学 liúxué 유학하다, 유학
保留 bǎoliú 보존하다, 보류하다, 찬성하지 않다

발음　リュウ, ル, と-める, と-まる
留守 るす 외출하고 집에 없음
留学 りゅうがく 유학

17. 이동

## 찾을 방 訪

부수 言/4, 讠/4, 言/4
【英】visit, ask, inquire
訪韓(방한) 한국을 방문함
來訪(내방) 남이 찾아와 봄

**中國** 访
발음 fǎng
访问 fǎngwèn 방문, 물어서 찾다, 방문하다
采访 cǎifǎng 탐방하다, 취재하다, 인터뷰하다

**日本** 訪
발음 ホウ, おとず-れる, たず-ねる
訪問 ほうもん 방문

## 찾을 탐 探

부수 手(扌)/8, 扌/8, 手/8
【英】find, locate, search
探究(탐구) 더듬어 연구함
探問(탐문) 찾아 물음

발음 tàn
探望 tànwàng 방문하다, 문안하다

**日本** 探
발음 タン, さぐ-る, さが-す
内探 ないたん 내탐

## 쫓을/따를 추 追

부수 辵(辶)/6, 辶/6, 辶/6
【英】pursue, chase after
追憶(추억) 지난 일을 돌이켜 생각함
追從(추종) 뒤를 따라서 좇음

**中國** 追
발음 zhuī
追求 zhuīqiú 추구하다, 구애하다, 탐구하다

**日本** 追
발음 ツイ, お-う
追加 ついか 추가

**이름/지극할 지** 　부수 至/0, 至/0, 至/0
〖英〗 reach, arrive, until

至當(지당) 아주 당연함
至大(지대) 더할 수 없이 아주 큼

발음 zhì
至今 zhìjīn 지금까지, 오늘까지, 오늘에 이르다

발음 シ, いた-る
至急 しきゅう 지급

---

**돌아갈 귀** 　부수 止/14, ㅋ/2, 巾/7
〖英〗 return, return to, revert to

歸家(귀가) 집으로 돌아감
歸國(귀국) 본국으로 돌아옴

발음 guī
归纳 guīnà 귀납하다. 종합하다

발음 キ, かえ-る, かえ-す
帰宅 きたく 귀가

# 18. 현상

## 열 개 開

**부수** 門/4, 开/1, 門/4

《英》 open, initiate, begin, start

開發(개발) 개척하여 발전시킴
開學(개학) 방학 등으로 쉬었던 수업을 다시 시작하는 것

中國 开

**발음** kāi
开始 kāishǐ 개시하다, 시작되다, 시작하다
公开 gōngkāi 공개, 공개적이다

日本

**발음** カイ, ひら-く, ひら-ける, あ-く, あ-ける
開放 かいほう 개방
開始 かいし 개시, 시작

## 닫을 폐 閉

**부수** 門/3, 门/3, 門/3

《英》 shut, close

開閉(개폐) 열고 닫음
閉校(폐교) 학교 문을 닫고 수업을 중지함

中國

**발음** bì
关闭 guānbì 닫다, 파산하다, 문을 닫다

日本

**발음** ヘイ, と-じる, と-ざす, し-める, し-まる
閉会 へいかい 폐회

## 놓을 방 放

**부수** 支(攵)/4, 攵/4, 攵/4

《英》 put, release, free, liberate

放心(방심) 마음을 다잡지 아니하고 풀어놓아 버림
放任(방임) 통 상관하지 않고 되는대로 맡겨 둠

中國

**발음** fàng
开放 kāifàng 피다, 해제하다, 출입·통행을 개방하다
放松 fàngsōng 늦추다, 느슨하게 하다, 이완시키다

日本

**발음** ホウ, はな-す, はな-つ, はな-れる
放出 ほうしゅつ 방출
放送 ほうそう 방송

## 통할 통

**부수** 辵(辶)/7, 辶/7, 辶/7
〖英〗 pass through, common, communicate

通常(통상) 특별하지 않고 예사임
精通(정통) 사물에 밝고 자세히 통함

**中國** 通
**발음** tōng, tòng
交通 jiāotōng 교통, 통하다, 사통팔달하다
普通话 pǔtōnghuà 현대 중국어의 표준어, 표준어

**日本** 通
**발음** ツウ, ツ, とお-る, とお-す, かよ-う
交通 こうつう 교통
通貨 つうか 통화

## 찰 만

**부수** 水(氵)/11, 氵/10, 水/9
〖英〗 fill, full, satisfied

滿開(만개) 꽃이 활짝 핌
滿船(만선) 배에 가득 차 있음

**中國** 满
**발음** mǎn
满意 mǎnyì 만족하다, 만족스럽다, 결의하다
充满 chōngmǎn 가득차다, 가득 채우다, 충만하다

**日本** 満
**발음** マン, み-ちる, み-たす
満員 まんいん 만원
満足 まんぞく 만족

## 필 발

**부수** 癶/7, 又/3, 癶/4
〖英〗 issue, dispatch, send out, hair

發送(발송) 물건이나 편지, 서류 등을 보냄
滿發(만발) 많은 꽃이 활짝 다 핌

**中國** 发
**발음** fā, fà
开发 kāifā 개발하다, 개척하다, 지불하다
发生 fāshēng 발생하다    发现 fāxiàn 발견, 나타내다

**日本** 発
**발음** ハツ, ホツ
発見 はっけん 발견
発電 はつでん 발전

## 견줄 비 比

**부수** 比/0, 比/0, 比/0

**《英》** to compare, liken, comparison

比等(비등) 비교해 보건대 서로 어슷비슷함
比例(비례) 두 수나 양의 비가 다른 두 수나 양의 비와 같음

### 中國 比
**발음** bǐ
比较 bǐjiào 비교하다, 비교적, …에 비해
比如 bǐrú 예를 들다, 예컨대

### 日本 比
**발음** ヒ, くら-べる
対比 たいひ 대비, 비교

## 같을 여 如

**부수** 女/3, 女/3, 女/3

**《英》** if, supposing, as if, like, as

如前(여전) 전과 같다

### 中國 如
**발음** rú
如果 rúguǒ 만약, 만일
如何 rúhé 어떻게, 어떤, 어떻게 하면

### 日本 如
**발음** ジョ, ニョ
如何 いかが 어떻게, 어떻습니까, 어째서 …일까
如何致 しまして どういたしまして 천만의 말씀

## 이을 련 連

**부수** 辵(辶)/7, 辶/4, 辶/7

**《英》** join, connect, continuous, even

連結(연결) 서로 이어 맺음   連勝(연승) 잇따라 이김
連休(연휴) 휴일이 이틀 이상 겹쳐서 연달아 노는 일

### 中國 连
**발음** lián
连忙 liánmáng 급히, 얼른   接连 jiēlián 연거푸, 잇달아
连续剧 liánxùjù 연속극, 연속 드라마

### 日本 連
**발음** レン, つら-なる, つら-ねる, つ-れる
連想 れんそう 연상
連休 れんきゅう 연휴

**이을 속** 부수 糸/15, 纟/8, 糹/7

〖英〗 continue, carry on, succeed

## 續

連續(연속) 끊이지 않고 죽 이음
存續(존속) 계속 존재함

中國 续

발음 xù
手续 shǒuxù 수속, 절차, 코스
持续 chíxù 지속하다, 계속 유지하다, 이어지다

日本 続

발음 ゾク, つづーく, つづーける
接続 せつぞく 접속
続行 ぞっこう 속행

**변할 변** 부수 言/16, 又/6, 夊/6

〖英〗 change, transform, alter, rebel

## 變

變調(변조) 말이나 행동이 먼저와 달라짐
變移(변이) 변화하여 다른 상태로 옮김

中國 变

발음 biàn
改变 gǎibiàn 변하다, 바뀌다, 바꾸다
变化 biànhuà 변화, 달라지다, 바뀌다

日本 変

발음 ヘン, かーわる, かーえる
変 へん 변, 변화    変化 へんか 변화
変更 へんこう 변경

**될 화** 부수 匕/2, 亻/2, 匕/2

〖英〗 change, convert, reform, -ize

## 化

強化(강화) 더 튼튼하고 강하게 함
同化(동화) 같은 성질로 변함

中國 化

발음 huā, huà
变化 biànhuà 변화, 달라지다, 바뀌다
文化 wénhuà 문화, 지식, 교육 수준

日本 化

발음 カ, ケ, ばーける, ばーかす
変化 へんか 변화
化学 かがく 화학

## 거스릴/거스를 역

**부수** 辵(辶)/6, 辶/6, 辶/6

**【英】** disobey, rebel, rebel, traitor

逆

逆順(역순) 거꾸로 된 순서
逆風(역풍) 거슬러 부는 바람

### 中國 逆
**발음** nì
逆行 nìxíng 역행하다
逆流 nìliú 역류하다, 역류

### 日本 逆
**발음** ギャク, さか, さからう
逆 ぎゃく 반대, 거꾸로임
真逆 まさか 위급한 사태에 직면함, 설마

## 흐를 류

**부수** 水(氵)/7, 氵/7, 水/7

**【英】** flow, circulate, drift, class

流

流布(유포) 널리 퍼짐
支流(지류) 본류로 흘러가는 물줄기

### 中國 流
**발음** liú
交流 jiāoliú 교류하다, 교차하여 흐르다
流传 liúchuán 유전하다, 세상에 널리 퍼지다

### 日本 流
**발음** リュウ, ル, ながれる, ながす
交流 こうりゅう 교류     流失 りゅうしつ 유실
流行 りゅうこう 유행

## 끊을 절

**부수** 糸/6, 纟/6, 糸/6

**【英】** to cut, sever, break off, terminate

絶

絕交(절교) 교제를 끊음
絕望(절망) 희망을 버리고 단념함

### 中國 绝
**발음** jué
绝对 juéduì 절대, 절대적, 아무런 조건도 없는

### 日本 絶
**발음** ゼツ, た-える, た-やす, た-つ
絶対 ぜったい 절대, 절대로, 무조건

## 덜 제 除

부수 阜(阝)/7, 阝/7, 阝/7
〖英〗 eliminate, remove, except

除去(제거) 덜어 없앰
除雪(제설) 쌓인 눈을 치움

### 中國 除
발음 chú
除非 chúfēi 다만 …함으로써만이 비로소
除夕 chúxī 섣달 그믐날, 12월 31일, 섣달그믐

### 日本 除
발음 ジョ, ジ, のぞ-く
除外 じょがい 제외
除名 じょめい 제명

## 섞을 혼 混

부수 水(氵)/8, 氵/8, 水/8
〖英〗 to mix, blend, mingle

混線(혼선) 언행이 맥락이 없어 종잡을 수 없음
混戰(혼전) 두 편이 뒤섞이어 싸움

### 中國 混
발음 hún, hùn
混合 hùnhé 혼합하다, 함께 섞다
混成 hùnchéng 혼성하다, 뒤섞어 만들다

### 日本 混
발음 コン, ま-じる, ま-ざる, ま-ぜる
混合 こんごう 혼합, 서로 섞임

## 떨어질 락 落

부수 艸(艹)/9, 艹/9, 艹/9
〖英〗 fall, drop

落望(낙망) 희망이 없어짐
落書(낙서) 장난으로 아무데나 함부로 글자나 그림을 그림

### 中國 落
발음 là, lào, luó, luò
降落 jiàngluò 낙하하다, 착륙하다, 떨어지다
落后 luòhòu 뒤떨어지다, 뒤처지다, 늦어지다

### 日本 落
발음 ラク, お-ちる, お-とす
落第 らくだい 낙제, 불합격

## 뜰 부

浮

**부수** 水(氵)/7, 氵/7, 水/7
**〖英〗** to float, drift, waft

浮上(부상) 물 위로 떠오르는 것
浮雲(부운) 하늘에 떠 다니는 구름, 덧없는 세상일

**中國** 浮
**발음** fú
浮动 fúdòng 떠서 움직이다, 불안정하다
浮现 fúxiàn (지난 일이) 뇌리〔눈앞·머릿속〕에 떠오르다

**日本** 浮
**발음** フ, う-く, う-かれる, う-かぶ, う-かべる
浮力 ふりょく 부력

## 다를/나눌 별

別

**부수** 刀(刂)/5, 刂/5, 刀/5
**〖英〗** separate, other, do not

別居(별거) 따로 떨어져 삶
別味(별미) 특별히 좋은 맛

**中國** 别
**발음** bié, biè
个别 gèbié 개개, 개별적   别人 biérén 남, 다른 사람
特别 tèbié 특별하다, 특이하다, 유다르다

**日本** 別
**발음** ベツ, わか-れる
別 べつ 구별, 차이
別意 べつい 별의, 다른 생각,

## 다를 이

異

**부수** 田/6, 廾/3, 田/6
**〖英〗** different, unusual, strange

異色(이색) 다른 빛깔
異說(이설) 세상에 통용되는 설과는 다른 설

**中國** 异
**발음** yì
异常 yìcháng 심상치 않다, 보통이 아니다, 특히
日新月异 rìxīnyuèyì 나날이 새로워지다

**日本** 異
**발음** イ, こと, ことなる
異常 いじょう 이상

## 펼 전

**부수** 尸/7, 尸/7, 尸/7
〖英〗 open, unfold, stretch, extend

展望(전망) 멀리 바라봄
進展(진전) 전보하여 발전함

**발음** zhǎn
发展 fāzhǎn 발전, 확대, 발전하다
展开 zhǎnkāi 펴다, 펼치다, 벌리다

**발음** テン
展開 てんかい 전개, 타개
展示 てんじ 전시

## 벌릴/줄 렬

**부수** 刀(刂)/4, 刂/4, 刀/4
〖英〗 a line, to arrange in order, classify

列强(열강) 여러 강한 나라들   列擧(열거) 하나씩 들어 말함
序列(서열) 순서를 좇아 늘어놓음

**발음** liè
排列 páiliè 배열하다, 정렬하다, 순열
列车 lièchē 열차        行列 hángliè 행렬, 행과 열

**발음** レツ
列島 れっとう 열도
列車 れっしゃ 열차

## 더할 증

**부수** 土/12, 土/12, 土/11
〖英〗 increase, add to, augment

增强(증강) 인원, 설비 등을 더하여 굳세게 함
增設(증설) 설비를 늘림

**발음** zēng
增加 zēngjiā 증가하다, 늘리다, 더하다
增长 zēngzhǎng 증가하다, 늘어나다, 높아지다

**발음** ゾウ、ま-す、ふ-える、ふ-やす
増加 ぞうか 증가
増大 ぞうだい 증대

18. 현상

갤 청 부수 日/8, 日/8, 日/8
【英】 clear weather, fine weather

晴空(청공) 맑게 갠 하늘
晴朗(청랑) 맑고 명랑함

 발음 qíng
晴天 qíngtiān 비도 오지 않고, 구름이나 바람도 없는 날씨

 발음 セイ, は-れる, は-らす
快晴 かいせい 쾌청

# 19. 지각·존재

### 있을 유

부수 月/2, 月/2, 月/2
【英】 have, own, possess, exist
有能(유능) 재능이 있음
有力(유력) 힘이 있음

 中國
발음 yǒu, yòu
有利 yǒulì 유리하다, 이롭다, 유익하다
有名 yǒumíng 유명하다, 정당한 이유가 있다

 日本
발음 ユウ, ウ, あ-る
有料 ゆうりょう 유료
有無 うむ 유무

### 없을 무

부수 火(灬)/8, 二/2, 火/8
【英】 negative, no, not
無難(무난) 어렵지 아니함
無意味(무의미) 아무 뜻이 없음

 中國
발음 mó, wú
无 wú 없다, …이 (가) 아니다. …하지 않다
无奈 wúnài 유감스럽게도, 어찌 할 도리가 없다

 日本
발음 ム, ブ, な-い
無料 むりょう 무료　　　　無線 むせん 무선
無地 むじ 무지, 전체가 한 빛깔로 무늬가 없음

### 아닐 부

부수 口/4, 口/4, 口/4
【英】 not, no, negative
否認(부인) 인정하지 않음
安否(안부) 편안함과 편안하지 않음, 일상의 소식을 말함

 中國
발음 fǒu, pǐ
否认 fǒurèn 부인하다, 부정하다, 취소하다
否则 fǒuzé 만약 그렇지 않으면　　否定 fǒudìng 부정적인

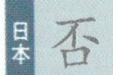 日本
발음 ヒ, いな
否定 ひてい 부정

### 아닐/그릇될 비

**부수** 非/0, ㅣ/7, 非/0
〖英〗 not, negative

非理(비리) 이치에 어그러짐
非一非再(비일비재) 한두 번이 아님

**中國**
**발음** fēi
非常 fēicháng 예사롭지 않은, 비상한, 비정상적인
除非 chúfēi 다만 …함으로써만이 비로소

**日本**
**발음** ヒ
非難 ひなん 비난
非常 ひじょう 비상, 보통이 아님

### 아닐 미

**부수** 木/1, 木/1, 木/1
〖英〗 not yet

未達(미달) 어떤 한도에 이르지 못함
未滿(미만) 정한 수효나 정도에 차지 못함

**中國**
**발음** wèi
未来 wèilái 미래, 멀지 않은 장래, 조만간
未必 wèibì 반드시 …한 것은 아니다

**日本**
**발음** ミ
未来 みらい 미래, 장래

### 아닐 불

**부수** 一/3, 一/3, 一/3
〖英〗

不義(불의) 의롭지 못함
不和(불화) 사이가 서로 화합하지 못함

**中國**
**발음** bù, dǔn
不然 bùrán 그렇지 않다, 그렇지 않으면, 아니요
来不及 lái bu jí 미치지 못하다, 손쓸 틈이 없다

**日本**
**발음** フ, ブ
不可 ふか 불가, 옳지 않음
不通 ふつう 불통       不幸 ふこう 불행

## 있을 존

부수 子/3, 子/3, 子/3
〖英〗 exist, live
共存(공존) 둘 이상의 사물이 함께 있음
依存(의존) 의지하고 있음

中國
발음 cún
保存 bǎocún 보존하다, 저장하다
存在 cúnzài 존재, 현존, 자인

日本 存
발음 ソン, ゾン
生存 せいぞん 생존
存在 そんざい 존재

## 있을 재

부수 土/3, 土/3, 土/3
〖英〗 be at, in, on, consist in, rest
散在(산재) 여기저기 흩어져 있음
不在者(부재자) 그 자리에 없는 사람

中國
발음 zài
正在 zhèngzài 마침, 바야흐로
存在 cúnzài 존재, 현존, 자인

日本 在
발음 ザイ, あ-る
在学 ざいがく 재학

## 알 인

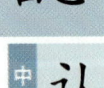

부수 言/7, 讠/2, 言/7
〖英〗 recognize, know, understand
誤認(오인) 잘못보거나 인정함
容認(용인) 용납하여 인정함

中國 认
발음 rèn
承认 chéngrèn 승인하다, 동의하다, 허가하다
认真 rènzhēn 진지하다, 성실하다, 곧이 듣다

日本
발음 ニン, みと-める
認定 にんてい 인정
是認 ぜにん 시인

## 알 지

**부수** 矢/3, 矢/3, 矢/3
**〖英〗** know, perceive, comprehend

知行合一(지행합일) 지식과 행위가 하나 됨
親知(친지) 가깝게 지내는 사람

**발음** zhī
知道 zhīdào 알다, 이해하다, 깨닫다
通知 tōngzhī 통지하다, 알리다, 통지

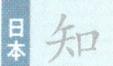
**발음** チ, し-る
知能 ちのう 지능
知識 ちしき 지식

## 볼 시

**부수** 見/5, 见/4, 見/4
**〖英〗** look at, inspect, observe, see

視野(시야) 눈의 보는 힘이 미치는 범위
視點(시점) 시력의 중심이 가 닿는 점

**발음** shì
轻视 qīngshì 경시하다, 얕보다, 가볍게 보다
电视 diànshì 텔레비전    重视 zhòngshì 중시, 중시하다

**발음** シ
視線 しせん 시선

## 들을 청

**부수** 耳/16, 口/4, 耳/11
**〖英〗** hear, understand, obey, comply

聽衆(청중) 강연이나 설교를 듣는 군중
聽力(청력) 귀로 소리를 듣는 일

**발음** tīng
听见 tīngjiàn 듣다, 들리다
打听 dǎtīng 물어보다, 알아보다

**발음** チョウ, き-く
視聴 しちょう 시청

## 볼 관

**부수** 見/18, 见/2, 見/11

〖英〗 see, observe, view, appearance

觀

觀點(관점) 사물을 보는 입장
悲觀(비관) 사물을 슬프게만 보고 생각하고 실망함

**中國** 观

**발음** guān, guàn
观念 guānniàn 관념, 생각, 의식
乐观 lèguān 낙관, 낙관적, 낙관적이다

**日本** 観

**발음** カン
観光 かんこう 관광
観念 かんねん 각오, 단념, 관념

## 살필 찰

**부수** 宀/11, 宀/11, 宀/11

〖英〗 examine, investigate

察

不察(불찰) 잘 살피지 않아서 생긴 잘못
省察(성찰) 반성하여 살핌

**中國**

**발음** chá
观察 guānchá 관찰하다, 관찰

**日本**

**발음** サツ
観察 かんさつ 관찰

## 부을/물댈 주

**부수** 水(氵)/5, 氵/5, 水/5

〖英〗 pour, concentrate, focus

注

注視(주시) 눈독을 들여 잘 봄
注油(주유) 자동차 등에 휘발유 따위를 주입함

**中國**

**발음** zhù
注意 zhùyì 주의하다, 조심하다, 주의
注册 zhùcè 등기, 등록, 등록하다

**日本**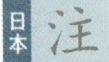

**발음** チュウ, そそ-ぐ
注目 ちゅうもく 주목
注解 ちゅうかい 주해

생각할 억 　부수 心(忄)/13, 忄/1, 心/13
〖英〗 remember, reflect upon, memory

憶

記憶力(기억력) 기억하는 힘

中國 忆　발음 yì
记忆 jìyì 기억, 기억하다
回忆 huíyì 회상, 추억, 회상하다

日本 憶　발음 オク
追憶 ついおく 추억
記憶 きおく 기억

볼 견
뵈올 현　부수 見/0, 见/0, 見/0
〖英〗 see, observe, behold, percieve

見

見解(견해) 자기 의견과 해석
私見(사견) 자기 개인의 의견

中國 见　발음 jiàn, xiàn
看见 kànjiàn 보다, 보이다, 눈에 띄다
意见 yìjiàn 의견, 이의, 불만

日本 見　발음 ケン, み-る, み-える, み-せる
見当 けんとう 목표, 방향, 부근
見舞(い) みまい 문안, 문병　　見物 けんぶつ 구경, 구경꾼

들을 문　부수 耳/8, 门/6, 耳/8
〖英〗 hear, smell, make known, news

聞

未聞(미문) 아직 듣지 못함
今始初聞(금시초문) 이제야 비로소 처음으로 들음

中國 闻　발음 wén
新闻 xīnwén 뉴스, 새로운 일, 신기한 일
见闻 jiànwén 견문, 문견(聞見).

日本 聞　발음 ブン, モン, き-く, き-こえる
見聞 けんぶん・けんもん 견문
新聞 しんぶん 신문

## 보일 시

**부수** 示/0, 示/0, 示/0

〖英〗 show, manifest, demonstrate

暗示(암시) 넌지시 깨우쳐 줌
例示(예시) 예를 들어 보임

**中國**
**발음** shì
表示 biǎoshì 가리키다, 의미하다, 나타내다
出示 chūshì 포고문을 붙이다, 내보이다, 제시하다

**日本**
**발음** ジ, シ, しめ-す
明示 めいじ 명시

## 알 식

**부수** 言/12, 讠/5, 言/12

〖英〗 recognize, understand, know

識別(식별) 알아서 구별함
有識(유식) 학문이 있어 견식이 높음

**中國**
**발음** shí, zhì
常识 chángshí 상식
认识 rènshi 알다, 인식하다, 인식

**日本**

**발음** シキ
意識 いしき 의식
知識 ちしき 지식

## 잊을 망

**부수** 心/3, 心/3, 心/3

〖英〗 forget, neglect, miss

忘年會(망년회) 괴로움을 잊자는 뜻으로 연말에 여는 잔치
忘失(망실) 잊어버림

**中國**
**발음** wáng, wàng
忘记 wàngjì 잊어버리다, 소홀히 하다, 까먹다
备忘录 bèiwànglù (일반적인) 비망록. 회의록

**日本**
**발음** ボウ, わす-れる
忘失 ぼうしつ 망실
備忘 びぼう 비망

## 볼 간 看

부수 目/4, 目/4, 目/4
〖英〗 look, see, examine

看過(간과) 예사로이 보고 넘김
看病(간병) 병자 옆에서 보살피며 구완하여 줌

**中國** 看
발음 kān, kàn
看见 kànjiàn 보다, 보이다, 눈에 띄다
看法 kànfǎ(r) 견해, 보는 방법, 의견

**日本** 看
발음 カン
看病 かんびょう 간병
看板 かんばん 간판

## 깨달을 오 悟

부수 心(忄)/7, 忄/7, 心/7
〖英〗 to apprehend, realize, become aware

開悟(개오) 지혜가 열리어 도를 깨달음
改悟(개오) 잘못을 뉘우쳐 깨달음

**中國** 悟
발음 wù
领悟 lǐngwù 깨닫다, 이해하다
悟道 wùdào 도를 깨치다

**日本** 悟
발음 ゴ, さと-る
悟性 ごせい 오성=知性

19. 지각·존재 319

# 20. 수식

## 가장 최

**最**

부수 曰/8, 曰/8, 曰/8
〖英〗 most, extremely, exceedingly
最近(최근) 장소나 위치가 가장 가까움
最善(최선) 가장 착하고도 좋음

中國 最
발음 zuì
最好 zuìhǎo 가장 좋다, 제일 좋다, 바람직한 것은
最后 zuìhòu 최후, 맨 마지막

日本 最
발음 サイ, もっと-も
最高 さいこう 최고
最後 さいご 최후, 마지막

## 처음 초

**初**

부수 刀/5, 刀/5, 刀/5
〖英〗 beginning, initial, primary
初代(초대) 어떤 계통의 최초의 사람
初面(초면) 처음으로 대하여 봄

中國 初
발음 chū
初级 chūjí 초급, 초급의
最初 zuìchū 최초, 처음, 맨 먼저

日本 初
발음 ショ, はじ-め, はじ-めて, はつ, うい, そ-める
初歩 しょほ 초보, 초학, 첫걸음

## 먼저 선

**先**

부수 儿/4, 儿/4, 儿/4
〖英〗 first, former, previous
先取(선취) 남보다 먼저 얻거나 가짐
先約(선약) 먼저 약속함

中國 先
발음 xiān
先生 xiānsheng 선생, 남편, 바깥양반
首先 shǒuxiān 우선, 무엇보다 먼저, 첫째

日本 先
발음 セン, さき
先 さっき 아까, 조금 전   先頭 せんとう 선두
先生 せんせい 선생, 스승

## 각각 각

**부수** 口/3, 口/3, 口/3

〖英〗 each, individually, every, all

各處(각처) 여러 곳
各界(각계) 사회의 각 방면

**발음** gě, gè
各自 gèzì 각자, 제각기

**발음** カク, おのおの
各自 かくじ 각자
各地 かくち 각지

## 온전 전

**부수** 入/4, 人/4, 人/4

〖英〗 whole, maintain

全員(전원) 전체의 인원
保全(보전) 보호하여 안전하게 함

**발음** quán
安全 ānquán 안전, 안전하다, 보통이다
全部 quánbù 전부, 전반적인, 전체의

**발음** ゼン, まったーく
全力 ぜんりょく 전력
全身 ぜんしん 전신, 온몸

## 다 개

**부수** 白/4, 白/4, 白/4

〖英〗 all, every, everybody

皆骨山(개골산) 금강산의 겨울 명칭
皆勤(개근) 하루도 빠짐 없이 출석 또는 출근함

**발음** jiē
皆 jiē 모두, 전부, 다

**발음** カイ, みな
皆 みな 다, 모두, 모두들, 전부

## 모두 제

**부수** 言/9, 讠/8, 言/8

〖英〗 various, all

### 諸

諸家(제가) 문내(門內)의 여러 집안
諸具(제구) 여러 가지 기구

**中國** 诸 **발음** zhū
诸位 zhūwèi 제위, 여러분

**日本** 諸 **발음** ショ
諸君 しょくん 제군

## 홀로 독

**부수** 犬(犭)/13, 犭/6, 犬/6

〖英〗 alone, single

### 獨

獨特(독특) 특별나게 다름
獨學(독학) 학교에 다니지 않고 혼자서 배움

**中國** 独 **발음** dú
单独 dāndú 단독, 혼자서, 단독으로
独立 dúlì 홀로 서다, 독립, 독자적으로 하다

**日本** 独 **발음** ドク, ひと-り
独立 どくりつ 독립
独身 どくしん 독신, 단신

## 매양/늘 매

**부수** 毋/3, 母/2, 毋/2

〖英〗 every, each

### 每

每番(매번) 번번이
每事(매사) 일마다. 모든 일

**中國** 每 **발음** měi
每每 měiměi 늘, 언제나, 항상　每年 měinián 매년. 해마다
每常 měicháng 늘. 언제나. 항상

**日本** 每 **발음** マイ
每年 まいねん 매년, 해마다　每度 まいど 매번, 항상, 번번이
每晩 まいばん 매일 밤, 밤마다

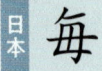

### 떳떳할/늘 상

**부수** 巾/8, 巾/8, 巾/8

〖英〗 common, normal, frequent, regular

常勤(상근) 매일, 일정한 시간 동안 그 직무에 종사함
常設(상설) 늘 설비하여 둠

**발음** cháng
经常 jīngcháng 늘, 항상, 언제나
非常 fēicháng 예사롭지 않은, 비상한, 비정상적인

**발음** ジョウ, つね, とこ
常識 じょうしき 상식

### 하여금 령

**부수** 人/3, 人/3, 人/3

〖英〗 command, order

假令(가령) 무엇을 보충할 때 가정의 뜻으로 쓰는 접속 부사
法令(법령) 법률과 명령의 통칭

**발음** líng, lǐng, lìng
命令 mìnglìng 명령, 명령하다
指令 zhǐlìng 지시하다, 명령하다, 지령

**발음** レイ
命令 めいれい 명령

### 서로 상

**부수** 目/4, 目/4, 目/4

〖英〗 each other, mutual, appearance

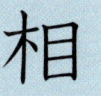

相好(상호) 서로 좋아함
相異(상이) 서로 다름

**발음** xiāng, xiàng
相同 xiāngtóng 똑같다, 서로 같다, 같다
相信 xiāngxìn 믿다, 신임하다  相处 xiāngchǔ 함께 살다

**발음** ソウ, ショウ, あい
相談 そうだん 상담, 상의, 의논
相当 そうとう 상당, 상응, 상당히

## 모름지기 수 　부수 頁/3, 页/3, 頁/3

【英】must, have to, necessary

須要(수요) 꼭 소용되는 바가 있음

### 中國 须
발음 xū
必须 bìxū 반드시 …해야 한다, 기필코 …해야 한다
须知 xūzhī 주의 사항, 숙지 사항, 안내 사항

### 日本 須
발음 ス
必須 ひっす 필수=필요(必要)

## 같을 약 　부수 艸/5, 艹/5, 艹/5

【英】if, supposing, assuming, similar

萬若(만약) 만일(萬一), 혹시
自若(자약) 침착하다

### 中國 若
발음 rě, ruò
假若 jiǎruò 만약. 만일. 가령
若夫 ruòfú …에 대해서는. …와 〔과〕 같은 것은

### 日本 若
발음 ジャク, ニャク, わかーい, もーしくは
若干 じゃっかん 약간
若(わか)夫婦(ふうふ) 젊은 부부

## 이미/말 이 　부수 己/0, 己/0, 己/0

【英】already, finished, stop

萬不得已 만부득이 만부득이하여
已往(이왕) 오래 전

### 中國 已
발음 yǐ
已经 yǐjing 이미, 벌써

### 日本 已
발음 い, すでに
已成 いせい 이미 이루어짐

**말미암을 유** 부수 田/0, 田/0, 田/0

〖英〗 cause, reason

事由(사유) 일의 까닭
由來(유래) 사물의 연유하여 온 바

 발음 yóu

理由 lǐyóu(r) 이유, 까닭
自由 zìyóu 자유, 자유롭다

 발음 ユ, ユウ, ユイ, よし

経由 けいゆ 경유
自由 じゆう 자유

**써 이** 부수 人/3, 人/2, 人/3

〖英〗 therefore, consider as, in order to

以實直告(이실직고) 사실 그대로 고함
以心傳心(이심전심) 마음과 마음으로 전달됨

 발음 yǐ

所以 suǒyǐ 그래서, 그런 까닭에
以及 yǐjí 및, 그리고, 아울러

 발음 イ

以内 いない 이내
以上 いじょう 이상, …보다 많음

**인할 인** 부수 口/3, 口/3, 口/3

〖英〗 cause, reason, by, because (of)

因果(인과) 원인과 결과
要因(요인) 직접 그 원인 또는 조건이 되는 요소

 발음 yīn

因素 yīnsù 구성 요소, 원인, 조건
因为 yīnwèi …때문에, 왜냐하면    原因 yuányīn 원인

 발음 イン, よ-る

原因 げんいん 원인

20. 수식 **327**

### 연고/까닭 고  부수 攴(攵)/5, 攵/5, 攵/5

〖英〗 ancient, old, reason, because

**故**

故國(고국) 조상이 살던 고향인 나라
故人(고인) 오래된 벗. 죽은 사람

中國 **故**  발음 gù
故事 gùshì 선례, 고사, 옛날 있었던 일
故意 gùyì(r) 고의로, 일부러, 고의

日本 **故**  발음 コ, ゆえ
故郷 こきょう 고향
故障 こしょう 고장

### 예 석  부수 日/4, 日/4, 日/4

〖英〗 formerly, ancient, in beginning

**昔**

昔人(석인) 옛 사람
今昔(금석) 지금과 옛적

中國 **昔**  발음 xī
昔日 xīrì 옛날, 이전, 석일, 석시(昔時), 종전

日本 **昔**  발음 セキ, シャク, むかし
昔年 せきねん 석년, 옛날

### 으뜸 원  부수 儿/2, 儿/2, 儿/2

〖英〗 first, dollar, origin

**元**

元老(원로) 연령, 덕망, 관직이 높은 공신
元祖(원조) 어떤 일을 시작한 사람

中國 **元**  발음 yuán
公元 gōngyuán 서기, 서력 기원
单元 dānyuán 단원, 단일한 근원, 현관

日本 **元**  발음 ゲン, ガン, もと
元 もと 사물의 시작, 처음
元日 がんじつ 원일, 설날, 1월 1일

### 두/다시 재  부수 冂/4, 冂/4, 冂/4
〖英〗 again, twice, re-

再起(재기) 다시 일어남
再拜(재배) 두 번 절함

발음 zài
再见 zàijiàn 또 뵙겠습니다, 안녕히 계십시오, 안녕
再三 zàisān 재삼, 여러 번, 거듭

발음 サイ, サ, ふたた-び
再生 さいせい 재생, 회생, 갱생

### 고칠 경, 다시 갱  부수 曰/3, 曰/3, 曰/3
〖英〗 more, still further, much more

更生(갱생) 다시 살아남
更新(갱신) 다시 새롭게 함

발음 gēng, gèng
更加 gèngjiā 더욱 더, 한층    更正 gēngzhèng 정정하다
更新 gēngxīn 경신(갱신)하다. 새롭게 바꾸다

발음 コウ, さら, ふ-ける, ふ-かす
変更 へんこう 변경

### 또 우  부수 又/0, 又/0, 又/0
〖英〗 right hand, again

日新又日新(일신우일신) 날로 새롭고 또, 날로 새로워짐

발음 yòu
又名 yòumíng 다른 이름
又悲又喜 yòubēiyòuxǐ 희비 쌍곡선

발음 また
又 また 다른 때, 다음, 또

20. 수식 **329**

## 이를/일찍 조  부수 日/2, 日/2, 日/2

【英】 early, soon, morning

早期(조기) 이른 시기
早速(조속) 이르고도 빠름

발음 zǎo
早上 zǎoshang 아침
早安 zǎo'ān 안녕히 주무셨습니까? 잘 잤니? [아침 인사말]

발음 ソウ, サッ, はや-い, はや-まる, はや-める
早口 はやくち 말이 빠름

## 반드시 필  부수 心/1, 心/1, 心/1

【英】 surely, most certainly, must

必讀書(필독서) 반드시 읽어야 하는 책
必勝(필승) 반드시 이김

발음 bì
必然 bìrán 필연적이다, 반드시, 꼭
必要 bìyào 필요, 필요하다

발음 ヒツ, かなら-ず
必死 ひっし 필사, 반드시 죽음, 죽기를 각오함

## 감히/구태여 감  부수 支(攵)/8, 攵/7, 攵/8

【英】 to dare, venture, bold, brave

敢請(감청) 스스러움이나 어려움을 무릅쓰고 감히 청하는 것
果敢(과감) 과단성 있고 용감한 것

발음 gǎn
勇敢 yǒnggǎn 용감하다

발음 カン
敢行 かんこう 감행

### 하여금/부릴 사 使

**부수** 人(亻)/6, 亻/6, 人/6
**〖英〗** cause, messenger, use

密使(밀사) 비밀히 보내는 사자
勞使(노사) 노동자와 사용자

#### 中國 使
**발음** shǐ
使劲 shǐjìn(r) 힘을 쓰다
促使 cùshǐ …도록 하다, …하게 하다, 재촉하다

#### 日本 使
**발음** シ, つかーう
使用 しよう 사용

---

### 누구 수 誰

**부수** 言/8, 讠/8, 言/8
**〖英〗** who? whom? whose? anyone?

誰何(수하) 어떤 사람, 어느 누구

#### 中國 谁
**발음** shuí, shéi
谁 shéi 누구, 아무
爱谁谁 àishéishéi 아무것도 신경 쓰지 않아! 상관없어!

#### 日本 誰
**발음** だれ
誰 だれ 누구

---

### 어찌 하 何

**부수** 人(亻)/5, 亻/5, 人/5
**〖英〗** what, why, where, which, how

六何原則(육하원칙) 뉴스 보도에 담겨야 할 6가지 기본 요소
何等(하등) 아무런, 조금도

#### 中國 何
**발음** hé
任何 rènhé 어떠한, 무엇, 어느
何必 hébì 구태여 …할 필요가 있는가

#### 日本 何
**발음** カ, なに, なん
何故 なぜ 왜, 어째서
何時 いつ 언제, 어느 때

# 부록

중요 四字成語
형태가 구별되는 한국과 중국 한자어
의미가 구별되는 한국과 중국 한자어
중국 한자 어휘
일본 한자 어휘
출제 예상 문제

## 중요 四字成語

| 사자성어 | 의 미 |
|---|---|
| 家家戶戶(가가호호) | 한 집 한 집  비 家家門前 |
| 加減乘除(가감승제) | 덧셈, 뺄셈, 곱셈, 나눗셈을 아울러 이르는 말. |
| 甘言利說(감언이설) | 달콤한 말과 이로운 말, 남의 비위를 맞추거나 꾀는 말. |
| 居安思危(거안사위) | 편안할 때에 어려움이 닥칠 것을 미리 대비하여야 함. 出 춘추좌씨전(春秋左氏傳)  비 安居危思, 有備無患  반 亡羊補牢, 死後藥方文, 死後淸心丸 |
| 見物生心(견물생심) | 어떠한 실물을 보게 되면 그것을 가지고 싶은 욕심이 생김. |
| 見危授命(견위수명) | 見危致命 참조. 나라가 위태로울 때 자기의 몸을 나라에 바침. |
| 見危致命(견위치명) | 나라가 위태로울 때 자기의 몸을 나라에 바침. 出 논어(論語) 자장(子張)편  비 見危授命 |
| 決死反對(결사반대) | 죽기를 각오하고 있는 힘을 다하여 반대함. |
| 結草報恩(결초보은) | 죽은 뒤에라도 은혜를 잊지 않고 갚음. 出 춘추시대에, 진나라의 위과(魏顆)가 아버지가 세상을 떠난 후에 서모를 개가시켜 순사(殉死)하지 않게 하였더니, 그 뒤 싸움터에서 그 서모 아버지의 혼이 적군의 앞길에 풀을 묶어 적을 넘어뜨려 위과가 공을 세울 수 있도록 하였다는 고사에서 유래. 出 춘추좌씨전(春秋左氏傳) 선공(宣公) 15年 秋七月條  비 結草, 刻骨難忘, 白骨難忘, 難忘之澤, 難忘之恩 |
| 敬老孝親(경로효친) | 늙은이를 공경하고 어버이에게 효도함. |
| 驚天動地(경천동지) | 하늘을 놀라게 하고 땅을 뒤흔듦. 세상을 몹시 놀라게 함.  비 驚天 |

| 사자성어 | 의 미 |
|---|---|
| 敬天愛人 (경천애인) | 하늘을 숭배하고 인간을 사랑함. |
| 古今東西 (고금동서) | 옛날과 지금, 동양과 서양을 통틀어 이르는 말. |
| 高低長短 (고저장단) | 높고 낮음과 길고 짧음. |
| 苦盡甘來 (고진감래) | 쓴 것이 다하면 단 것이 옴. 고생 끝에 즐거움이 옴. 세상일은 순환되는 것임. 반 興盡悲來 |
| 告解聖事 (고해성사) | 告白聖事(고백성사) |
| 曲直不問 (곡직불문) | 不問曲直 참조. 바르거나 바르지 않음을 묻지 아니함. |
| 骨肉相爭 (골육상쟁) | 骨肉相殘 참조. 가까운 혈족끼리 서로 싸움. |
| 公明正大 (공명정대) | 하는 일이나 태도가 사사로움이나 그릇됨이 없이 분명하고, 정당하고 떳떳함. |
| 公私多忙 (공사다망) | 공적인 일과 사적인 일로 많이 바쁨. |
| 公示送達 (공시송달) | 민사 소송법에서, 당사자의 주거 불명 따위의 사유로 소송에 관한 서류를 전달하기 어려울 때에 그 서류를 법원 게시판이나 신문에 일정한 기간 동안 게시함으로써 송달한 것과 똑같은 효력을 발생시키는 송달 방법. |
| 空前絶後 (공전절후) | 前無後無 참조. 앞에는 비었고, 뒤에는 끊어짐. |
| 共存共榮 (공존공영) | 다 같이 잘 살아나감. |
| 公平無私 (공평무사) | 공평하여 사사로움이 없음. |
| 官製葉書 (관제엽서) | 정부에서 발행한 일정한 규격의 우편엽서. |

| 사자성어 | 의미 |
|---|---|
| 光明正大 (광명정대) | 말과 행동이 떳떳하고 정당함. 비 公明, 公正, 大公至平, 至公, 至公無私, 至公至平 |
| 光陰流水 (광음유수) | 세월이 흐르는 물처럼 빠름 출 안씨가훈(顔氏家訓). 비 光陰如箭 |
| 交友以信 (교우이신) | 믿음으로 벗을 사귐. 화랑도 세속 오계의 하나. |
| 敎學相長 (교학상장) | 가르치고 배우면서 서로 성장함. 출 예기(禮記). |
| 九死一生 (구사일생) | 아홉 번 죽을 뻔하다 한 번 살아남. 죽을 고비를 여러 차례 넘기고 겨우 살아남. 출 이소(離騷). 비 百死一生, 十生九死, 萬死一生, 起死回生 |
| 九牛一毛 (구우일모) | 아홉 마리의 소 가운데 박힌 하나의 털. 매우 많은 것 가운데 극히 적은 수. 출 한서(漢書) 사마천전(司馬遷傳). 비 滄海一粟, 滄海一滴, 大海一滴, 大海一粟 |
| 國泰民安 (국태민안) | 나라가 태평하고 백성이 편안함. |
| 君臣有義 (군신유의) | 五倫(오륜)의 하나. 임금과 신하 사이에는 의리가 있어야 함. |
| 權不十年 (권불십년) | 권세는 십 년을 가지 못함. 아무리 높은 권세라도 오래 가지 못함. 비 勢不十年 |
| 極樂往生 (극락왕생) | 죽어서 극락세계에 다시 태어남. |
| 極惡無道 (극악무도) | 더할 나위 없이 악하고 도리에 완전히 어긋나 있음. |
| 近朱者赤 (근주자적) | 近墨者黑 참조. 붉은 것을 가까이 하면 붉어짐. |
| 金權萬能 (금권만능) | 돈만 있으면 모든 일을 다 할 수 있음. |

| 사자성어 | 의미 |
|---|---|
| 今始初聞(금시초문) | 지금 비로소 처음으로 들음. |
| 今時初聞(금시초문) | 바로 지금 처음으로 들음. |
| 金枝玉葉(금지옥엽) | 금으로 된 가지와 옥으로 된 잎. 임금의 가족. 귀한 자손. 비 瓊枝玉葉 |
| 己未運動(기미운동) | 기미년(1919년)의 운동, 삼일운동. |
| 起死回生(기사회생) | 九死一生 참조. 거의 죽을 뻔하다가 도로 살아남. 出 여씨춘추(呂氏春秋) 별류편(別類篇) 비 幾死僅生 |
| 記憶喪失(기억상실) | 이전의 어느 기간 동안의 기억이 사라져 버리는 일. |
| 氣絕招風(기절초풍) | 기 흐름이 막히고 풍증에 걸림. 몹시 놀란 상태를 나타냄. |
| 落落長松(낙락장송) | 가지가 길게 축축 늘어진 키가 큰 소나무. |
| 落木寒天(낙목한천) | 나뭇잎이 다 떨어진 겨울의 춥고 쓸쓸한 풍경. 또는 그런 계절. |
| 落心千萬(낙심천만) | 마음이 천길만길 떨어짐. 바라던 일을 이루지 못하여 마음이 몹시 상함. |
| 落花流水(낙화유수) | 떨어지는 꽃과 흐르는 물. 가는 봄의 경치. 살림이나 세력이 약해져 아주 보잘것없이 됨. 떨어지는 꽃은 물이 흐르는 대로 흐르기를 바라고 흐르는 물은 떨어지는 꽃을 띄워 흐르기를 바란다는 데서, 남녀가 서로 그리워함을 이르는 말. 춘앵전이나 처용무에서, 두 팔을 좌우로 한 번씩 뿌리는 춤사위. |
| 難兄難弟(난형난제) | 누구를 형이라 하고 누구를 아우라 하기 어려움. 두 사물이 비슷하여 낫고 못함을 정하기 어려움. 出 세설신 |

| 사자성어 | 의미 |
|---|---|
| | 어(世說新語) 덕행편(德行篇). 비 伯仲, 伯仲之間, 伯仲之勢, 伯仲勢, 莫上莫下, 難伯難仲 |
| 南男北女(남남북녀) | 우리나라에서, 남자는 남쪽 지방 사람이 잘나고 여자는 북쪽 지방 사람이 고움을 이르는 말. |
| 男女老少(남녀노소) | 남자와 여자, 늙은이와 젊은이이란 뜻으로, 모든 사람을 이름. |
| 男女有別(남녀유별) | 유교 사상에서 남자와 여자 사이에 분별이 있어야 함을 이름. |
| 男女平等(남녀평등) | 남자와 여자의 법률적 권리나 사회적 대우에 차별이 없음. |
| 內憂外患(내우외환) | 나라 안팎의 여러 가지 어려움. 出 국어(國語) 진어(晋語), 관자(管子) 계(戒)편. 비 近憂遠慮 |
| 怒發大發(노발대발) | 몹시 노하여 크게 성을 냄. 出 사기(史記) 인상여전(藺相如傳). 비 怒髮衝冠 |
| 論功行賞(논공행상) | 공적의 크고 작음 따위를 논의하여 그에 알맞은 상을 줌. 비 賞功 |
| 能小能大(능소능대) | 모든 일에 두루 능함. |
| 多多益善(다다익선) | 많으면 많을수록 더욱 좋음. 한(漢)나라의 장수 한신(韓信)이 고조(高祖)와 장수의 역량에 대하여 얘기할 때, 고조는 10만 정도의 병사를 지휘할 수 있는 그릇이지만, 자신은 병사의 수가 많을수록 잘 지휘할 수 있다고 한 말에서 유래. 出 사기(史記) 회음후열전(淮陰侯列傳). |
| 多事多難(다사다난) | 여러 가지 일도 많고 어려움이나 탈도 많음. |
| 多才多能(다재다능) | 재주가 많고 능력이 많음. |

| 사자성어 | 의 미 |
| --- | --- |
| 多情多感(다정다감) | 정이 많고 감정이 풍부함. |
| 多情多恨(다정다한) | 유난히 잘 느끼고 또 원한도 잘 가짐 또는 애틋한 정도 많고 한스러운 일도 많음 |
| 單刀直入(단도직입) | 혼자서 칼 한 자루를 들고 적진으로 곧장 쳐들어감. 여러 말을 늘어놓지 아니하고 바로 핵심적인 것을 말함. |
| 大驚失色(대경실색) | 크게 놀라 얼굴빛이 하얗게 됨. 비 大驚失性 |
| 大同小異(대동소이) | 큰 차이 없이 거의 같음. 비 五十笑百 |
| 大明天地(대명천지) | 아주 환하게 밝은 세상. |
| 大書特筆(대서특필) | 글자를 크게 쓰고 특별하게 보이게 씀. 신문 따위의 출판물에서 어떤 기사에 큰 비중을 두어 다룸.<br>비 大書特記, 大書特書, 大字特書, 特筆大書 |
| 大逆無道(대역무도) | 사람의 도리를 거스르는 행위로 예전에는 임금에 대한 거스름을 뜻함 出 한서(漢書) 비 大逆不道 |
| 大義名分(대의명분) | 사람으로서 마땅히 지키고 행하여야 할 도리나 본분. 어떤 일을 꾀하는 데 내세우는 합당한 구실이나 이유. |
| 大慈大悲(대자대비) | 넓고 커서 끝이 없는 부처와 보살의 자비, 관세음보살이 중생을 사랑하고 불쌍히 여기는 마음. |
| 到處春風(도처춘풍) | 四面春風 참조. 이르는 곳마다 봄바람. |
| 獨不將軍(독불장군) | 혼자서는 장군이 될 수 없음. 무슨 일이든 자기 생각대로 혼자서 처리하는 사람. 다른 사람에게 따돌림을 받는 외로운 사람. 남과 의논하고 협조하여야 함. |

| 사자성어 | 의 미 |
|---|---|
| 讀書亡羊(독서망양) | 글을 읽는 데 정신이 팔려서 먹이고 있던 양을 잃음. 하는 일에는 뜻이 없고 다른 생각만 하다가 낭패를 봄. 出 . 出 장자(莊子) 외편(外篇) 변무편(騈拇篇). |
| 讀書三到(독서삼도) | 독서를 하는 세 가지 방법. 입으로 다른 말을 아니하고 책을 읽는 구도(口到), 눈으로 다른 것을 보지 않고 책만 잘 보는 안도(眼到), 마음속에 깊이 새기는 심도(心到). 🔁 三到 |
| 讀書三餘(독서삼여) | 책을 읽기에 적당한 세 가지 여유있는 때. 겨울, 밤, 비가 올 때. 🔁 三餘 |
| 同苦同樂(동고동락) | 괴로움도 즐거움도 함께 함. |
| 同名異人(동명이인) | 같은 이름을 가진 서로 다른 사람. |
| 東問西答(동문서답) | 동쪽을 물으니 서쪽으로 답함. 물음과는 전혀 상관없는 엉뚱한 대답. 🔁 問東答西 |
| 東西古今(동서고금) | 동양과 서양, 옛날과 지금을 통틀어 이르는 말. |
| 東西南北(동서남북) | 동쪽과 서쪽, 남쪽과 서쪽. 사방. |
| 同姓同本(동성동본) | 姓(성)과 본관이 모두 같음. |
| 得意揚揚(득의양양) | 뜻한 바를 이루어 우쭐거리며 뽐냄. 出 사기(史記) 관안열전(管晏列傳). 🔁 意氣揚揚 |
| 得一忘十(득일망십) | 한 가지를 얻고 열 가지를 잃어버림. 기억력이 좋지 못함 🔁 聞一知十 |
| 燈下不明(등하불명) | 등잔 밑이 어두움. 가까이에 있는 물건이나 사람을 잘 찾지 못함. |

| 사자성어 | 의 미 |
|---|---|
| 燈火可親(등화가친) | 등불을 가까이할 만함. 서늘한 가을밤은 등불을 가까이 하여 글 읽기에 좋음. 出 한유(韓愈) 부독서성남(符讀書城南). |
| 馬耳東風(마이동풍) | 牛耳讀經 참조. 말귀에 동쪽바람. 남의 말을 귀담아 듣지 않고 그대로 흘려버림. 出 이백(李白) 답왕십이한야독작유회(答王十二寒夜獨酌有懷). 비 如風過耳, 牛耳讀經, 對牛彈琴, 牛耳誦經 |
| 萬古不變(만고불변) | 아주 오랜 세월 동안 변하지 아니함. |
| 萬不成說(만불성설) | 語不成說 참조. 모든 것이 말이 되지 않음. |
| 滿場一致(만장일치) | 장내에 모인 모든 사람의 의견이 같음. |
| 免責特權(면책특권) | 국회의원이 국회에서 직무상 행한 발언과 표결에 대하여 국회 밖에서 책임을 지지 않는 특권. |
| 名不虛傳(명불허전) | 이름이 헛되이 퍼진 것이 아니라는 뜻으로, 이름날 만한 까닭이 있음을 이르는 말. |
| 明若觀火(명약관화) | 불을 보듯 분명하고 뻔함. 비 觀火, 不問可知, 不言可知, 不言可想 |
| 目不忍見(목불인견) | 눈앞에 벌어진 상황 따위를 눈뜨고는 차마 볼 수 없음. 비 不忍見 |
| 目食耳視(목식이시) | 눈으로 먹고 귀로 본다는 뜻으로, 맛있는 것보다 보기에 아름다운 음식을 좋아하고, 몸에 맞는 것보다 귀로 들은 유행하는 의복(衣服)을 입는 것처럼 겉치레만 따름 出 사마광(司馬光)의 우서(迂書) |
| 木人石心(목인석심) | 나무로 만든 인간과 돌의 마음. 의지가 굳어 어떠한 유혹에도 마음이 흔들리지 않는 사람. 진(晋)나라 무제(武帝) 때의 권신(權臣) 가충(賈充)이 한 말로 진서(晋書). |

| 사자성어 | 의 미 |
|---|---|
| 目指氣使(목지기사) | 눈짓으로 지시하고 얼굴빛으로 사람을 부린다는 말로 사람을 경멸하며 부림 出 한서(漢書) |
| 無骨好人(무골호인) | 줏대가 없이 두루뭉술하고 순하여 남의 비위를 다 맞추는 사람. |
| 無男獨女(무남독녀) | 아들이 없고 하나뿐인 딸. |
| 無念無想(무념무상) | 무아의 경지에 이르러 일체의 상념을 떠남. |
| 無病長壽(무병장수) | 병 없이 건강하게 오래 삶. |
| 無不通知(무불통지) | 무슨 일이든지 환히 통하여 모르는 것이 없음. 비 無不通達 |
| 無比一色(무비일색) | 傾國之色 참조. 견줄 데가 없는 오직 하나의 미모, 미인. |
| 無常出入(무상출입) | 아무 때나 거리낌 없이 드나듦. |
| 無所不在(무소부재) | 있지 않는 데가 없이 어디든지 다 있음 |
| 無錢取食(무전취식) | 값을 치를 돈도 없이 남이 파는 음식을 취함. |
| 無主空山(무주공산) | 주인이 없는 빈 산 또는 쓸쓸한 분위기의 산 |
| 聞一知十(문일지십) | 하나를 듣고 열 가지를 미루어 앎. 지극히 총명함. 出 논어(論語) 공야장(公冶長). |
| 門前成市(문전성시) | 집 문 앞이 시장을 이루다시피 함. 찾아오는 사람이 많음. 出 한서(漢書) 정숭전(鄭崇傳). 비 門庭若市  반 門前雀羅 |

| 사자성어 | 의 미 |
|---|---|
| 門庭若市(문정약시) | 門前成市 참조. 대문 안 뜰이 시장 같음. 찾아오는 사람이 많음. |
| 物心兩面(물심양면) | 물질적인 것과 정신적인 것의 두 방면. |
| 物心一如(물심일여) | 사물과 마음이 구분 없이 하나의 근본으로 통합됨. |
| 物我一體(물아일체) | 외물(外物)과 자아, 객관과 주관, 또는 물질계와 정신계가 어울려 하나가 됨. |
| 物外閑人(물외한인) | 세상사에 관계하지 않고 한가롭게 지내는 사람. |
| 美風良俗(미풍양속) | 아름답고 좋은 풍속이나 기풍. |
| 民貴君輕(민귀군경) | 백성이 존귀하고 사직은 그 다음이며 임금은 가볍다'라고 말한 데서 유래. 2011년 새해 사자성어. 出 맹자(孟子) 진심(盡心)편 |
| 反面敎師(반면교사) | 아주 나쁜 점만 가르쳐주는 선생이란 뜻에서 그와 같이 되지 않기 위한 본보기로 삼음 |
| 拜金思想(배금사상) | 돈을 최고의 가치로 여기고 숭배하는 사상. |
| 百家爭鳴(백가쟁명) | 많은 학자나 문화인 등이 자기의 학설이나 주장을 자유롭게 발표하여, 논쟁하고 토론함. 1956년에 중국 공산당이 정치 투쟁을 위하여 내세운 강령. |
| 白骨難忘(백골난망) | 죽어서 백골이 되어도 잊을 수 없음. 잊지 못할 큰 은덕. |
| 百年大計(백년대계) | 먼 앞날까지 미리 내다보고 세우는 크고 중요한 계획. |
| 百年同樂(백년동락) | 百年偕老 참조. 평생 동안 즐거움을 함께 함. |

| 사자성어 | 의 미 |
|---|---|
| 百年言約(백년언약) | 百年佳約 참조. 평생을 같이 지낼 것을 굳게 다짐하는 아름다운 언약. |
| 百年河淸(백년하청) | 아무리 오랜 시일이 지나도 어떤 일이 이루어지기 어려움. 황하(黃河)가 늘 흐려 맑을 때가 없다는 데서 유래. 出 춘추좌씨전(春秋左氏傳) 양왕(襄王) 8년조. 比 不知何歲月, 千年一淸 |
| 百萬長者(백만장자) | 재산이 매우 많은 사람, 아주 큰 부자. |
| 白面書生(백면서생) | 한갓 글만 읽고 세상일에는 전혀 경험이 없는 사람. 송서(宋書) 심경지전(沈慶之傳). |
| 百發百中(백발백중) | 백 번 쏘아 백 번 맞힘. 총이나 활 따위를 쏠 때마다 겨눈 곳에 다 맞음. 무슨 일이나 틀림없이 잘 들어맞음. 比 一發必中 |
| 白衣民族(백의민족) | 흰옷을 입은 민족, 한민족을 이르는 말. 예로부터 우리 민족이 흰옷을 즐겨 입은 데서 유래. |
| 白衣從軍(백의종군) | 벼슬 없이 군대를 따라 싸움터로 감. |
| 百戰老將(백전노장) | 수많은 싸움을 치른 노련한 장수. |
| 百戰百勝(백전백승) | 싸울 때마다 다 이김. |
| 百害無益(백해무익) | 해롭기만 하고 하나도 이로운 바가 없음. |
| 別有天地(별유천지) | 武陵桃源 참조. 이 세상과 따로 존재하는 세계. |
| 兵家常事(병가상사) | 전쟁에서 이기고 지는 일은 흔히 있는 일임을 이름, 실패는 흔히 있으므로 낙심할 것이 없음을 이르는 말. |

| 사자성어 | 의 미 |
|---|---|
| 步武堂堂(보무당당) | 걸음걸이가 씩씩하고 위엄이 있음. 步는 한 걸음, 武는 반걸음. |
| 報本反始(보본반시) | 천지에 보답하고 처음으로 돌아간다는 뜻으로, 천지와 선조의 은혜에 보답함 出 예기(禮記) |
| 伏地不動(복지부동) | 땅에 엎드려 움직이지 아니한다는 말로 주어진 일이나 업무를 처리하는 데 몸을 사림 |
| 富國强兵(부국강병) | 나라를 부유하게 만들고 군대를 강하게 함, 부유한 나라와 강한 군대. |
| 富貴功名(부귀공명) | 재산이 많고 지위가 높으며 공을 세워 이름을 떨침. |
| 富貴榮華(부귀영화) | 재산이 많고 지위가 높으며 귀하게 되어서 세상에 드러나 온갖 영광을 누림. |
| 富貴在天(부귀재천) | 부유함과 귀함은 하늘에 달려 있음. |
| 不當利得(부당이득) | 정당치 못한 방법으로 얻는 이익. |
| 父母奉養(부모봉양) | 부모를 받들어 모심. |
| 夫婦有別(부부유별) | 五倫(오륜)의 하나, 남편과 아내 사이에는 본분의 구별이 있음. |
| 扶養家族(부양가족) | 처자나 부모 형제 등 자기가 부양하거나 부양 하여야 하는 가족. |
| 父子有親(부자유친) | 五倫(오륜)의 하나. 아버지와 아들 사이에는 두터운 정이 있어야 함. |
| 父傳子傳(부전자전) | 아버지가 아들에게 대대로 전함  比 父子相傳, 父傳子承 |

부록 345

| 사자성어 | 의 미 |
|---|---|
| 北窓三友(북창삼우) | 거문고, 술, 시(詩). 백거이(白居易)의 북창삼우시(北窓三友詩). |
| 不可思議(불가사의) | 생각하거나 미루어 헤아릴 수 없음, 이상야릇함. |
| 不勞所得(불로소득) | 직접 일을 하지 아니하고 얻는 이익. |
| 不老長生(불로장생) | 늙지않고 오래도록 살아감. |
| 不立文字(불립문자) | 불교에서 문자로 가르침을 세우지 않는다는 의미에서 마음에서 마음으로 전한다는 뜻으로 쓰임. |
| 不眠不休(불면불휴) | 자지도 않고 쉬지도 않음. 일에 모든 힘을 쏟음. |
| 不問可知(불문가지) | 묻지 아니하여도 알 수 있음. 비 不言可想, 不言可知 |
| 不問曲直(불문곡직) | 옳고 그름을 따지지 아니함. 出 사기(史記) 열전(列傳) 이사전(李斯傳). 비 不問曲折, 曲直不問 |
| 不言可知(불언가지) | 不問可知 참조. 말하지 않아도 알 수 있음. |
| 不要不急(불요불급) | 중요하지도 않고 급하지도 않음. |
| 不遠萬里(불원만리) | 不遠千里 참조. 만 리 길도 멀다하지 않음. |
| 不遠千里(불원천리) | 천 리 길도 멀다고 여기지 않음. 出 맹자(孟子) 양혜왕(梁惠王). 비 不遠萬里 |
| 不快指數(불쾌지수) | 기온과 습도 따위의 기상 요소를 자료로 무더위에 대하여 몸이 느끼는 쾌, 불쾌의 정도를 나타내는 지수. |
| 不學無識(불학무식) | 배운 것이 없어 아는 것이 없음. |

| 사자성어 | 의 미 |
|---|---|
| 不協和音(불협화음) | 어울리지 않는 소리 또는 사람들 관계가 잘 어울리지 않음 |
| 非一非再(비일비재) | 같은 현상이나 일이 한둘이 아니고 많음. |
| 氷上競技(빙상경기) | 얼음판 위에서 하는 경기를 통틀어 이르는 말. |
| 思考方式(사고방식) | 어떤 문제에 대하여 생각하고 궁리하는 방법이나 태도. |
| 士農工商(사농공상) | 예전에, 백성을 나누던 네 가지 계급. 선비, 농부, 공장(工匠), 상인을 이름. |
| 四端七情(사단칠정) | 성리학(性理學)에서 사단(四端)은 인간의 본성에서 우러나오는 마음씨로 인의예지(仁義禮智)를 말하며, 칠정(七情)은 인간의 자연적 감정으로 희로애락애오욕(喜怒哀樂愛惡欲)을 가리킴 出 맹자(孟子) |
| 四達五通(사달오통) | 四通八達 참조. 길이 여러 방면으로 다 통함. |
| 事大主義(사대주의) | 주체성이 없이 세력이 강한 나라나 사람을 받들어 섬기는 태도. |
| 四書五經(사서오경) | 사서(論語, 孟子, 大學, 中庸)와 오경(詩經, 書經, 易經, 禮記, 春秋)을 아울러 이르는 말. |
| 四時春風(사시춘풍) | 四面春風 참조. 사계절 봄바람. 두루 봄바람. |
| 事實無根(사실무근) | 근거가 없음, 터무니없음. |
| 四通五達(사통오달) | 四通八達 참조. 길이 여러 방면으로 두루 통함. |
| 四通八達(사통팔달) | 도로나 교통망, 통신망 따위가 이리저리 사방으로 통함. 비 四達五通, 四通五達 |

| 사자성어 | 의 미 |
|---|---|
| 事必歸正(사필귀정) | 모든 일은 반드시 바른길로 돌아감. 비 邪不犯正 |
| 四海兄弟(사해형제) | 온 세상 사람이 모두 형제. 친밀함을 이르는 말. 出 논어(論語) 안연편(顏淵篇). 비 四海同胞 |
| 山戰水戰(산전수전) | 산에서도 싸우고 물에서도 싸움. 세상의 온갖 고생과 어려움을 다 겪음. |
| 山川草木(산천초목) | 산과 내와 풀과 나무라는 뜻으로, 자연을 이름. |
| 殺身成仁(살신성인) | 捨生取義 참조. 자기의 몸을 희생하여 인(仁)을 이룸. 出 논어(論語) 위령공편(衛靈公篇). |
| 三三五五(삼삼오오) | 서너 사람 또는 대여섯이 떼를 지은 모양 또는 여기저기 몇몇씩 흩어져 있는 모양 出 이백(李白)의 채련곡(采蓮曲) |
| 三十六計(삼십육계) | 서른여섯 가지의 꾀. 많은 꾀. 여러 계책 중에 가장 좋은 것은 도망가는 것이라는 말(三十六計走爲上計). 자치통감(資治通鑑). |
| 三位一體(삼위일체) | 세 가지의 것이 하나의 실체를 구성함. |
| 三日天下(삼일천하) | 五日京兆 참조. 정권을 잡았다가 짧은 기간 내에 밀려나게 됨. 어떤 지위에 발탁, 기용되었다가 며칠 못 가서 떨어지는 일. |
| 三尺童子(삼척동자) | 키가 석 자 정도밖에 되지 않는 어린아이, 철없는 어린아이. |
| 三寒四溫(삼한사온) | 7일을 주기로 사흘 동안 춥고 나흘 동안 따뜻함, 한국을 비롯하여 아시아의 동부, 북부에서 나타나는 겨울 기온의 변화 현상을 이름. |
| 相扶相助(상부상조) | 서로서로 도움. |

| 사자성어 | 의미 |
|---|---|
| 上善若水(상선약수) | 지극히 착한 것은 마치 물과 같음. 물은 만물을 이롭게 하면서도 다투지 아니하고, 많은 사람들이 싫어하는 곳에 처하니, 그런 까닭으로 도에 가까움. 出 노자(老子) 8장. |
| 生面大責(생면대책) | 잘 알지 못하고 관계없는 사람을 그릇 꾸짖음 |
| 生面不知(생면부지) | 태어나서 만나 본 적이 없는 전혀 모르는 사람 |
| 生不如死(생불여사) | 살아 있음이 차라리 죽는 것만 못함. 몹시 어려운 형편에 있음. |
| 生死苦樂(생사고락) | 삶과 죽음, 괴로움과 즐거움을 통틀어 이르는 말. |
| 西方淨土(서방정토) | 서쪽에 있다는 아미타불의 극락세계. |
| 先公後私(선공후사) | 공적인 일을 먼저 하고 사사로운 일은 뒤로 미룸. |
| 善男善女(선남선녀) | 성품이 착한 남자와 여자, 착하고 어진 사람들을 이름, 곱게 단장을 한 남자와 여자를 이름. |
| 先史時代(선사시대) | 문헌 사료가 전혀 존재하지 않는 시대. |
| 先憂後樂(선우후락) | 근심할 일은 남보다 먼저 근심하고 즐길 일은 남보다 나중에 즐김 出 고문진보(古文眞寶) |
| 先義後利(선의후리) | 먼저 도리를 생각하고 이익은 그 뒤에 한다는 말로 장사의 기본 태도를 말함 出 맹자(孟子) |
| 仙風道骨(선풍도골) | 신선의 풍채와 도인의 골격, 남달리 뛰어나고 高雅(고아)한 풍채를 이름. |
| 雪上加雪(설상가설) | 雪上加霜 참조. 눈 위에 또 눈이 덮힘. |

| 사자성어 | 의 미 |
|---|---|
| 說往說來(설왕설래) | 서로 변론을 주고받으며 옥신각신함. 말이 오고 감.<br>비 言去言來, 言三語四, 言往說來, 言往言來 |
| 雪中四友(설중사우) | 옥매(玉梅), 납매(臘梅), 다매(茶梅), 수선(水仙)을 가리킴 |
| 世上萬事(세상만사) | 세상에서 일어나는 온갖 일. |
| 世世相傳(세세상전) | 여러 대를 두고 전하여 내려옴 |
| 歲時風俗(세시풍속) | 계절에 따라 치르는 옛날부터 그 사회에 전해 오는 생활 전반에 걸친 행사나 습관. |
| 勢如破竹(세여파죽) | 燎原之火 참조. 대를 쪼개는 기세. 적을 거침없이 물리치고 쳐들어가는 기세. 진서(晉書) 두예전(杜預傳). |
| 歲寒三友(세한삼우) | 추운 겨울철의 세 벗, 추위에 잘 견디는 소나무, 대나무, 매화나무를 통틀어 이름. 松竹梅. |
| 速戰速決(속전속결) | 빨리 몰아쳐 싸워 승부를 빨리 결정함, 어떤 일을 빨리 진행하여 빨리 끝냄을 비유적으로 이름. |
| 送舊迎新(송구영신) | 묵은해를 보내고 새해를 맞음. 비 送迎 |
| 是非曲直(시비곡직) | 옳고 그르고 굽고 곧음. |
| 是是非非(시시비비) | 여러 가지의 잘잘못. 서로 옳고 그름을 따지는 일 出 순자 |
| 始終如一(시종여일) | 처음부터 끝까지 변함없이 한결같음. |
| 識字憂患(식자우환) | 학식이 있는 것이 오히려 근심을 사게 됨. 소동파(蘇東坡) 석창서취묵당(石蒼舒醉墨堂). |
| 身言書判(신언서판) | 중국 당나라 때에 관리를 선출하던 네 가지 표준. 예전에, 인물을 선택하는 데 표준으로 삼던 조건인 몸가짐, 말솜씨, 글씨쓰기, 판단력. |

| 사자성어 | 의 미 |
|---|---|
| 身土不二(신토불이) | 몸과 땅은 둘이 아니고 하나라는 뜻으로, 자기가 사는 땅에서 산출한 농산물이라야 체질에 잘 맞음을 이르는 말. |
| 室內溫度(실내온도) | 방안 또는 건물 안의 따뜻함과 차가움의 정도. 또는 그것을 나타내는 수치. |
| 心心相印(심심상인) | 以心傳心 참조. 마음과 마음으로 서로 통함. |
| 十年減壽(십년감수) | 수명이 십 년이 줄어듦. 위험한 고비를 겪음을 비유. |
| 十中八九(십중팔구) | 열 가운데 여덟이나 아홉 정도, 거의 대부분이거나 거의 틀림없음을 이름. |
| 我田引水(아전인수) | 자기 논에 물 대기. 자기에게만 이롭게 되도록 생각하거나 행동함. |
| 安居危思(안거위사) | 亡羊補牢 참조. 편안할 때에 어려움이 닥칠 것을 미리 대비함. |
| 安分自足(안분자족) | 자기 분수를 편안히 여기고 스스로 넉넉하다고 여김. |
| 安分知足(안분지족) | 편안한 마음으로 제 분수를 지키며 만족할 줄을 앎. |
| 安貧樂道(안빈낙도) | 가난한 생활을 하면서도 편안한 마음으로 도를 즐겨 지킴. 비 淸貧樂道 |
| 安心立命(안심입명) | 불성(佛性)을 깨닫고 삶과 죽음을 초월함으로써 마음의 편안함을 얻음. |
| 眼中無人(안중무인) | 傍若無人 참조. 눈 아래에 사람이 없음. 방자하고 교만하여 다른 사람을 업신여김. |
| 眼下無人(안하무인) | 傍若無人 참조. 눈 아래에 사람이 없음. 방자하고 교만하여 다른 사람을 업신여김. |

| 사자성어 | 의미 |
|---|---|
| 仰望不及(앙망불급) | 우러러 보아도 미치지 못함. |
| 仰天大笑(앙천대소) | 터져 나오는 웃음을 참을 수 없거나 어이가 없어서 하늘을 쳐다보고 크게 웃음. |
| 弱肉强食(약육강식) | 약한 자가 강한 자에게 먹힘. 강한 자가 약한 자를 희생시켜서 번영함. 약한 자는 끝내 강한 자에게 멸망함. 한창려집(韓昌黎集) 송부도문창사서(送浮屠文暢師序). |
| 良藥苦口(양약고구) | 병에 이로운 좋은 약은 입에 씀. 충언(忠言), 간언(諫言), 금언(金言)은 귀에 거슬리나 자신에게 이로움. 공자가어(孔子家語) 육본편(六本篇), 설원(說苑) 정간편(正諫篇). |
| 羊質虎皮(양질호피) | 羊頭狗肉 참조. 속은 양이고 거죽은 범. 본바탕은 아름답지 아니하면서 겉모양만 꾸밈. |
| 魚東肉西(어동육서) | 제사상을 차릴 때, 생선 반찬은 동쪽에 놓고 고기반찬은 서쪽에 놓는 일. |
| 魚頭肉尾(어두육미) | 물고기 머리와 짐승 고기의 꼬리, 맛있다는 고기 부위를 이름. |
| 語不成說(어불성설) | 말이 조금도 사리에 맞지 아니함. 비 萬不成說, 不成說 |
| 言中有骨(언중유골) | 말 속에 뼈가 있음. 예사로운 말 속에 단단한 속뜻이 들어 있음. 비 言中有言, 言中有響 |
| 言行一致(언행일치) | 말과 행동이 서로 같음, 말한 대로 실행함. |
| 嚴冬雪寒(엄동설한) | 몹시 추운 겨울철 눈 내리기 전후의 심한 추위. |
| 如魚得水(여어득수) | 물고기가 물을 얻은 것과 같음. 마음에 맞는 사람을 얻거나 자신에게 매우 적합한 환경을 얻게 됨. 유비(劉備)가 제갈량(諸葛亮)을 얻었을 때 한 말에서 유래. 出 삼국지(三國志) 축서(蜀書) 제갈량(諸葛亮)전. |

| 사자성어 | 의 미 |
|---|---|
| 女必從夫(여필종부) | 아내는 반드시 남편을 따라야 함. |
| 旅行案內(여행안내) | 여행하는 사람의 편의를 위하여 교통 여건이나 숙소, 명승고적 따위를 안내하는 일. |
| 年末年始(연말연시) | 한 해의 마지막 때와 새해의 첫머리를 아울러 이름. |
| 連席會議(연석회의) | 둘 이상의 회의체가 합동으로 여는 회의. |
| 年月日時(연월일시) | 해와 달과 날과 시를 아울러 이르는 말. |
| 溫故知新(온고지신) | 옛것을 익히고 그것을 미루어서 새것을 앎. 出 논어(論語) 위정편(爲政篇). |
| 樂山樂水(요산요수) | 산수(山水)의 자연을 즐기고 좋아함. 出 논어(論語) 옹야편(雍也篇). |
| 牛步萬里(우보만리) | 우직한 소의 걸음이 만리를 간다. |
| 右往左往(우왕좌왕) | 이리저리 왔다 갔다 하며 일이나 나아가는 방향을 종잡지 못함. 2003년 올해의 사자성어 |
| 牛耳讀經(우이독경) | 馬耳東風 참조. 소귀에 경 읽기. 다산(茶山) 정약용(鄭若鏞)의 이담속찬(耳談續纂). |
| 月下老人(월하노인) | 부부의 인연을 맺어 줌. 중매를 섬. 당(唐)나라의 위고(韋固)가 달빛 아래서 글을 읽고 있던 어떤 노인을 만나 장래의 아내에 대한 예언을 들었다는 데서 유래. 태평광기(太平廣記) 정혼점(定婚店).<br>回 氷人, 月老, 月下氷人 |
| 有口無言(유구무언) | 입은 있어도 할말은 없음. 변명할 말이 없거나 변명을 못함. |
| 有名無實(유명무실) | 내건 이름은 그럴듯하지만 알맹이가 없음. |

한중일 공용한자 808자

| 사자성어 | 의미 |
|---|---|
| 有備無患(유비무환) | 亡羊補牢 참조. 미리 준비가 되어 있으면 걱정할 것이 없음. 出 서경(書經) 열명편(說命篇). |
| 遺傳因子(유전인자) | 생물체의 개개의 유전 형질을 발현시키는 원인이 되는 낱낱의 요소나 물질. |
| 陰陽五行(음양오행) | 음양과 오행을 아울러 이름. |
| 意氣揚揚(의기양양) | 得意洋洋 참조. 뜻한 바를 펼치려는 기운이 호응을 얻어 만족한 빛이 얼굴과 행동에 나타남. 안자춘추(晏子春秋) 내편잡상제오(內篇雜上第五). |
| 意氣投合(의기투합) | 마음이나 뜻이 서로 맞음. |
| 異口同聲(이구동성) | 입은 다르나 목소리는 같음. 여러 사람의 말이 한결같음. 비 異口同音, 如出一口 |
| 利己主義(이기주의) | 자기 자신의 이익만을 꾀하고, 사회 일반의 이익은 염두에 두지 않으려는 태도. |
| 耳目口鼻(이목구비) | 눈, 코, 입, 귀를 아울러 이름. 눈, 코, 입, 귀를 중심으로 한 얼굴의 생김새. |
| 以實直告(이실직고) | 사실 그대로 고함. 비 陳供, 實陣無諱, 以實告之, 從實直告 |
| 以心傳心(이심전심) | 마음과 마음으로 서로 뜻이 통함. 석가가 제자인 가섭(迦葉)에게 말이나 글이 아니라 以心傳心의 방법으로 불교의 진수(眞髓)를 전했다는 데서 유래. 전등록(傳燈錄). 비 心心相印, 拈華微笑, 拈華示衆 |
| 以熱治熱(이열치열) | 열로써 열을 다스림. |
| 利用厚生(이용후생) | 기구를 편리하게 쓰고 먹을 것과 입을 것을 넉넉하게 하여, 국민의 생활을 나아지게 함. 出 상서(尙書) 우서(虞書)의 대우모(大禹謨). 비 經世致用 |

| 사자성어 | 의 미 |
|---|---|
| 利害得失(이해득실) | 이로움과 해로움과 얻음과 잃음을 아울러 이르는 말. |
| 利害相半(이해상반) | 이익과 손해가 반반씩임. |
| 利害打算(이해타산) | 이해관계를 이모저모 모두 따져 보는 일. |
| 益者三友(익자삼우) | 사귀어서 자기에게 도움이 되는 세 가지의 벗. 심성이 곧은 사람, 믿음직한 사람, 문견이 많은 사람. 出 논어(論語) 계씨(季氏) 편. 비 三益友 반 損者三友 |
| 因果應報(인과응보) | 種豆得豆 참조. 원인과 결과가 서로 호응하여 그대로 갚음. 전생에 지은 선악에 따라 현재의 행과 불행이 있음. 현세에서의 선악의 결과에 따라 내세에서 행과 불행이 있음. |
| 人名在天(인명재천) | 사람의 목숨은 하늘에 달려 있음. |
| 人命在天(인명재천) | 사람의 목숨은 하늘에 달려있음. |
| 人事不省(인사불성) | 사람으로서의 예절을 차릴 줄 모름, 제 몸에 벌어지는 일을 모를 만큼 정신을 잃은 상태. |
| 人死留名(인사유명) | 사람은 죽어서 이름을 남김. 사람의 삶이 헛되지 아니하면 그 이름이 길이 남음. 비 豹死留皮, 虎死留皮 |
| 人山人海(인산인해) | 사람이 산을 이루고 바다를 이룸, 사람이 수없이 많이 모인 상태를 이름. |
| 人生無常(인생무상) | 生者必滅 참조. 사람의 삶은 덧없음. |
| 人生三樂(인생삼락) | 인생의 세 가지 즐거움. 사람으로 태어난 것, 사내로 태어난 것, 장수하는 것. |
| 人生朝露(인생조로) | 生者必滅 참조. 인생은 아침 이슬과 같이 덧없음. |

## 한중일 공용한자 808자

| 사자성어 | 의 미 |
|---|---|
| 仁者無敵(인자무적) | 어진 사람은 모든 사람이 사랑하므로 세상에 적이 없음. |
| 仁者不憂(인자불우) | 어진 사람은 분수를 지키어 걱정이 없음. |
| 一擧兩得(일거양득) | 한 가지 일을 하여 두 가지 이익을 얻음. 出 전국책(戰國策) 진책(秦策). 비 兩得, 一擧二得, 一石二鳥, 一箭雙鵰, 一擧兩取, 一擧兩實 반 一擧兩失 |
| 一擧兩失(일거양실) | 一擧兩得 참조. 한 가지 일을 하여 다른 두 가지 일을 잃음. |
| 一擧一動(일거일동) | 하나하나의 동작이나 움직임. |
| 日久月深(일구월심) | 날이 오래고 달이 깊어 감. 세월이 흐를수록 더함. |
| 一口二言(일구이언) | 한 입으로 두 말을 함, 한 가지 일에 대하여 말을 이랬다저랬다 함을 이름. |
| 一短一長(일단일장) | 一長一短 참조. 단점도 한 가지 장점도 한 가지. |
| 一連番號(일련번호) | 일률적으로 연속되어 있는 번호. |
| 一問一答(일문일답) | 한 번 물음에 대하여 한 번 대답함. |
| 一夫多妻(일부다처) | 한 남편에게 동시에 여러 아내가 있음. |
| 一夫從事(일부종사) | 한 남편만을 섬김 |
| 一悲一喜(일비일희) | 한편으로는 슬퍼하고 한편으로는 기뻐함. 비 一喜一悲 |
| 一石二鳥(일석이조) | 一擧兩得 참조. 돌 한 개를 던져 새 두 마리를 잡음. 동시에 두 가지 이득을 봄. |

| 사자성어 | 의미 |
|---|---|
| 一言半句(일언반구) | 한 마디 말과 반 구절, 아주 짧은 말 |
| 一言千金(일언천금) | 한마디의 말이 천금의 가치가 있음 |
| 一人當千(일인당천) | 한 사람이 천 명의 적을 당해 냄 出 北齊書(북제서)<br>비 一騎當千 |
| 一日三秋(일일삼추) | 하루가 삼 년 같음. 몹시 애태우며 기다림. 出 시경(詩經) 왕풍(王風)의 시 채갈(采葛).<br>비 一刻三秋, 一刻如三秋, 一日如三秋 |
| 一日千里(일일천리) | 하루에 천 리를 달림. 말이 매우 빨리 달림. 발전하는 속도가 빠름. 물의 흐름이 빠름. 出 후한서(後漢書) 왕윤(王允)전. |
| 一字無識(일자무식) | 目不識丁 참조. 한 글자도 알지 못함. |
| 一字不識(일자불식) | 目不識丁 참조. 한 글자도 알지 못함. |
| 一長一短(일장일단) | 일면의 장점과 다른 일면의 단점을 통틀어 이름.<br>비 一短一長 |
| 一場風波(일장풍파) | 한바탕의 심한 야단. 싸움 |
| 一朝一夕(일조일석) | 하루 아침과 하루 저녁이란 뜻으로, 짧은 시일을 이르는 말. |
| 一進一退(일진일퇴) | 한 번 나아감과 한 번 물러섬 出 荀子(순자) |
| 一寸光陰(일촌광음) | 매우 짧은 동안의 시간. |
| 日就月將(일취월장) | 刮目相對 참조. 날마다 자라고 달마다 발전함. |

| 사자성어 | 의미 |
|---|---|
| 一喜一悲(일희일비) | 한편으로는 기뻐하고 한편으로는 슬퍼함. 기쁨과 슬픔이 번갈아 일어남. |
| 立身揚名(입신양명) | 출세하여 이름을 세상에 떨침. 비 立身出世 |
| 立身出世(입신출세) | 立身揚名 참조. 자신의 존재를 드러내고 세상에 나감. 사회적으로 유명해짐. |
| 立春大吉(입춘대길) | 입춘을 맞이하여 크게 길하기를 바람. |
| 自古以來(자고이래) | 예로부터 지금까지의 동안. |
| 自給自足(자급자족) | 필요한 물자를 스스로 생산하여 충당함. |
| 自問自答(자문자답) | 스스로 묻고 스스로 대답함. |
| 子孫萬代(자손만대) | 후손에서 후손으로 이어지는 오래도록 내려오는 여러 대. |
| 自手成家(자수성가) | 물려받은 재산이 없이 자기 혼자의 힘으로 집안을 일으키고 재산을 모음. |
| 自勝者强(자승자강) | 진실로 강한 자는 자신을 이기는 자. 자신을 이기는 것은 자기의 사리사욕을 극복하는 것. 出 노자(老子) 변덕(辯德). 비 克己 |
| 自業自得(자업자득) | 자기가 저지른 일의 결과를 자기가 받음. 비 自業自縛, 自作自受, 自作之孼, 自作孼 |
| 自由自在(자유자재) | 모든 것을 자기 마음대로 할 수 있음. |
| 子子孫孫(자자손손) | 자손의 여러 代(대). |

| 사자성어 | 의미 |
|---|---|
| 自作自受(자작자수) | 自業自得 참조. 자기가 저지른 일의 결과를 자기가 받음. |
| 自淨作用(자정작용) | 오염된 물이나 땅 따위가 저절로 깨끗해지는 작용. |
| 自初至終(자초지종) | 처음부터 끝까지의 과정. |
| 作心三日(작심삼일) | 단단히 먹은 마음이 사흘을 가지 못함. 결심이 굳지 못함. |
| 長幼有序(장유유서) | 五倫(오륜)의 하나. 어른과 어린이 사이에는 엄격한 차례가 있음. |
| 適材適所(적재적소) | 알맞은 인재를 알맞은 자리에 씀. |
| 電光石火(전광석화) | 번갯불과 부싯돌의 불. 매우 짧은 시간이나 매우 재빠른 움직임 따위. |
| 前代未聞(전대미문) | 이제까지 들어본 적이 없는 일. 비 前古未聞 |
| 前無後無(전무후무) | 이전에도 없었고 앞으로도 없음.<br>비 空前絶後, 曠前絶後, 空前, 曠前 |
| 頂門一針(정문일침) | 정수리에 침을 놓음. 따끔한 충고나 교훈. |
| 井中觀天(정중관천) | 井中之蛙 참조. 우물 속에서 하늘을 쳐다 봄. |
| 朝變夕改(조변석개) | 아침에 고친 것을 저녁에 또 고침. |
| 朝三暮四(조삼모사) | 간사한 꾀로 남을 속여 희롱함. 宋나라의 저공(狙公)의 고사로, 먹이를 아침에 세 개, 저녁에 네 개씩 주겠다는 말에는 원숭이들이 적다고 화를 내더니 아침에 네 개, 저녁에 세 개씩 주겠다는 말에는 좋아하였다는 데서 유래. 생계(生計)를 달리 이르는 말로도 씀. 出. 出 장자(莊子) 제물론(齊物論). 비 朝三 |

| 사자성어 | 의 미 |
|---|---|
| 朝夕變改(조석변개) | 朝令暮改 참조. 아침에 고친 것을 저녁에 또 고침. |
| 朝雲暮雨(조운모우) | 巫山之夢 참조. 아침에는 구름이 되고 저녁에는 비가 됨. 남녀 간의 애정이 깊음. |
| 朝花月夕(조화월석) | 花朝月夕 참조. 꽃 피는 아침과 달 밝은 밤. |
| 足脫不及(족탈불급) | 맨발로 뛰어도 따라가지 못함. 능력 역량 재질 따위가 두드러져 도저히 다른 사람이 따라가지 못할 정도임. |
| 晝耕夜讀(주경야독) | 낮에는 농사짓고, 밤에는 글을 읽음. 어려운 여건 속에서도 꿋꿋이 공부함.　비 晴耕雨讀 |
| 走馬看山(주마간산) | 말을 타고 달리며 산천을 구경함. 자세히 살피지 아니하고 대충대충 보고 지나감. |
| 晝夜長川(주야장천) | 밤낮으로 쉬지 아니하고 연달아.　비 長川 |
| 竹馬故友(죽마고우) | 대말을 타고 놀던 오랜 벗. 어릴 때부터 같이 놀며 자란 벗. 진서(晉書) 은호전(殷浩傳).　비 竹馬交友, 竹馬舊友, 竹馬之友 |
| 衆口難防(중구난방) | 뭇사람의 말을 막기가 어려움. 막기 어려울 정도로 여럿이 마구 지껄임. |
| 至誠感天(지성감천) | 지극한 정성에는 하늘도 감동함. |
| 知行合一(지행합일) | 지식과 행동이 서로 맞아 하나가 됨. |
| 進退兩難(진퇴양난) | 이러지도 저러지도 못하는 어려운 처지.　비 進退維谷, 進退無路 |
| 千軍萬馬(천군만마) | 천 명의 군사와 만 마리의 군마, 아주 많은 수의 군사와 군마를 이름. |

| 사자성어 | 의 미 |
|---|---|
| 千萬多幸(천만다행) | 아주 다행함. 비) 萬萬多幸, 萬分多幸 |
| 天方地方(천방지방) | 하늘 방향이 어디이고 땅의 방향이 어디인지 모름. 마음이 조급하여 허둥지둥 함부로 날뛰는 모양. 天方地軸과 함께 한국 속담이 漢譯된 것. 원래 속담이 무엇인지는 확실치 않음. 동언해(東言解). 유) 天方地軸 |
| 天上天下(천상천하) | 하늘 위와 하늘 아래라는 뜻으로, 온 세상을 이름. |
| 千辛萬苦(천신만고) | 천 가지 매운 것과 만 가지 쓴 것, 온갖 어려운 고비를 다 겪으며 심하게 고생함. |
| 天人共怒(천인공노) | 하늘과 사람이 함께 노함, 누구나 분노할 만큼 증오스럽거나 도저히 용납할 수 없음을 이름. |
| 千一夜話(천일야화) | 1001일 동안 밤에 한 이야기. 아랍 어로 쓰여진 설화집, 아라비안나이트. |
| 天井不知(천정부지) | 천장(天井=天障)을 알지 못함. 하늘 높은 줄 모름. 물가 따위가 한없이 오르기만 함. |
| 天地萬物(천지만물) | 세상에 있는 모든 것. |
| 天地神明(천지신명) | 온세상, 대자연을 다스린다는 온갖 신령. |
| 天下一色(천하일색) | 傾國之色 참조. 세상에 하나뿐인 미모. |
| 天下壯士(천하장사) | 세상에 비길 데 없는 힘센 사람. |
| 天下絶色(천하절색) | 傾國之色 참조. 세상에 끊어진 미모. |
| 天下泰平(천하태평) | 정치가 잘되어 온 세상이 평화로움, 어떤 일에 무관심한 상태로 걱정 없이 편안하게 있는 태도를 가벼운 놀림조로 이르는 말. |

| 사자성어 | 의미 |
| --- | --- |
| 靑山流水(청산유수) | 푸른 산에 거침없이 흐르는 맑은 물에서, 막힘없이 썩 잘하는 말을 비유적으로 이르는 말. |
| 淸風明月(청풍명월) | 맑은 바람과 밝은 달. |
| 草綠同色(초록동색) | 同病相憐 참조. 풀색과 녹색은 같은 색. 같은 처지나 경우의 사람들 끼리 어울려 행동함. |
| 寸鐵殺人(촌철살인) | 한 치의 쇠붙이로 사람을 죽임. 간단한 말로도 남을 감동시키거나 남의 약점을 찌름. 나대경(羅大經)의 학림옥로(學林玉露) 지부(地部) 살인수단(殺人手段). |
| 秋風落葉(추풍낙엽) | 가을바람에 떨어지는 나뭇잎. 어떤 형세나 세력이 갑자기 기울어지거나 헤어져 흩어지는 모양. |
| 忠言逆耳(충언역이) | 충직한 말은 귀에 거슬림. 出 사기(史記) 회남왕전(淮南王傳). |

## 형태가 구별되는 한국과 중국 한자어

| 韓國 | 中國(繁體) | 中國(簡體) |
|---|---|---|
| 街路燈 | 路燈 | (路灯) |
| 街路樹 | 行樹 | (行树) |
| 假面 | 畫皮 | (画皮) |
| 家庭 | 家里 | (家里) |
| 降雨 | 下雨 | (下雨) |
| 決算書 | 結冊 | (结册) |
| 結婚式場 | 花堂/喜堂 | (花堂/喜堂) |
| 結婚祝賀酒 | 喜酒 | (喜酒) |
| 古來 | 來古 | (来古) |
| 告白 | 表白 | (表白) |
| 苦生/辛苦/受苦 | 辛苦/受苦 | (辛苦/受苦) |
| 高速道路 | 高速公路 | (高速公路) |
| 固有 | 原有 | (原有) |
| 故鄕 | 家鄕/老家 | (家乡/老家) |
| 工夫/學習 | 學習 | (学习) |
| 公衆電話 | 公話 | (公话) |
| 公休日 | 公假/例假 | (公假/例假) |
| 校服 | 校服/校衣 | (校服/校衣) |
| 球技運動 | 球事 | (球事) |
| 軍歌 | 戰歌 | (战歌) |
| 軍用犬 | 戰犬 | (战犬) |
| 歸家 | 回家 | (回家) |
| 起案 | 起草 | (起草) |
| 記憶 | 記得 | (记得) |
| 期日 | 日期 | (日期) |
| 氣絶 | 閉過去 | (闭过去) |
| 落花生 | 地果 | (地果) |
| 男妹 | 兄妹 | (兄妹) |
| 男子 | 官客 | (官客) |
| 內心 | 居心 | (居心) |

| 韓國 | 中國(繁體) | 中國(簡體) |
|---|---|---|
| 勞動運動 | 工人運動 | (工人运动) |
| 老眼 | 花眼 | (花眼) |
| 農工 | 工農 | (工农) |
| 農民 | 重民 | (重民) |
| 農事 | 修地球 | (修地球) |
| 農業 | 本業 | (本业) |
| 答訪 | 回訪 | (回访) |
| 大家 | 方家 | (方家) |
| 大政治家 | 醫國手 | (医国手) |
| 大學入試 | 高考 | (高考) |
| 到達 | 到達/達到 | (到达/达到) |
| 都市 | 城市 | (城市) |
| 都心 | 市中心 | (市中心) |
| 獨文 | 德文 | (德文) |
| 獨身 | 吉身/單身 | (吉身/单身) |
| 獨身男子 | 王老五 | (王老五) |
| 同生 | 弟弟 | (弟弟) |
| 東西古今 | 古今中外 | (古今中外) |
| 東西洋 | 兩洋 | (兩洋) |
| 同窓生 | 師弟兄/老同學 | (师弟兄/老同学) |
| 同窓生/同窓 | 同窗 | (同窗) |
| 得點 | 得分 | (得分) |
| 登校/上學 | 上學 | (上学) |
| 登山 | 上山 | (上山) |
| 萬年筆 | 自來水筆 | (自来水笔) |
| 萬步計 | 計步表 | (计步表) |
| 萬若 | 如果 | (如果) |
| 晩秋 | 後冬 | (后冬) |
| 末伏 | 下伏 | (下伏) |
| 亡身 | 身亡 | (身亡) |
| 每日 | 每天 | (每天) |

| 韓國 | 中國(繁體) | 中國(簡體) |
|---|---|---|
| 每日 | 天天 | (天天) |
| 面接 | 見面 | (见面) |
| 名人 | 能手 | (能手) |
| 名節/節日 | 節日 | (节日) |
| 母國語 | 母舌 | (母舌) |
| 目前 | 眼下 | (眼下) |
| 無關心 | 不關心 | (不关心) |
| 無識 | 目光如豆 | (目光如豆) |
| 文集 | 集子 | (集子) |
| 未開人 | 生番 | (生番) |
| 半白 | 花白 | (花白) |
| 反省 | 反思 | (反思) |
| 方今 | 馬上 | (马上) |
| 訪問 | 登門 | (登门) |
| 放學 | 放假 | (放假) |
| 防寒服 | 寒衣 | (寒衣) |
| 伐採/採伐 | 採伐 | (采伐) |
| 法服/法衣 | 海青 | (海青) |
| 變更 | 更變 | (更变) |
| 保留/留保 | 留保 | (留保) |
| 保證 | 下保 | (下保) |
| 步行 | 行走 | (行走) |
| 本人 | 我人 | (我人) |
| 夫婦 | 兩口子 | (两口子) |
| 夫人 | 太太 | (太太) |
| 富者 | 便家 | (便家) |
| 不眠 | 走困 | (走困) |
| 非常口 | 太平門 | (太平门) |
| 死亡 | 過仙 | (过仙) |
| 師事 | 拜師 | (拜师) |
| 死産 | 空月子 | (空月子) |

| 韓國 | 中國(繁體) | 中國(簡體) |
|---|---|---|
| 事業 | 生意 | (生意) |
| 産婦人科 | 女科 | (女科) |
| 産業革命 | 工業革命 | (工业革命) |
| 商工業 | 末業 | (末业) |
| 商工業者 | 末民 | (末民) |
| 相思病 | 思春病 | (思春病) |
| 上水道 | 自來水 | (自来水) |
| 商業致富 | 末富 | (末富) |
| 相議 | 商量 | (商量) |
| 商店 | 貨店 | (货店) |
| 傷處 | 傷口 | (伤口) |
| 生苦生 | 活罪 | (活罪) |
| 生鮮/鮮魚 | 鮮魚 | (鲜鱼) |
| 生日 | 過壽 | (过寿) |
| 生花 | 鮮花 | (鲜花) |
| 西洋文字 | 洋字 | (洋字) |
| 性交 | 造愛/作愛 | (造爱/作爱) |
| 歲暮 | 年關/年尾 | (年关/年尾) |
| 世上事/世事 | 世事 | (世事) |
| 少年 | 少男 | (少男) |
| 小賣 | 門市 | (门市) |
| 小生 | 在下 | (在下) |
| 所重 | 甘貴 | (甘贵) |
| 送舊迎新 | 迎新送舊 | (迎新送旧) |
| 修交 | 建交 | (建交) |
| 首都 | 京華/京師 | (京华/京师) |
| 首席 | 頭名 | (头名) |
| 手數料 | 例金/用錢 | (例金/用钱) |
| 手話 | 手語 | (手语) |
| 宿所 | 宿頭 | (宿头) |
| 純利益 | 毛利 | (毛利) |

| 韓國 | 中國(繁體) | 中國(簡體) |
|---|---|---|
| 時間 | 鐘頭 | (钟头) |
| 時間不足 | 時間赤字 | (时间赤字) |
| 時計 | 計時 | (计时) |
| 時計 | 鐘表 | (钟表) |
| 市內電話 | 本地電話 | (本地电话) |
| 施設/設施 | 設施 | (设施) |
| 始作 | 開頭 | (开头) |
| 始作/開始 | 開始 | (开始) |
| 始初 | 開頭 | (开头) |
| 食口 | 家口 | (家口) |
| 植木日 | 植樹節 | (植树节) |
| 植樹 | 種樹 | (种树) |
| 新聞紙 | 報紙 | (报纸) |
| 新入生 | 新生 | (新生) |
| 信者 | 教中人 | (教中人) |
| 實價 | 淨價 | (净价) |
| 眼下無人 | 眼中無人 | (眼中无人) |
| 暗黑/黑暗 | 黑暗 | (黑暗) |
| 夜間 | 黑間 | (黑间) |
| 夜光時計 | 夜明表 | (夜明表) |
| 約婚男 | 未婚夫 | (未婚夫) |
| 約婚女 | 未婚妻 | (未婚妻) |
| 讓位 | 讓頭 | (让头) |
| 言語 | 語言 | (语言) |
| 言語 | 語言 | (语言) |
| 力道 | 擧重 | (举重) |
| 連日 | 連天 | (连天) |
| 年長者 | 居長 | (居长) |
| 葉茶 | 茶葉 | (茶叶) |
| 葉書 | 信片 | (信片) |
| 榮光/光榮 | 光榮 | (光荣) |

| 韓國 | 中國(繁體) | 中國(簡體) |
|---|---|---|
| 午前/上午 | 上午 | (上午) |
| 午後/下午 | 下午 | (下午) |
| 屋上 | 屋頂 | (屋顶) |
| 完快 | 好利落 | (好利落) |
| 外界人 | 宇宙人 | (宇宙人) |
| 外國人勞動者 | 洋打工 | (洋打工) |
| 外國冊 | 洋本本 | (洋本本) |
| 外祖父 | 外公 | (外公) |
| 運命/命運 | 命運 | (命运) |
| 原告 | 原造 | (原造) |
| 原料 | 原體 | (原体) |
| 元利金 | 母利 | (母利) |
| 願望/所望 | 願望 | (愿望) |
| 月經 | 信水 | (信水) |
| 由來/來歷 | 來歷 | (来历) |
| 有名 | 有名有姓 | (有名有姓) |
| 有名 | 出名 | (出名) |
| 有名料理 | 名菜 | (名菜) |
| 有婦男 | 人家男 | (人家男) |
| 有婦女 | 人家女 | (人家女) |
| 流行 | 通興 | (通兴) |
| 陸橋 | 天橋 | (天桥) |
| 銀河水 | 星海 | (星海) |
| 音聲/聲音 | 聲音 | (声音) |
| 應答/答應 | 應答/答應 | (应答/答应) |
| 議論/論議 | 議論 | (议论) |
| 醫師/醫生 | 醫生 | (医生) |
| 醫書 | 活人書 | (活人书) |
| 利己心/私心 | 私心 | (私心) |
| 二三日 | 兩三天 | (两三天) |
| 利盆 | 落頭 | (落头) |

| 韓國 | 中國(繁體) | 中國(簡體) |
|---|---|---|
| 人間文化財 | 活文物 | (活文物) |
| 引受 | 起去 | (起去) |
| 日氣 | 天氣 | (天气) |
| 日氣/天氣 | 天氣 | (天气) |
| 日當計算 | 論日 | (论日) |
| 一等 | 頭等/頭名 | (头等/头名) |
| 日暮 | 天黑 | (天黑) |
| 一方通行路 | 單行路 | (单行路) |
| 一時夫婦 | 露水夫妻 | (露水夫妻) |
| 一日 | 一天 | (一天) |
| 立身出世 | 進身 | (进身) |
| 立春 | 打春 | (打春) |
| 自家用車 | 私家車 | (私家车) |
| 自信感 | 自信心 | (自信心) |
| 昨年 | 上年 | (上年) |
| 作業服 | 工作服 | (工作服) |
| 作業場 | 車間 | (车间) |
| 長官 | 部長 | (部长) |
| 長點/長處 | 長處 | (长处) |
| 長兄 | 老大 | (老大) |
| 財産權 | 産權 | (产权) |
| 適當 | 合適 | (合适) |
| 赤十字 | 紅十字 | (红十字) |
| 赤外線 | 紅外線 | (红外线) |
| 的中 | 中的 | (中的) |
| 傳聞 | 肉電話 | (肉电话) |
| 前日 | 昨天 | (昨天) |
| 電話局 | 話局 | (话局) |
| 絶望 | 必死 | (必死) |
| 店主/商店主人 | 商店主人 | (商店主人) |
| 接待/待接 | 接待 | (接待) |

| 韓國 | 中國(繁體) | 中國(簡體) |
|---|---|---|
| 情夫 | 野男人 | (野男人) |
| 情婦 | 野女人 | (野女人) |
| 情熱/熱情 | 熱情 | (热情) |
| 正午 | 中午 | (中午) |
| 第一人者 | 第一手 | (第一手) |
| 製造原價 | 造本 | (造本) |
| 朝夕 | 早晚 | (早晚) |
| 早朝 | 早清 | (早清) |
| 終日 | 成天 | (成天) |
| 晝間部 | 日間部 | (日间部) |
| 中古 | 半舊 | (半旧) |
| 中古車 | 二手車 | (二手车) |
| 中國語 | 漢語/華語 | (汉语/华语) |
| 中學校 | 初中 | (初中) |
| 地方 | 地區 | (地区) |
| 地下鐵 | 地鐵 | (地铁) |
| 直進 | 直前 | (直前) |
| 次男 | 行二 | (行二) |
| 次女 | 行二 | (行二) |
| 着實 | 實在 | (实在) |
| 妻男 | 內弟/內兄 | (内弟/内兄) |
| 妻室 | 家下/內助 | (家下/内助) |
| 千萬多幸 | 謝天謝地 | (谢天谢地) |
| 天主敎 | 加特力敎 | (加特力教) |
| 靑年 | 輕年 | (轻年) |
| 體面 | 面子 | (面子) |
| 招待 | 招來 | (招来) |
| 初等學校 | 小學 | (小学) |
| 初伏 | 頭伏 | (头伏) |
| 最高價 | 天價 | (天价) |
| 最年少者 | 最年幼人 | (最年幼人) |

| 韓國 | 中國(繁體) | 中國(簡體) |
|---|---|---|
| 秋天 | 金天 | (金天) |
| 充電 | 上電 | (上电) |
| 脫衣室 | 更衣室 | (更衣室) |
| 太陽 | 熱頭 | (热头) |
| 平生 | 生平 | (生平) |
| 平生/一生 | 一生 | (一生) |
| 平素/平時/平常 | 平時/平常 | (平时/平常) |
| 平和/和平 | 和平 | (和平) |
| 暴雪 | 雪暴 | (雪暴) |
| 暴雨 | 雨暴 | (雨暴) |
| 表面 | 浮頭 | (浮头) |
| 品質 | 貨身/質量 | (货身/质量) |
| 風聞 | 耳風 | (耳风) |
| 下校/下學 | 下學 | (下学) |
| 學者氣質 | 書氣 | (书气) |
| 學者風 | 書香 | (书香) |
| 學點 | 學分 | (学分) |
| 限界/界限 | 界限 | (界限) |
| 合議 | 議合 | (议合) |
| 幸運 | 好運 | (好运) |
| 行進曲 | 進行曲 | (进行曲) |
| 血眼 | 紅眼 | (红眼) |
| 好喪 | 喜喪 | (喜丧) |
| 湖水 | 海子 | (海子) |
| 話題人物 | 風頭人物 | (风头人物) |
| 歡喜 | 歡喜/喜歡 | (欢喜/喜欢) |
| 活氣 | 朝氣 | (朝气) |
| 回教徒教會堂 | 回回堂 | (回回堂) |
| 後食 | 尾食 | (尾食) |
| 後日 | 改日/過天 | (改日/过天) |

## 의미가 구별되는 한국과 중국 한자어

다음은 韓中사이에서 繁簡의 차이는 있지만 正字 기준으로는 같은 글자를 쓰는 것인데, 意味上 차이가 있는 漢字語들을 808字 범위 내에서 추려 보았다.

| 漢字語 | 韓國 | 中國 |
|---|---|---|
| 可觀<br>(可观) | ① 꼴이 볼 만하다는 뜻으로, 남의 언행이나 어떤 상태를 비웃는 뜻으로 이르는 말.<br>② 경치 따위가 꽤 볼 만함. | ① 볼만함. 대단함. 굉장함 (감탄의 어기, 비웃음의 뜻은 없음) |
| 可能<br>(可能) | 할 수 있거나 될 수 있음. | ① 할 수 있거나 될 수 있음.<br>② 가능성(可能性)<br>③ 아마, 혹시 |
| 看病<br>(看病) | 앓는 사람이나 다친 사람의 곁에서 돌보고 시중을 듦. | 진찰을 받다. 치료를 받다. |
| 結局<br>(结局) | 일이 마무리되는 마당이나 일의 결과가 그렇게 돌아감을 이르는 말(주로 부사어로 쓰임). | ① 일이 마무리되는 마당이나 일의 결과가 그렇게 돌아감을 이르는 말<br>② (結果)어떤 원인으로 결말이 생김. 또는 그런 결말의 상태. |
| 經理<br>(经理) | ① 일을 경영하고 관리함.<br>② 어떤 기관이나 단체에서 물자의 관리나 금전의 출납 따위를 맡아보는 사무. 또는 그 부서나 사람. | ① 일을 경영하고 관리함.<br>② 경영자, 사장, 지배인, 책임자 |
| 故事<br>(故事) | ① 유래가 있는 옛날의 일. 또는 그런 일을 표현한 어구.<br>② 옛날부터 전해 오는 규칙이나 정례(定例). | 이야기, 줄거리 |
| 工夫<br>(工夫) | 학문이나 기술을 배우고 익힘. | ① 시간, 틈, 짬<br>② 재주, 솜씨, 조예, 기량<br>③ 노력 |
| 工作<br>(工作) | ① 물건을 만듦.<br>② 어떤 목적을 위하여 미리 일을 꾸밈. | ① 일하다.<br>② 기계 따위가 작동하다.<br>③ 직업, 일자리 |

| 漢字語 | 韓國 | 中國 |
|---|---|---|
| 過去<br>(过去) | ① 이미 지나간 때.<br>② 지나간 일이나 생활. | ① 지나가다<br>② 시간이 흐르다<br>③ 죽다 |
| 校長<br>(校长) | 대학이나 학원을 제외한 각급 학교의 으뜸 직위. 또는 그 직위에 있는 사람. | 각급 학교의 으뜸 직위. 또는 그 직위에 있는 사람. 한국의 院長, 園長, 總長, 學長 등이 모두 포함됨. |
| 氣分<br>(气分) | ① 대상 환경 따위에 따라 마음에 절로 생기며 한동안 지속되는, 유쾌함이나 불쾌함 따위의 감정<br>② 주위를 둘러싸고 있는 상황이나 분위기. | ① 체질.<br>② 기질.<br>③ 체면. |
| 落書<br>(落书) | ① 글을 베낄 때에, 잘못하여 글자를 빠뜨리고 씀.<br>② 글자, 그림 따위를 장난으로 아무 데나 함부로 씀. 또는 그 글자나 그림. | 포개 쌓은 책. |
| 落心<br>(落心) | 바라던 일이 이루어지지 아니하여 마음이 상함. | 마음 놓다. 시름 놓다. 마음에 들다. |
| 內外<br>(内外) | ① 안과 밖을 아울러 이르는 말.<br>② 수량을 나타내는 말 뒤에 쓰여 약간 덜하거나 넘음.<br>③ 남자와 여자. 또는 그 차이.<br>④ 남의 남녀 사이에 서로 얼굴을 마주 대하지 않고 피함.<br>⑤ 부부(夫婦) | ① 안과 밖을 아울러 이르는 말.<br>②의 뜻으로는 左右,<br>③ 남자와 여자. 또는 그 차이.<br>④ 남의 남녀 사이에 서로 얼굴을 마주 대하지 않고 피함.<br>⑤의 뜻으로는 夫婦, 夫妻 |
| 多少<br>(多少) | ① 분량이나 정도의 많음과 적음.<br>② 작은 정도. 조금<br>③ 어느 정도로. | ① 분량이나 정도의 많음과 적음.<br>② 작은 정도. 조금<br>③ 어느 정도로.<br>④ 얼마, 몇 |

| 漢字語 | 韓國 | 中國 |
|---|---|---|
| 大家<br>(大家) | ① 큰 집<br>② 전문 분야에서 뛰어나 권위를 인정받는 사람.<br>③ 대대로 부귀를 누리며 번창하는 집안. | ① 여러분, 모두<br>② 전문 분야에서 뛰어나 권위를 인정받는 사람.<br>③ 대대로 부귀를 누리며 번창하는 집안. |
| 對面<br>(对面) | ① 서로 얼굴을 마주 보고 대함.<br>② 맞면 | ① 바로 앞, 정면.<br>② 맞은편, 건너편, 반대편.<br>③ 서로 얼굴을 마주 보고 대함. |
| 大夫<br>(大夫) | 벼슬의 품계에 붙이던 칭호. | 의사(醫師) |
| 東西<br>(东西) | 동쪽과 서쪽, 동양과 서양 | ① 물건(物件)<br>② 동쪽과 서쪽 |
| 每日<br>(每日) | 각각의 개별적인 나날 | ① 각각의 개별적인 나날<br>② 매일 반복되는 생활(日常) |
| 明白<br>(明白) | 의심할 바 없이 아주 뚜렷함. | ① 총명하다. 분별 있다.<br>② 알다. 이해하다. |
| 名節<br>(名节) | ① 명분과 절의를 아울러 이르는 말.<br>② 국가나 사회적으로 정하여 경축하는 기념일. | 명분과 절의를 아울러 이르는 말. |
| 文章<br>(文章) | ① 한 나라의 문명을 이룬 예악(禮樂)과 제도. 또는 그것을 적어 놓은 글.<br>② 생각이나 감정을 말로 표현할 때 완결된 내용을 나타내는 최소의 단위. | ① 독립된 한편의 글<br>② 저작. 저술 활동<br>③ 계책. 생각. |
| 發毛<br>(发毛) | 몸에 털이 남. 흔히 머리털이 나는 것을 이른다. | 두려워하다. 놀라며 당황하다. 성질을 부리다. |
| 發現<br>(发现) | 속에 있는 것이 밖으로 나타남. | ① 찾아내다. 발견하다.<br>② 깨닫다. 눈치 채다. |
| 發火<br>(发火) | 불이 일어나거나 타기 시작함. 또는 그렇게 되게 함. | 불이 난다. 발끈 화를 낸다. |

| 漢字語 | 韓國 | 中國 |
|---|---|---|
| 放心<br>(放心) | ① 마음을 다잡지 아니하고 풀어 놓아 버림.<br>② 안심(安心). | 안심(安心). |
| 方便<br>(方便) | 수단과 방법. | ① 편리하다.<br>② 알맞다. 괜찮다.<br>③ 여유 있다. 넉넉하다.<br>④ 편의를 도모하다.<br>⑤ (화장실에 가서) 용변을 보다. |
| 放學<br>(放学) | 학교에서 학기나 학년이 끝난 뒤 또는 더위, 추위가 심한 일정 기간 동안 수업을 쉬는 일. 또는 그 기간. | 하루 또는 반나절의 학습이 끝남. 한국의 放課 정도의 의미. 한국의 방학에 해당되는 말은 放假. |
| 病故<br>(病故) | 병에 걸리는 일 | 병으로 죽다(돌아가시다) |
| 産業<br>(产业) | 인간의 생활을 경제적으로 풍요롭게 하기 위하여 재화나 서비스를 창출하는 생산적 기업이나 조직. | 토지, 가옥 등 '부동산과 재산'을 일컫기도 한다. |
| 商量<br>(商量) | 헤아려서 잘 생각함. | 상의함. |
| 生氣<br>(生气) | 싱싱하고 힘찬 기운. | ① 싱싱하고 힘찬 기운.<br>② 화내다. 성내다. |
| 石頭<br>(石头) | 돌대가리. | ① 돌.<br>② '가위 바위 보'에서 바위.<br>③ 농민을 압박하는 악덕 지주.<br>④ 의문, 문제, 걱정거리. |
| 說話<br>(说话) | 이야기. 신화, 전설, 민담 따위를 통틀어 이르는 말. | 말하다 |
| 星期<br>(星期) | 음력 7월 7일. 칠석날은 혼인을 위한 길일인데서 '혼인날'의 뜻으로도 쓰임. | 중국은 曜日(요일)의 뜻으로 씀. |
| 成年<br>(成年) | 법적인 권리를 행사할 수 있는 나이. 만 20세 이상. | 일 년 내내. |

## 한중일 공용한자 808자

| 漢字語 | 韓國 | 中國 |
|---|---|---|
| 洗手<br>(洗手) | 손이나 얼굴을 씻음. | ① 손을 씻음. 얼굴을 씻는 것은 洗臉.<br>② 나쁜 짓을 그만두다<br>③ 어떤 직업을 그만두다. |
| 小心<br>(小心) | 대담하지 못하고 조심성이 지나치게 많다. | 조심하다. 유의하다. |
| 詩人<br>(诗人) | 시를 전문적으로 짓는 사람. | 시인. '화살을 쏘는 사람'이라는 뜻도 있음. |
| 食堂<br>(食堂) | ① 건물 안에 식사를 할 수 있게 시설을 갖춘 장소.<br>② 음식을 만들어 손님들에게 파는 가게. | 건물 안에 식사를 할 수 있게 시설을 갖춘 장소. |
| 新聞<br>(新闻) | ① 새로운 소식이나 견문.<br>② 사회에서 발생한 사건에 대한 사실이나 해설을 널리 신속하게 전달하기 위한 정기 간행물. | 새로운 소식이나 견문. |
| 安家<br>(安家) | ① 특수 정보 기관이 비밀 유지를 위하여 이용하는 일반 집<br>② 집안사람들이 모두 편안함. | 정착하다. 살림을 차리다. |
| 愛人<br>(爱人) | 이성 간에 사랑하는 사람. 남을 사랑함. | 아내 또는 남편. 사랑하는 사람. |
| 愛好<br>(爱好) | 사랑하고 좋아함. | 멋을 내다. 옷차림을 꾸미다. |
| 野球<br>(野球) | 9명씩으로 이루어진 두 팀이 9회씩 공격과 수비를 번갈아 하며 승패를 겨루는 구기 경기 | 중국에서 '野球'는 럭비 등에서 아웃된 볼을 가리킴. 야구는 棒救(봉구)라 함. |
| 言語<br>(言语) | 생각, 느낌 따위를 나타내거나 전달하는 데에 쓰는 음성, 문자 따위의 수단. | ① 소리치다.<br>② 부르다.<br>③ 대답하다. 한국어의 言語는 거꾸로 語言이라 한다. |
| 嚴命<br>(严命) | 엄하게 명령함. 또는 그런 명령. | 아버지의 명령. |

| 漢字語 | 韓國 | 中國 |
|---|---|---|
| 力道<br>(力道) | 무거운 역기를 들어 올려 그 중량을 겨루는 경기. | 힘, 기운, 효과, 효력, 효능. |
| 藝道<br>(艺道) | 기예나 연예를 닦아 나가는 길. | 간책, 속임수, 트릭. |
| 銀貨<br>(银货) | 은돈. | 현금과 상품. |
| 意思<br>(意思) | 무엇을 하고자 하는 생각. | ① 무엇을 하고자 하는 생각.<br>② 말이나 글자의 뜻, 내용<br>③ 선물에 담긴 마음, 성의<br>④ 성의를 표시함<br>⑤ 일 또는 상황의 추세나 태세. 낌새.<br>⑥ 흥미, 재미 |
| 異常<br>(异常) | 정상적인 상태와 다름. | ① 정상적인 상태와 다름.<br>② (非常) 매우, 특별히, 아주 |
| 人間<br>(人间) | ① 언어를 가지고 사고할 줄 알고 사회를 이루며 사는 지구상의 고등 동물.<br>② 사람이 사는 세상.<br>③ 사람의 됨됨이.<br>④ 마음에 달갑지 않거나 마땅치 않은 사람을 낮잡아 이르는 말. | 사람이 사는 세상. |
| 人形<br>(人形) | ① 사람 모양으로 만든 장난감.<br>② 사람의 형상. | 사람의 형상. |
| 作業<br>(作业) | ① 일을 함. 또는 그 일.<br>② 군에서 근무나 훈련 이외에 진지 구축, 막사나 도로 보수 따위의 임시로 하는 일. | ① 일을 함. 또는 그 일.<br>② 군대의 훈련 내지 군사 활동.<br>③ 교사가 학생들에게 준 과제. 직공들에게 부과된 생산 활동. |
| 點心<br>(点心) | 낮에 끼니로 먹는 음식. | 요기하다, 간식, 가벼운 식사. |
| 頂上<br>(顶上) | ① 산 따위의 맨 꼭대기.<br>② 그 이상 더없는 최고의 상태.<br>③ 한 나라의 최고 수뇌. | ① 산 따위의 맨 꼭대기.<br>② 그 이상 더없는 최고의 상태.<br>③의 뜻으로는 首腦를 씀. |
| 存在<br>(存在) | 현실에 실제로 있음. | ① 현실에 실제로 있음.<br>② 은행, 보관소 따위에 돈이나 짐 등을 '맡기다'의 뜻. |

## 한중일 공용한자 808자

| 漢字語 | 韓國 | 中國 |
| --- | --- | --- |
| 注文<br>(注文) | ① 앓는 사람이나 다친 사람의 곁에서 돌보고 시중을 듦.<br>② 다른 사람에게 어떤 일을 하도록 요구하거나 부탁함. 또는 그 요구나 부탁. | 본문의 뜻을 알기 쉽게 풀이한 글. |
| 直前<br>(直前) | 어떤 일이 일어나기 바로 전. | 곧장 앞으로 나아가다. |
| 出口<br>(出口) | ① 밖으로 나갈 수 있는 통로.<br>② 빠져나갈 길. 출로. ③ 상품을 항구 밖으로 수출함. | ① 밖으로 나갈 수 있는 통로.<br>② 상품을 항구 밖으로 수출함.<br>③ 말하다. 마음속의 생각 따위를 말로 드러내다. |
| 出世<br>(出世) | ① 사회적으로 높은 지위에 오르거나 유명하게 됨.<br>② 숨어 살던 사람이 세상에 나옴.<br>③ 세상에 태어남. | 속세를 떠나다. 세상에 태어남. |
| 打手<br>(打手) | 타자. 야구에서, 배트를 가지고 타석에서 공을 치는, 공격하는 편의 선수. | ① 졸개.<br>② 고용꾼.<br>③ 보디가드.<br>④ 경호원. |
| 退步<br>(退步) | ① 뒤로 물러감.<br>② 정도나 수준이 이제까지의 상태보다 뒤떨어지거나 못하게 됨. | ① 뒤로 물러감.<br>② 정도나 수준이 이제까지의 상태보다 뒤떨어지거나 못하게 됨.<br>③ 양보하다. 사양하다.<br>④ 후퇴하다. 퇴로. |
| 表現<br>(表现) | 생각이나 느낌 따위를 언어나 몸짓 따위의 형상으로 드러내어 나타냄. | ① 생각이나 느낌 따위를 언어나 몸짓 따위의 형상으로 드러내어 나타냄.<br>② 회사나 조직 따위에서의 일 처리. |
| 品質<br>(品质) | 물건의 성질과 바탕. | ① 물건의 성질과 바탕.<br>② 사람의 품성. |
| 學長<br>(学长) | 단과대학의 장. | 자기보다 학년이 높은 사람에 대한 존칭. 師兄, 師姐. 한국의 先輩에 해당. |

| 漢字語 | 韓國 | 中國 |
|---|---|---|
| 降服<br>(降服) | 적이나 상대편의 힘에 눌리어 굴복함. | 웃옷을 벗어 사죄하다. |
| 行事<br>(行事) | 어떤 일을 시행함. 또는 그 일. | ① 행동. 행위.<br>② 일을 처리하다. |
| 回報<br>(回报) | 어떤 문제에 관한 물음이나 요구에 대하여 대답으로 보고함. 또는 그런 보고. | ① 어떤 문제에 관한 물음이나 요구에 대하여 대답으로 보고함. 또는 그런 보고.<br>② 보답하다.<br>③ 보복하다. |

## 중국 한자 어휘

808字 범위 안에서 中國에서 쓰이는 漢字語 중에서 우리는 쓰지 않는다고 판단되는 것을 중심으로 추려 보았다. 國內에서는 쓰이지 않는 것이라 하더라도 中國만 쓰는 특별한 용법의 한자를 제외하면 나머지는 漢字의 뜻을 중심으로 대개 이해가 가능한 것들이라 할 수 있다.

| 중국한자어 | 의미 |
|---|---|
| 加油(加油) | '급유하다', '기름을 넣다'는 뜻인데, '힘내라'는 응원의 말로 많이 쓰인다. |
| 甘休(甘休) | 기꺼이 그만 두다. 손을 빼다. |
| 江湖口(江湖口) | 뛰어난 화술. 말재간. |
| 客長(客长) | 알지 못하는 손님에 대한 존칭. |
| 見高低(见高低) | 승부를 겨루다. 우열을 가리다. |
| 見官(见官) | 소송으로 법정에 가다. |
| 見面錢(见面钱) | 처음 만났을 때 윗사람이 아랫사람에게 주는 돈. |
| 見不起(见不起) | 볼 낯이 없다. 면목 없다. |
| 見實(见实) | 사실임을 확인하다. |
| 見愛(见爱) | 사랑을 받다. |
| 見長(见长) | 뛰어나다. 특출하다. |
| 慶九(庆九) | 59세, 69세, 79세의 생일잔치. |
| 高高地(高高地) | 아주 높이. 높이 높이. |
| 高買(高买) | 물건을 사는 체하고 틈을 보아 훔치다. |
| 骨頭老兒(骨头老儿) | 농담 좋아하는 사람. |
| 骨血(骨血) | 육친. 주로 자녀를 이름. |
| 公母(公母) | 수컷과 암컷. 부부. |
| 公的(公的) | 수컷. |
| 公衆明星(公众明星) | 인기 대중스타. |
| 過家(过家) | 생계를 꾸리다. 생활하다. |
| 過來人(过来人) | 경험자. 베테랑. |
| 過命(过命) | 목숨을 내놓다. 생사를 함께 하다. |
| 過飯(过饭) | 반찬으로 먹다. |

| 중국한자어 | 의미 |
|---|---|
| 科星(科星) | 저명한 과학자 또는 기술자. |
| 過兩天(过两天) | 며칠 후, 얼마 후. |
| 光子(光子) | 안경 알. |
| 交口(交口) | 입을 모아 말하다. 이야기를 나누다. |
| 交耳(交耳) | 귀(귓가)에 대다. |
| 敎會(敎会) | 가르쳐서 알도록 하다. |
| 球星(球星) | 구기 운동의 스타플레이어. |
| 根兒根兒(根儿根儿) | 껄껄. 우렁찬 소리로 웃는 소리. |
| 金的玉的(金的玉的) | 금이야 옥이야. |
| 金點子(金点子) | 아주 좋은 생각(아이디어). |
| 難聞(難聞) | 냄새가 고약하다. |
| 老東西(老东西) | 낡은 물건, 늙다리, 늙정이. |
| 老百姓(老百姓) | 평민, 백성, 서민, 대중. |
| 師師(老师) | 스승. |
| 老生女(老生女) | 막내딸. |
| 老生子(老生子) | 막내아들, 막둥이. |
| 老愛人(老愛人) | 노부부가 서로 상대방을 부르는 호칭. |
| 老子(老子) | 아버지. |
| 老弟(老弟) | '자네', '너' 등의 호칭. |
| 老地方(老地方) | 늘 가는 곳. |
| 老天(老天) | 하늘. |
| 老兄弟(老兄弟) | 막내 동생, 막내아우. |
| 老花(老花) | 늙어서 눈이 잘 보이지 않는다. 노안(老眼)이 되다. |
| 短看(短看) | 만나는 일이 적다. |
| 單思(单思) | 짝사랑, 짝사랑하다. |
| 單思病(单思病) | 상사병. |
| 短人(短人) | 일손이 모자라다. |
| 大頭(大头) | 세상 물정에 어둡고 남에게 잘 속는 얼뜨기. 어리석은 호인. |
| 對不起(对不起) | 미안합니다. |
| 代席(代席) | 축하나 사례 때 돈 봉투에 쓰는 글귀. '초대해 대접해야 마땅하지만 금품으로 대신한다.'는 뜻. |

| 중국한자어 | 의미 |
|---|---|
| 對水(对水) | 물을 타다. 물을 타 묽게 하다. |
| 大蟲(大虫) | 호랑이의 다른 이름. |
| 道喜(道喜) | 축하하다. 축복하다. |
| 獨獨(独独) | 겨우. 다만. |
| 馬眼(马眼) | 남자의 오줌 구멍, 바둑의 목(目). |
| 面點(面点) | 밀가루 음식. |
| 明後天(明后天) | 내일이나 모레. |
| 毛毛雨(毛毛雨) | 이슬비. |
| 毛石(毛石) | 자갈. |
| 母的(母的) | 암컷. |
| 木木(木木) | 멍청한 모습. |
| 美子(美子) | 달러, 암달러. |
| 飯門(饭门) | 밥벌이, 생계수단, 밥 먹을 방도. |
| 半半落落(半半落落) | 중도에 있다. |
| 半長半短(半长半短) | 길지도 짧지도 않다. |
| 飯店(饭店) | 호텔, 여관. |
| 半天(半天) | 한나절, 반일. |
| 半喜(半喜) | 딸이 태어난 경사. |
| 發發實發(发发实发) | 길일(吉日). 8월 18일. |
| 方頭(方头) | 머리가 둔하다. |
| 防老(防老) | 노후에 대비하다. |
| 方子(方子) | 처방전, 각목, 각재(角材) |
| 拜拜(拜拜) | 부인이 하는 구식 인사. 안녕. |
| 白面(白面) | 흰 얼굴. 밀가루. 호색꾼, 색광(色狂). |
| 白面子(白面子) | 옛날의 기녀, 창기(娼妓). |
| 白事(白事) | 상사(喪事), 장례식. |
| 白死(白死) | 헛되이 죽다. |
| 白色革命(白色革命) | 비닐하우스(그린하우스)를 이용한 농작 기술. |
| 白業(白业) | 착한 일. |
| 白要(白要) | 거저 달라고 하다. 공짜로 가지려 하다. |
| 白車(白车) | 구급차. |

| 중국한자어 | 의미 |
|---|---|
| 白打(白打) | 맨주먹으로 치다. 맨손으로 싸우다. |
| 白貨(白货) | 빈말. 객담. 허튼 소리. 마약. |
| 番地(番地) | 다른 고장. 이역. |
| 報童(报童) | 신문팔이 아이. |
| 報人(报人) | 저널리스트 |
| 本本分分(本本分分) | 성실하다. 착실하다. |
| 分頭(分头) | 일을 나누어 하다. 분담하다. |
| 不三不四(不三不四) | 인품이 천하다. |
| 不上不下(不上不下) | 이러지도 저러지도 못하다. |
| 不長不短(不长不短) | 효과가 없다. 길이가 꼭 맞다. |
| 飛女(飞女) | 불량소녀. |
| 飛飯(飞饭) | 여기저기 돌아다니며 먹는 밥. |
| 飛耳(飞耳) | 먼 곳의 소식을 잘 듣는 귀. |
| 飛車(飞车) | 과속 차량. |
| 氷刀(冰刀) | 스케이트 날. |
| 氷車(冰车) | 썰매. |
| 死頂(死顶) | 한사코 맞서다. 끝까지 저항하다. |
| 殺口(杀口) | 입안에 강한 자극을 주다. 아주 맛있다. |
| 三八(三八) | 칠뜨기. 팔푼이. |
| 上藥(上药) | 약을 바르다. |
| 生氣(生气) | 화내다. 성내다. 활력. |
| 生放(生放) | 돈을 빌려주어 이자를 늘리다. 고리대를 하다. |
| 生虎子(生虎子) | 풋내기, 철부지. |
| 船家(船家) | 뱃사공. |
| 船力(船力) | 선박 운송비, 운임. |
| 舌交(舌交) | 입맞춤. 키스. |
| 城里(城里) | 시내. |
| 成春(成春) | 병이 낫다. |
| 細路(细路) | 남자 꼬마, 사내아이. |
| 視星(视星) | 텔레비전 스타. |
| 新特(新特) | 새 부인 |

## 한중일 공용한자 808자

| 중국한자어 | 의미 |
|---|---|
| 新歡(新欢) | 새 애인 |
| 安根(安根) | 밥을 먹다. |
| 安根子(安根子) | 뇌물을 바치다. 몰래 통하다. |
| 愛根(愛根) | 아내가 남편을 호칭하는 말. |
| 凉友(凉友) | 부채. |
| 兩天(两天) | 이틀. |
| 列公(列公) | 여러분 |
| 例子(例子) | 보기, 본보기. |
| 銀錢(银钱) | 돈, 금전. |
| 恩好(恩好) | 부부애. |
| 二流子(二流子) | 건달, 망나니. |
| 二三(二三) | 사상이나 절개를 자주 바꾸다. 절조나 덕을 지키지 않고 바꾸다. |
| 二眼(二眼) | 눈이 나쁜 사람. |
| 長等短等(长等短等) | 기다리고 기다리다. |
| 將將(将将) | 가까스로, 겨우, 간신히. |
| 長紅(长红) | 하루 동안 주가가 대폭 상승하다. |
| 長黑(长黑) | 하루 동안 주가가 대폭 하락하다. |
| 赤光光(赤光光) | 벌거벗은 모양. |
| 赤口白舌(赤口白舌) | 함부로 되는대로 말하다. |
| 赤露(赤露) | 발가벗다. |
| 的士(的士) | 택시. |
| 前天(前天) | 그저께. |
| 傳黃(传黃) | 음란물을 전파한다. |
| 店客(店客) | 여관 투숙객. |
| 點錢(点钱) | 돈을 세어 보다. |
| 接風(接风) | 멀리서 온 손님에게 식사를 대접하다. 환영회를 열다. |
| 頂好(顶好) | 가장 좋다. 제일이다. |
| 存神(存神) | 기력을 배양하고 축적하다. |
| 走好(走好) | '안녕히 가십시오.'라는 인사말. |

| 중국한자어 | 의미 |
|---|---|
| 中國城(中国城) | 중국인 거리. 차이나타운. |
| 重落(重落) | 병이 도지다. |
| 地地道道(地地道道) | 틀림없이 진짜. |
| 集日(集日) | 장날. |
| 處男(处男) | 결혼하지 않은 남자. 총각. 處女의 반대말. |
| 川馬(川马) | 쓰촨(四川)성에서 나는 말. |
| 川菜(川菜) | 쓰촨(四川) 요리. |
| 鐵將軍(铁将军) | 자물쇠. |
| 青春豆(青春豆) | 여드름. 美麗豆라고도 한다. |
| 草地席(草地席) | 돗자리, 멍석. |
| 春假(春假) | 봄 방학. 봄 휴가. |
| 春毛(春毛) | 봄에 깎는 양털. |
| 出毛病(出毛病) | 고장이 나다. 사고가 나다. 문제가 생기다. |
| 出心(出心) | 마음결. 마음자리. |
| 出眼(出眼) | 훌륭하다. 돋보인다. |
| 出洋(出洋) | 외국으로 가다. |
| 出月(出月) | 다음 달. |
| 出子(出子) | 한 차례. 한 번. |
| 出火(出火) | 성내다. 욕정을 불태우다. |
| 齒數(齿数) | 언급하다. 제기하다. |
| 七個八個(七个八个) | 옥신각신하다. 말다툼하다. |
| 七百五(七百五) | 바보. |
| 七上八下(七上八下) | 마음이 혼란하다. 안절부절 못하다. |
| 七七(七七) | 칠칠일. 죽은 지 49일째. |
| 七七八八(七七八八) | 뒤죽박죽이 되다. |
| 打光(打光) | 기계 따위를 갈아 광을 내다. |
| 打里(打里) | 내근. 내근하다. |
| 打立(打立) | 시작하다. |
| 打米(打米) | 쌀을 사다. 쌀을 찧다. 쌀을 타다. |
| 打飯(打饭) | 밥을 짓다. 밥을 푸다. 밥을 나르다. |
| 打白(打白) | 하늘이 환해지다. |

| 중국한자어 | 의미 |
|---|---|
| 打不起(打不起) | 돈이 없어 살 수 없다. |
| 打臣(打臣) | 다스(dozen). 타(打). |
| 打野(打野) | 싸다니다. 노숙하다. |
| 打的(打的) | 택시를 타다 |
| 打酒(打酒) | 술을 사다. |
| 打草(打草) | 풀을 베다. |
| 打針(打针) | 주사를 놓다. |
| 打表(打表) | 표를 작성하다. |
| 打皮(打皮) | 과일 따위 껍질을 벗기다. |
| 打話(打话) | 말을 하다. 말을 나누다. |
| 八刀(八刀) | 나누다. |
| 八仙過海(八仙过海) | 제각기 솜씨를 뽐내다. |
| 八八席(八八席) | 고급 요리. |
| 貝書(贝书) | 불경. |
| 閉門天子(闭门天子) | 밖에서는 꿈쩍 못하면서 집안에선 큰소리치는 사람. |
| 風頭(风头) | 정세. 동향. 형세. |
| 風頭十足(风头十足) | 첨단을 걷다. 남의 눈을 끌다. 주제넘게 나서다. |
| 風風雪雪(风风雪雪) | 수선스럽고 왈패 같은 모습. |
| 風風雨雨(风风雨雨) | 마음이 동요하는 모습. 정세가 어지러운 모양. 시련. |
| 風風火火(风风火火) | 당황하여 어쩔 줄 모르는 모습. 기세나 위세가 등등한 모습. 몹시 화를 내는 모습. |
| 寒假(寒假) | 겨울방학. 冬假라고도 한다. |
| 寒女(寒女) | 가난하고 비천한 집 딸. |
| 寒毛(寒毛) | 솜털. |
| 寒星(寒星) | 겨울밤의 별. |
| 寒品(寒品) | 가난하고 비천한 사람. |
| 合口(合口) | 상처가 아물다. 말다툼을 하다. 입에 맞다. |
| 合門(合门) | 온 가족, 온 집안. |
| 合眼(合眼) | 눈을 감다. 잠을 자다. |

| 중국한자어 | 의미 |
|---|---|
| 海病(海病) | 뱃멀미. |
| 海說(海说) | 허무맹랑한 소리. |
| 解人(解人) | 사리를 아는 사람. |
| 害喜(害喜) | 입덧을 하다. |
| 行子(行子) | 몹쓸 것. 나그네. |
| 行號(行号) | 상점. |
| 好强(好强) | 지려고 하지 않다. 승부욕이 강하다. |
| 好久(好久) | 오랫동안. |
| 好氣(好气) | 화나다, 성나다, 부아가 치밀다. |
| 好里(好里) | 좋은 쪽. |
| 好聞(好闻) | 냄새가 좋다. |
| 好死(好死) | 천수를 다하다. 제 명에 죽다. |
| 好在(好在) | 다행이도, 운 좋게. |
| 好菜(好菜) | 반찬. 고급 요리. 매우 졸렬하다(형편없다). |
| 混蟲(混虫) | 멍텅구리, 바보. |
| 紅男綠女(红男绿女) | 훌륭하게(아름답게) 차려 입은 젊은 남녀. |
| 紅名單(红名单) | 공개 수배자 명부. |
| 紅書(红书) | 毛泽东(모택동/마오쩌뚱)의 저작. 진보적인 사상을 담은 서적. |
| 紅人(红人) | 아메리카 인디언. 인기 있는 사람. 잘 팔리는 사람. |
| 紅火(红火) | 번성하다, 번창하다, 왕성하다, 흥청거리다. |
| 和頭酒(和头酒) | 사과의 술자리. |
| 話白(话白) | 비꼬아 말하다. |
| 和服(和服) | 일본식 옷. |
| 花氷(花冰) | 피겨스케이팅. |
| 話仙(话仙) | 잡담꾼, 한담꾼. |
| 花臣(花臣) | 모양, 스타일, 패션, 유행. |
| 花將(花將) | 돈 씀씀이가 헤픈 사람. |
| 花貨(花货) | 행실이 경박한 여자. |
| 花花公子 | 부잣집의 방탕한 자식. 난봉꾼. |
| 花花太歲(花花太岁) | 못된 짓만 일삼는 권문세가의 불량소년. |

| 중국한자어 | 의미 |
|---|---|
| 花花孝(花花孝) | 손자가 입는 상(喪). |
| 活頭(活头) | 일솜씨. |
| 活死人(活死人) | 산송장, 무능한 사람, 활기가 없는 사람. |
| 活電報(活电报) | 입이 가벼운 사람, 촉새. |
| 黃書(黄书) | 음란서적. |
| 黃品(黄品) | 음란물. |
| 會病(会病) | 회의가 지나치게 빈번한 병폐. |
| 會海(会海) | 극히 빈번한 회의. |
| 孝男(孝男) | 효자, 효성스런 남자, 부모의 거상 중인 남자가 스스로를 일컫는 말. |
| 大後天(大后天) | 글피. |
| 後天(后天) | 모레. |
| 黑家(黑家) | 밤, 밤중. |
| 黑客(黑客) | 아편쟁이, 해커(hacker). |
| 黑星期五(黑星期五) | 불길한 금요일, 13일의 금요일. |
| 黑體(黑体) | 고딕 활자. |
| 黑漢(黑汉) | 암흑가 사람, 마피아 분자. |

### 일본 한자 어휘

808字 범위 안에서는 韓日 사이에 서로 뜻이 다르게 쓰이는 常用 漢字語는 거의 없다고 판단된다. 다만, 日本에서 쓰이는 漢字語 중에서 우리는 쓰지 않는다고 판단되는 것을 중심으로 808字 범위 내에서 추려 보았다. 國內에서는 쓰이지 않는 것이라 하더라도 漢字의 뜻을 중심으로 보면 대개 이해가 가능한 것들이라 할 수 있다.

| 일본어 | 의미 |
|---|---|
| 仮名 | 가나 <일본의 표음문자> |
| 可成 | 제법, 꽤 |
| 家来 | 가신, 종자, 부하 |
| 甘口 | 단맛이 남, 단것을 좋아함, 달콤한 말 |
| 感心 | 감탄함, 어이없음, 기특함 |
| 強気 | 강한 세력, 강경한 태도 |
| 建前 | 상량(上樑), 원칙 |
| 見苦 | 꼴사납다 |
| 見舞 | 위문, 위문품 |
| 見方 | 방법, 견해 |
| 見合 | 맞섬, 균형이 잡힘 |
| 苦手 | 서투름, 다루기 어려운 상대 |
| 古着 | 헌옷 |
| 空便 | 승객이나 화물을 싣지 않은 비행기나 배 |
| 九分 | 대체로, 9분 |
| 口紅 | 입술 연지 |
| 近所 | 근처, 이웃 |
| 今更 | 이제 와서, 새삼스럽게 |
| 今度 | 이번, 금번 |
| 気軽 | 부담이 없음 |
| 気味 | 경향, 기분 |
| 南米 | 남아메리카 |
| 女中 | 식모 |

| 일본어 | 의미 |
|---|---|
| 年生 | 학년(學年) |
| 多分 | 많음, 아마도 |
| 大方 | 대부분, 보통, 거의 |
| 大尽 | 갑부, 부자 |
| 道端 | 길가 |
| 到頭 | 드디어 |
| 道順 | 지나는 길, 순서 |
| 刀自 | 여사, 주부 |
| 都合 | 형편, 편의, 변통함, 모두 |
| 同士 | ~끼리, 한패 |
| 力落 | 낙담 |
| 留守 | 집에 없음, 어떤 일을 소홀히 함 |
| 利口 | 영리함, 말을 잘함 |
| 毎度 | 매번 |
| 名前 | 이름, 명칭 |
| 木目 | 나뭇결, 살결 |
| 目方 | 무게 |
| 目上 | 손윗사람 |
| 目安 | 표준, 목표 |
| 目印 | 표시, 목표물 |
| 無口 | 과묵함, 말이 없음 |
| 門番 | 문지기 |
| 物音 | 소리 |
| 味方 | 아군, 편듦 |
| 米国 | 미국(美國) |
| 半端 | 어중간함, 자투리 |
| 発明 | 영리함, 없던 것을 만들어 냄 |
| 拝借 | 삼가 빌림 |
| 番目 | ~번째 |
| 本当 | 정말, 사실임 |
| 父方 | 부계 |

| 일본어 | 의미 |
|---|---|
| 部屋 | 방, 소속된 도장 |
| 山国 | 산골 |
| 上物 | 고급품 |
| 上白 | 고급 쌀, 고급 백설탕 |
| 相手 | 상대, 상대편 |
| 上手 | 위쪽, 강의 상류, 한 수 위임 |
| 相場 | 시세, 시가, 투기, 통념 |
| 上前 | 겉섶, 남의 몫 |
| 上着 | 겉옷, 윗도리 |
| 上下 | 위아래, 거꾸로임 |
| 上戸 | 애주가, 술꾼 |
| 生地 | 옷감, 본성 |
| 生温 | 태도가 분명하지 않다, 흐릿하다 |
| 書留 | 메모, 등기 우편 |
| 西日 | 석양 |
| 夕立 | 여름 철 소나기 |
| 選考 | 골라 뽑음 |
| 世話 | 시중, 돌봄 |
| 素速 | 날래다, 재빠르다 |
| 小雨 | 가랑비 |
| 小遣 | 용돈 |
| 素早 | 날래다, 재빠르다 |
| 素直 | 순박함, 올곧음, 자연스러움 |
| 手間 | 품, 일손, 품삯 |
| 修士 | 석사, 수도사 |
| 手元 | 주변, 손놀림 |
| 手前 | 이쪽, 체면, 솜씨 |
| 水着 | 수영복 |
| 手品 | 요술, 속임수 |
| 手軽 | 간단함, 간편함 |
| 勝手 | 부엌, 살림살이, 형편, 제멋대로임 |

## 한중일 공용한자 808자

| 일본어 | 의미 |
|---|---|
| 承知 | 알고 있음, 승낙함 |
| 身近 | 신변, 자기와 관계 깊음 |
| 辛抱 | 참음, 견딤 |
| 心細 | 불안함 |
| 心当 | 짐작 가는 바 |
| 十能 | 부삽 |
| 我我 | 우리 |
| 安手 | 싸구려임, 하찮음 |
| 案外 | 뜻밖에 |
| 愛想 | 붙임성, 상냥함, 정(情), 대접, 계산 |
| 夜明 | 새벽, 새벽녘 |
| 若者 | 젊은이, 청년 |
| 陽気 | 명랑함, 날씨, 만물의 살아 움직이는 기운 |
| 言葉 | 말, 낱말, 해설 |
| 余計 | 여분, 쓸데없음, 더욱 |
| 余所 | 객지, 남의 집 |
| 屋根 | 지붕 |
| 欲深 | 욕심이 많음 |
| 友達 | 벗, 친구들 |
| 又又 | 또 다시, 거듭 |
| 雨戸 | 비를 막는 덧문 |
| 遠足 | 소풍 |
| 肉屋 | 푸줏간 |
| 意地悪 | 심술궂음 |
| 二度 | 두 번, 재차 |
| 人事 | 남의 일, 인간사 |
| 人手 | 불가사리(海星), 남의 도움, 일손 |
| 人出 | 나들이하는 사람들 |
| 引退 | 은퇴함 |
| 一番 | 첫째, 으뜸 |
| 一思 | 단숨에 |

| 일본어 | 의미 |
|---|---|
| 一通 | 대충, 보통 |
| 日当 | 볕이 듦, 양달, 일당 |
| 入念 | 정성을 들임 |
| 入用 | 필요함, 경비 |
| 子犬 | 강아지 |
| 自分 | 스스로, 나, 저 |
| 子細 | 자세한 사정 |
| 字引 | 옥편, 자전, 사전 |
| 長引 | 오래끌다 |
| 場合 | 경우, 때 |
| 財布 | 지갑, 돈주머니 |
| 田植 | 모내기, 모심기 |
| 全快 | 완쾌(完快) |
| 井戸 | 우물 |
| 鳥居 | 일본 신사에 세운 문 |
| 早口 | 빠르게 말함 |
| 調子 | 가락, 어조, 격조, 상태, 형편장단, 신바람, 방법 |
| 足元 | 발치, 신변, 기초 |
| 酒屋 | 술 가게, 양조장 |
| 酒場 | 술집 |
| 中味 | 알맹이 |
| 支度 | 준비, 몸치장 |
| 地味 | 수수함, 검소함 |
| 止宿 | 숙박함 |
| 地元 | 그 지방, 본거지 |
| 指図 | 지시(指示), 지정(指定) |
| 質素 | 검소함 |
| 次第 | 순서, 유래 |
| 青白 | 푸르스름하다, 낯빛이 창백하다 |
| 初耳 | 처음 듣는 이야기 |
| 最中 | 한창임 |

| 일본어 | 의미 |
|---|---|
| 出直 | 다시 옴, 다시 시작함 |
| 出会 | 만남, 거래함 |
| 吹雪 | 눈보라 |
| 取引 | 거래, 흥정 |
| 親指 | 엄지손가락(발가락) |
| 七曲 | 꼬부랑길 |
| 針金 | 철사 |
| 土手 | 둑, 흙담 |
| 図図 | 넉살좋다, 뻔뻔스럽다 |
| 判子 | 도장, 인장 |
| 八丁 | 일을 잘하기는 함<약간 경멸조> |
| 平気 | 태연함, 흔들리지 않음 |
| 彼等 | 그들, 저들 |
| 彼氏 | 그분 |
| 皮肉 | 비꼼, 빈정거림, 얄궂음 |
| 何番 | 몇번 |
| 下手 | 서투름, 어설픔 |
| 何卒 | 부디, 어떻게든 |
| 下着 | 속옷 |
| 下品 | 천박함, 속됨 |
| 合間 | 사이, 틈, 짬 |
| 合図 | 신호, 사인 |
| 海老 | 새우 |
| 兄貴 | 형님<호칭> |
| 花見 | 꽃구경 |
| 和服 | 일본옷 |
| 和風 | 일본풍 |
| 花火 | 폭죽의 꽃불 |

### 출제기준 및 유형

[漢字 問題]

1. 訓音 쓰기: 25문항

   : 제시된 공용한자(간자, 약자 포함)의 훈음 쓰기 / 훈음에 해당하는 공용한자(간자, 약자 포함) 쓰기 내지 고르기

   (5문항) 한국 한자 제시하고 훈음 쓰기
   (5문항) 훈음 제시하고 한국 한자 쓰기
   (5문항) 중국 한자 제시하고 훈음 쓰기
   (5문항) 훈음 제시하고 중국 간자 쓰기
   (5문항) 훈음 제시하고 일본 약자 쓰기

2. 바꿔쓰기[換書]: 20문항

   : 제시된 공용한자(간자, 약자 포함)를 정자, 간자, 약자로 바꾸어 쓰기 내지 고르기

   (5문항) 한국 한자 정자 제시하고 중국 간자로 바꾸어 쓰기
   (5문항) 한국 한자 정자 제시하고 일본 약자로 바꾸어 쓰기
   (5문항) 중국 한자 간자 제시하고 한국 정자로 바꾸어 쓰기
   (5문항) 일본 한자 약자 제시하고 한국 정자로 바꾸어 쓰기

[漢字語]

1. 讀音 쓰기: 15문항

   <한국 독음. 중국어 일본어 음은 중국어, 일본어의 영역으로 넘김>

   : 한자어의 독음을 한국 한글맞춤법에 맞게 쓰기 / 독음이 맞지 않는 것 고르기

(5문항) 한국 한자어 정자로 제시하고 독음 쓰기

(5문항) 중국 한자어 간자로 제시하고 독음 쓰기

(5문항) 일본 한자어 약자로 제시하고 독음 쓰기

### 2. 한자 쓰기[書寫]: 15문항

: 한국식 독음을 보고 한자로 바꾸어 쓰기 / 뜻풀이를 보고 한자로 바꾸어 쓰기 / 주어진 정보와 조건을 토대로 한자어 완성하기

(5문항) 한국 한자어 정자로 쓰기

(5문항) 중국 한자어 간자로 쓰기

(5문항) 일본 한자어 약자로 쓰기

### 3. 뜻 풀이하기[解釋]: 15문항

: 한자어의 뜻을 풀이하기

(5문항) 한국 한자어 풀이

(5문항) 중국 한자어 풀이

(5문항) 일본 한자어 풀이

### 4. 바꿔쓰기[換書]: 10문항

: 한국과 중국 한자어의 쓰임이 다른 경우 바꾸어 쓰거나 고르기

(5문항) 한국 한자어를 제시하고 그에 상응하는 중국 한자어 간자로 쓰기

(5문항) 중국 한자어를 간자로 제시하고 그에 상응하는 한국 한자어 정자로 쓰기

## 제1회 豫想問題와 正答

◎ 다음 漢字의 訓과 音을 쓰시오.
(단, 한국 훈음으로 맞춤법에 맞게 쓰시오.)

1. 妹　　　　　누이 매
2. 奉　　　　　받들 봉
3. 店　　　　　가게 점
4. 施　　　　　베풀 시
5. 扶　　　　　도울 부

◎ 다음 중국 簡字의 訓과 音을 쓰시오.
(단, 한국식 훈음으로 맞춤법에 맞게 쓰시오.)

6. 丰　　　　　풍년 풍
7. 钟　　　　　쇠북 종
8. 儿　　　　　아이 아
9. 练　　　　　익힐 련
10. 传　　　　　전할 전

◎ 다음 일본 略字의 訓과 音을 쓰시오.
(단, 한국 훈음으로 맞춤법에 맞게 쓰시오.)

11. 円　　　　　둥글 원
12. 将　　　　　장수 장
13. 従　　　　　좇을 종
14. 麦　　　　　보리 맥
15. 権　　　　　권세 권

◎ 다음 訓과 音에 맞는 중국 簡字를 쓰시오.

16. 그림 도　　　　　　图
17. 읽을 독　　　　　　读
18. 들을 청　　　　　　听
19. 재주 예　　　　　　艺
20. 약 약　　　　　　　药

◎ 다음 訓과 音에 맞는 일본 略字를 쓰시오.

21. 가벼울 경　　　　　軽
22. 푸를 록　　　　　　緑
23. 걸음 보　　　　　　歩
24. 탈 승　　　　　　　乗
25. 베낄 사　　　　　　写

◎ 다음 漢字를 중국 簡字로 바꾸어 쓰시오.

26. 團　　　　　　　　　团
27. 鄕　　　　　　　　　乡
28. 韓　　　　　　　　　韩
29. 賢　　　　　　　　　贤
30. 擧　　　　　　　　　举

◎ 다음 漢字를 일본 略字로 바꾸어 쓰시오.

31. 點　　　　　　　　　点
32. 淸　　　　　　　　　清
33. 黑　　　　　　　　　黒
34. 惡　　　　　　　　　悪
35. 當　　　　　　　　　当

◎ 다음 중국 簡字를 한국 正字로 바꾸어 쓰시오.

36. 发 　　　　　　　　發
37. 严 　　　　　　　　嚴
38. 劳 　　　　　　　　勞
39. 广 　　　　　　　　廣
40. 乐 　　　　　　　　樂

◎ 다음 일본 略字를 한국 正字로 바꾸어 쓰시오.

41. 価 　　　　　　　　價
42. 歯 　　　　　　　　齒
43. 浄 　　　　　　　　淨
44. 尽 　　　　　　　　盡
45. 寿 　　　　　　　　壽

◎ 다음 漢字語의 讀音을 맞춤법에 맞게 쓰시오.

46. 難處 　　　　　　　난처
47. 密閉 　　　　　　　밀폐
48. 雪景 　　　　　　　설경
49. 威嚴 　　　　　　　위엄
50. 參拜 　　　　　　　참배
51. 夏節 　　　　　　　하절
52. 解消 　　　　　　　해소

◎ 다음 중국 漢字語의 讀音을 한국 독음으로 맞춤법에 맞게 쓰시오.

53. 过节 　　　　　　　과절
54. 关书 　　　　　　　관서

55. 难过 난과
56. 开动 개동
57. 公历 공력

◎ 다음 일본 漢字語의 讀音을 한국 독음으로 맞춤법에 맞게 쓰시오.

58. 出直 출직
59. 図図 도도
60. 彼氏 피씨

◎ 다음 괄호 안 독음에 맞는 漢字 正字를 쓰시오.

61. 그 정책은 (허다)한 문제를 안고 있다. 許多
62. 사내대장부로서 (체통)을 지켜야 한다. 體統

◎ 다음 뜻풀이에 맞는 漢字 正字를 쓰시오.

63. 자기가 직접 글씨를 씀. 또는 그 글씨. 自筆
64. 성질이나 마음씨가 온화하고 양순하다. 溫順
65. 차마 할 수가 없음. 不忍

◎ 다음 조건에 맞는 漢字 正字를 써 넣어 단어를 完成하시오.

66. 四通八( ) : 도로 따위가 이리저리 사방으로 통함. 達
67. 我田( )水 : 자기에게만 이롭도록 생각하거나 행동함. 引
68. ( )場一致 : 장내에 모인 모든 사람의 의견이 같음. 滿
69. 朝令( )改 : 법령을 자꾸 고쳐서 갈피를 잡기가 어려움. 暮
70. ( )民同樂 : 임금이 백성과 함께 즐김. 與

◎ 다음 중국 漢字語 독음과 뜻풀이에 맞는 중국 簡字를 쓰시오.

71. 의공[yìgōng] : 자원 봉사 활동. 자원 봉사자     义工
72. 외공[wàigōng] : 외조부. 외할아버지.     外公
73. 소백[sùbái] : 새하얗다.     素白

◎ 다음 일본 한자어 독음과 뜻풀이에 맞는 일본 略字를 쓰시오.

74. 고착[ふるぎ] : 헌옷     古着
75. 기경[きがる] : 부담스럽지 않음, 부담 없음.     気軽

◎ 다음 漢字語의 뜻을 풀이하시오.

76. 必須     꼭 있어야 하거나 하여야 함.
77. 遊興     흥겹게 놂.
78. 受注     주문을 받음.
79. 備忘     잊지 아니하기 위한 준비.
80. 哀惜     슬프고 아까움.
81. 道不拾遺     나라가 잘 다스려지고 풍속이 아름다워서 길에 떨어진 물건도 주워 가지 않음.
82. 得意揚揚     뜻한 바를 이루어 우쭐거리며 뽐냄.
83. 立身揚名     출세하여 이름을 세상에 떨침.
84. 泰然自若     마음에 어떠한 충동을 받아도 움직임이 없이 크게 자연스러워 저절로 그런 듯함.
85. 危如朝露     해가 뜨면 곧 사라지는 아침 이슬처럼 위험이 가까이 다가옴.

◎ 다음 중국 漢字語의 뜻을 우리말로 풀이하시오.

    86. 笔伐[bǐfá]　　　　　　　글로 성토하다
    87. 汉子[hànzi]　　　　　　　남자. 사내대장부.
    88. 着凉[zháoliáng]　　　　　감기에 걸리다.

◎ 다음 일본 漢字語의 뜻을 우리말로 풀이하시오.

    89. 平気[へいき]　　　　　　태연함, 흔들리지 않음.
    90. 井戸[いど]　　　　　　　우물.

◎ 다음 漢字語와 상응하는 뜻을 지닌 중국 漢字語를 簡字로 쓰시오.

    91. 力道　　　　　　举重
    92. 得點　　　　　　得分/比分/比数
    93. 物件　　　　　　東西
    94. 方今　　　　　　马上/刚刚/刚才
    95. 所重　　　　　　甘贵/可贵/珍贵

◎ 다음 중국 漢字語와 상응하는 뜻을 지닌 漢字語를 正字로 쓰시오.

    96. 钟表　　　　　　時計
    97. 净价　　　　　　實價
    98. 星海　　　　　　銀河水/映畫(畵)界
    99. 合适　　　　　　適當/適合
    100. 过仙　　　　　　死亡/別世

## 제2회 豫想問題와 正答

◎ 다음 漢字의 訓과 音을 쓰시오.
 (단, 한국 훈음으로 맞춤법에 맞게 쓰시오.)

 1. 菜          나물 채
 2. 喪          잃을 상
 3. 栽          심을 재
 4. 晩          늦을 만
 5. 勤          부지런할 근

◎ 다음 중국 簡字의 訓과 音을 쓰시오.
 (단, 한국 훈음으로 맞춤법에 맞게 쓰시오.)

 6. 闭          닫을 폐
 7. 异          다를 이
 8. 惊          놀랄 경
 9. 证          증거 증
 10. 续         이을 속

◎ 다음 일본 略字의 訓과 音을 쓰시오.
 (단, 한국 훈음으로 맞춤법에 맞게 쓰시오.)

 11. 歩         걸음 보
 12. 児         아이 아
 13. 浅         얕을 천
 14. 帰         돌아갈 귀
 15. 勧         권할 권

◎ 다음 訓과 音에 맞는 중국 簡字를 쓰시오.

16. 좇을 종           从
17. 두 량            两
18. 영화 영           荣
19. 응할 응           应
20. 넓을 광           广

◎ 다음 訓과 音에 맞는 일본 略字를 쓰시오.

21. 따뜻할 온         温
22. 싸움 전           戦
23. 셈 수            数
24. 낮 주            昼
25. 값 가            価

◎ 다음 漢字를 중국 簡字로 바꾸어 쓰시오.

26. 誤            误
27. 歲            岁
28. 貝            贝
29. 氣            气
30. 樂            乐

◎ 다음 漢字를 일본 略字로 바꾸어 쓰시오.

31. 變            変
32. 發            発
33. 關            関
34. 實            実
35. 處            処

◎ 다음 중국 簡字를 한국 正字로 바꾸어 쓰시오.

36. 艺　　　　　　　　藝
37. 经　　　　　　　　經
38. 处　　　　　　　　處
39. 难　　　　　　　　難
40. 节　　　　　　　　節

◎ 다음 일본 略字를 한국 正字로 바꾸어 쓰시오.

41. 売　　　　　　　　賣
42. 伝　　　　　　　　傳
43. 当　　　　　　　　當
44. 両　　　　　　　　兩
45. 灯　　　　　　　　燈

◎ 다음 漢字語의 讀音을 맞춤법에 맞게 쓰시오.

46. 下野　　　　　　　하야
47. 致敬　　　　　　　치경
48. 精密　　　　　　　정밀
49. 謝絶　　　　　　　사절
50. 勸農　　　　　　　권농
51. 等閑　　　　　　　등한
52. 病蟲　　　　　　　병충

◎ 다음 중국 漢字語의 讀音을 한국 독음으로 맞춤법에 맞게 쓰시오.

53. 领会　　　　　　　영회
54. 浪语　　　　　　　낭어

55. 陆续　　　　　　　　　육속
56. 买单　　　　　　　　　매단
57. 舞动　　　　　　　　　무동

◎ 다음 일본 漢字語의 讀音을 한국 독음으로 맞춤법에 맞게 쓰시오.

58. 吹雪　　　　　　　　　취설
59. 刀自　　　　　　　　　도자
60. 素早　　　　　　　　　소조

◎ 다음 괄호 안 독음에 맞는 漢字 正字를 쓰시오.

61. 여름이 되자 선풍기 (품귀)현상이 나타났다.　　　　品貴
62. 입추도 지났고 곧 더위가 그치는 (절기)가 찾아온다.　節氣

◎ 다음 뜻풀이에 맞는 漢字 正字를 쓰시오.

63. 손꼽을 만큼 두드러지거나 훌륭함.　　　　　　　　有數
64. 사라져 없어짐. 또는 그렇게 잃어버림.　　　　　　消失
65. 특정한 일을 할 수 있는 공식적인 자격을 행정 기관이 허가함.
    또는 그런 일.　　　　　　　　　　　　　　　　　免許

◎ 다음 조건에 맞는 漢字 正字를 써 넣어 단어를 完成하시오.

66. (　)勞無功 : 헛되고 공훈이 없음.　　　　　　　　徒
67. 始終(　)一 : 처음부터 끝까지 변함없이 한결같음.　如
68. (　)德報怨 : 덕으로써 원수에 보답함.
    원수에게 은덕을 베풂.　　　　　　　　　　　　　以
69. 推己(　)人 : 자기 마음을 미루어 보아 남에게도
    그렇게 대하거나 행동함.　　　　　　　　　　　　及
70. (　)人成事 : 어떤 일을 자기 혼자의 힘으로 이루지
    못하고 남의 힘을 얻어 이룸.　　　　　　　　　　因

◎ 다음 중국 漢字語 독음과 뜻풀이에 맞는 중국 簡字를 쓰시오.

71. 여유[lǚyóu] : 여행하다. 관광하다.  旅游
72. 동차[tóngchē] : 유모차  童车
73. 노사[lǎoshī] : 선생님. 스승.  老师

◎ 다음 일본 한자어 독음과 뜻풀이에 맞는 일본 略字를 쓰시오.

74. 상착[うわぎ] : 겉옷, 윗도리.  上着
75. 수경[てがる] : 간단함, 간편함  手軽

◎ 다음 漢字語의 뜻을 풀이하시오.

76. 平易  까다롭지 않고 쉬움.
77. 已往  이미 지나간 시간. 지금보다 이전.
78. 信望  믿고 기대함. 또는 그런 믿음과 덕망.
79. 服藥  약을 먹음.
80. 送信  신호를 보냄. 또는 그런 일.
81. 同根連枝  같은 뿌리에서 나온 잇닿은 나뭇가지. 형제자매.
82. 勢如破竹  적을 거침없이 물리치고 쳐들어가는 기세.
83. 一日三秋  하루가 삼 년 같음. 몹시 애태우며 기다림.
84. 寸鐵殺人  간단한 말로도 남을 감동시키거나 남의 약점을 찌름.
85. 以火救火  일을 처리함에 있어서 오히려 사태를 더욱 악화시킴.

◎ 다음 중국 漢字語의 뜻을 우리말로 풀이하시오.

86. 保重 [bǎozhòng]  건강에 주의 [유의] 하다. 몸조심하다.
87. 不俗 [bùsú]  속되지 않다. 상스럽지 않다. 천하지 않다.
88. 射中 [shèzhòng]  쏘아 맞히다. 명중하다.

◎ 다음 일본 漢字語의 뜻을 우리말로 풀이하시오.

89. 若者[わかもの]          젊은이, 청년
90. 一番[いちばん]          첫째, 으뜸. 최고.

◎ 다음 漢字語와 상응하는 뜻을 지닌 중국 漢字語를 簡字로 쓰시오.

91. 家庭              家里
92. 答訪              回访
93. 上水道            自来水
94. 時間              钟头
95. 始初              开头

◎ 다음 중국 漢字語와 상응하는 뜻을 지닌 漢字語를 正字로 쓰시오.

96. 下雨              降雨
97. 重民              農民
98. 官客              男子
99. 见面              面接
100. 马上             方今

## 제3회 豫想問題와 正答

◎ 다음 漢字의 訓과 音을 쓰시오.
(단, 한국 훈음으로 맞춤법에 맞게 쓰시오.)

1. 暑        더울 서
2. 晴        갤 청
3. 抱        안을 포
4. 揚        날릴 양
5. 愁        근심 수

◎ 다음 중국 簡字의 訓과 音을 쓰시오.
(단, 한국 훈음으로 맞춤법에 맞게 쓰시오.)

6. 姊        손윗누이 자
7. 适        맞을 적
8. 华        빛날 화
9. 飞        날 비
10. 协       화할 협

◎ 다음 일본 略字의 訓과 音을 쓰시오.
(단, 한국 훈음으로 맞춤법에 맞게 쓰시오.)

11. 麦       보리 맥
12. 帰       돌아갈 귀
13. 尽       다할 진
14. 与       더불/줄 여
15. 将       장수 장

◎ 다음 訓과 音에 맞는 중국 簡字를 쓰시오.

16. 찰 만                  满
17. 응할 응                应
18. 악할 악                恶
19. 관계할 관             关
20. 약 약                  药

◎ 다음 訓과 音에 맞는 일본 略字를 쓰시오.

21. 둥글 원                円
22. 들을 청                聴
23. 대할 대                対
24. 올 래                  来
25. 푸를 록                緑

◎ 다음 漢字를 중국 簡字로 바꾸어 쓰시오.

26. 漢                     汉
27. 鐵                     铁
28. 齒                     齿
29. 穀                     谷
30. 嚴                     严

◎ 다음 漢字를 일본 略字로 바꾸어 쓰시오.

31. 證                     証
32. 壽                     寿
33. 歡                     歓
34. 續                     続
35. 畫                     画

◎ 다음 중국 簡字를 한국 正字로 바꾸어 쓰시오.

36. 战      戰
37. 发      發
38. 执      執
39. 忧      憂
40. 杀      殺

◎ 다음 일본 略字를 한국 正字로 바꾸어 쓰시오.

41. 参      參
42. 譲      讓
43. 虚      虛
44. 処      處
45. 労      勞

◎ 다음 漢字語의 讀音을 맞춤법에 맞게 쓰시오.

46. 眼藥      안약
47. 漁村      어촌
48. 著名      저명
49. 蟲齒      충치
50. 反應      반응
51. 勞使      노사
52. 氣體      기체

◎ 다음 중국 漢字語의 讀音을 한국 독음으로 맞춤법에 맞게 쓰시오.

53. 达到      달도
54. 图章      도장

55. 读书 　　　　　　　　　독서
56. 马虎 　　　　　　　　　마호
57. 命运 　　　　　　　　　명운

◎ 다음 일본 漢字語의 讀音을 한국 독음으로 맞춤법에 맞게 쓰시오.

58. 平気 　　　　　　　　　평기
59. 井戸 　　　　　　　　　정호
60. 心当 　　　　　　　　　심당

◎ 다음 괄호 안 독음에 맞는 漢字 正字를 쓰시오.

61. 왕은 (집권)하자마자 수리사업을 시작하였다. 　　　執權
62. 그 영화는 젊은 두 사람의 (순결)한 사랑이야기이다. 　純潔

◎ 다음 뜻풀이에 맞는 漢字 正字를 쓰시오.

63. 경쟁 따위에서 아깝게 짐. 　　　　　　　　　　惜敗
64. 은혜를 잊거나 모름. 　　　　　　　　　　　　忘恩
65. 석유나 동물 지방 따위를 정제하는 일. 　　　　精油

◎ 다음 조건에 맞는 漢字 正字를 써 넣어 단어를 完成하시오.

66. 名不(　) 傳 : 이름날 만한 까닭이 있음을 이르는 말. 　虛
67. 歲(　) 三友 : 추운 겨울철의 세 벗. 　　　　　　　　寒
68. 一日三(　) : 하루가 삼 년 같음. 몹시 애태우며 기다림. 秋
69. 知(　) 必改 : 허물임을 알면 반드시 고침. 　　　　　過
70. (　) 安思危 : 편안할 때에 어려움이 닥칠 것을 대비함. 居

◎ 다음 중국 漢字語 독음과 뜻풀이에 맞는 중국 簡字를 쓰시오.

71. 득분[défēn] : 득점하다. 점수를 따다  　　　　　　　得分
72. 매천[měitiān] : 매일. 날마다.  　　　　　　　　　　每天
73. 발단[fādān] : 영수증을 발행하다.  　　　　　　　　发单

◎ 다음 일본 한자어 독음과 뜻풀이에 맞는 일본 略字를 쓰시오.

74. 근소[きんじょきんぺん. きんじょ] : 근처. 이웃.
　　 近所
75. 도단[みちばた] : 길의 가장자리. 길가.  　　　　　　道端

◎ 다음 漢字語의 뜻을 풀이하시오.

76. 推移　　　　　일이 시간의 흐름에 따라 변하여 나감.
77. 脫穀　　　　　벼 따위의 이삭에서 낟알을 떨어내는 일.
78. 危害　　　　　위험한 재해. 위태하고 해로움.
79. 讓步　　　　　물건 따위를 사양하여 남에게 미루어 줌.
80. 晩婚　　　　　나이가 들어 늦게 결혼함.
81. 不遠千里　　　천 리 길도 멀다고 여기지 않음.
82. 如魚得水　　　마음에 맞는 사람을 얻거나 활동에 좋은 때를 만남.
83. 花朝月夕　　　경치가 좋은 시절.
84. 先公後私　　　공적인 일을 먼저 하고 사사로운 일은 뒤로 미룸.
85. 難兄難弟　　　두 사물이 비슷하여 낫고 못함을 정하기 어려움.

◎ 다음 중국 漢字語의 뜻을 우리말로 풀이하시오.

86. 见爱 [jiàn'ài]　　　사랑을 받다.
87. 冰车 [bīngchē]　　　썰매.
88. 凉友 [liángyǒu]　　　부채.

◎ 다음 일본 漢字語의 뜻을 우리말로 풀이하시오.

89. 目上[めうえ]　　　　　　손윗사람. 연장자.
90. 小雨[こさめ]　　　　　　보슬비. 가랑비.

◎ 다음 漢字語와 상응하는 뜻을 지닌 중국 漢字語를 簡字로 쓰시오.

91. 學點　　　　　　学分
92. 好喪　　　　　　喜丧
93. 充電　　　　　　上电
94. 最高價　　　　　天价
95. 終日　　　　　　成天

◎ 다음 중국 漢字語와 상응하는 뜻을 지닌 漢字語를 正字로 쓰시오.

96. 内弟　　　　　　妻男
97. 更衣室　　　　　脱衣室
98. 尾食　　　　　　後食
99. 浮头　　　　　　表面
100. 工作服　　　　　作業服